EBS
교육방송교재

인터넷 강의
검스타트
www.gumstart.co.kr

KB028017

2025 고졸 검정고시
한국사

검정고시 합격을 위한 최적의 교재!

- 기본이론 정리와 예상문제 분석을 한번에!
- 2024년 1·2회 기출문제 수록!

시험 안내

고졸 검정고시는 부득이한 이유로 정규 고등학교 과정을 마치지 못한 사람들을 대상으로 실시하는 국가 자격 시험으로, 고졸 검정고시에 합격한 자는 고등학교를 졸업한 자와 동등한 자격을 인정받습니다.

※ 자세한 사항은 각 시 · 도별 공고문을 참고하십시오.

❶ 시행 기관

- 시 · 도 교육청 : 시행 공고, 원서 교부 및 접수, 시험 실시, 채점, 합격자 발표
- 한국교육과정평가원(KICE) : 문제 출제, 인쇄 및 배포

❷ 시험 일정*

구분	공고 기간	접수 기간	시험일	합격자 발표
제1회	1월 말 ~ 2월 초	2월 초 ~ 중순	4월 초 · 중순	5월 초 · 중순
제2회	5월 말 ~ 6월 초	6월 초 ~ 중순	8월 초 · 중순	8월 하순

※ 상기 일정은 시 · 도 교육청 협의에 따라 변경될 수 있습니다. 반드시 해당 시험 공고문을 참조하세요.

❸ 시험 과목 및 시간표

구분	1교시	2교시	3교시	4교시		5교시	6교시	7교시
시간	09:00~ 09:40	10:00~ 10:40	11:00~ 11:40	12:00~ 12:30	중식 12:30~ 13:30	13:40~ 14:10	14:30~ 15:00	15:20~ 15:50
	40분	40분	40분	30분		30분	30분	30분
시험 과목	국어	수학	영어	사회		과학	한국사	선택 과목

※ 필수 과목 : 국어, 수학, 영어, 사회, 과학, 한국사(6과목)

※ 7교시 선택 과목은 '도덕, 기술 · 가정, 체육, 음악, 미술' 중 1과목(따라서 총 7과목 응시)

❹ 출제 형식 및 배점

- 문항 형식 : 객관식 4지 택 1형
- 출제 문항 수 및 배점

구분	문항 수	배점
고졸	각 과목별 25문항(단, 수학은 20문항)	각 과목별 1문항당 4점(단, 수학은 1문항당 5점)

❺ 합격자 결정 및 취소

- 고시 합격 ➜ 각 과목을 100점 만점으로 하여 결시 없이 평균 60점 이상을 취득한 자(과락제 폐지)
- 과목 합격 ➜ 과목당 60점 이상 취득한 과목
- 합격 취소 ➜ 응시 자격에 결격이 있는 자, 제출 서류를 위조 또는 변조한 자, 부정행위자

❻ 응시 자격 및 제한

◆ 응시자격 및 응시과목

응시자격	응시과목
중학교 졸업자	• 국어, 수학, 영어, 사회, 과학, 한국사【필수 : 6과목】 • 도덕, 기술 · 가정, 체육, 음악, 미술【선택 : 1과목】
중학교 졸업학력 검정고시 합격자	
초 · 중등교육법시행령 제97조 · 제101조 및 제102조 해당자	
보호소년 등의 처우에 관한 법률 시행령 제69조 제3호의 규정에 의한 자	
3년제 고등기술학교 및 고등학교에 준하는 각종학교 졸업자 또는 졸업예정자	국어, 수학, 영어 【총 3과목】
3년제 직업훈련과정의 수료자	
3년제 고등기술학교 및 고등학교에 준하는 각종학교 졸업자 또는 졸업예정자, 3년제 직업훈련과정의 수료자 해당자로서 '89.11.22 이후 국가기술자격법에 의한 기능사 이상의 자격 취득자	국어, 수학 또는 영어 【총 2과목】
3년제 고등기술학교 및 고등학교에 준하는 각종학교 졸업자 또는 졸업예정자, 3년제 직업훈련과정의 수료자 해당자로서 '89.11.21 이전 국가기술자격법에 의한 기능사 이상의 자격 취득자	수학 또는 영어 【총 1과목】
만 18세 이후에 평생교육법 제23조 제2항에 따라 평가인정한 학습과정 중 고시과목에 관련된 과정을 교육부장관이 정하는 바에 따라 과목당 90시간 이상 이수한자	국어, 수학, 영어【3과목】와 미이수 과목

◆ 응시 자격 제한

- 고등학교 또는 초 · 중등교육법 시행령 제98조 제1항 제2호의 학교를 졸업한 자 또는 재학 중인 자(휴학 중인 자 포함)
- 공고일 이후 중학교 또는 초 · 중등교육법 시행령 제97조 제1항 제2호의 학교를 졸업한 자
- 고시에 관하여 부정행위를 한 자로서 2년이 경과되지 아니한 자
- 고등학교 또는 초 · 중등교육법 시행령 제98조 제1항 제2호의 학교에서 퇴학된 사람으로서 퇴학일부터 공고일까지의 기간이 6개월이 되지 않은 사람(다만, 장애인복지법에 제32조에 따라 등록한 장애인으로서 신체적 · 정신적 장애로 학업을 계속하는 것이 불가능하여 퇴학된 사람은 제외)

❼ 제출 서류

◆ 응시자 전원 제출 서류(공통)

- 응시원서(소정 서식) 1부(현장 접수 시, 온라인 접수 시는 전자파일 형식의 사진 1매만 필요)
- 동일한 사진 2매(탈모 상반신, 3.5㎝×4.5㎝, 응시원서 제출 전 3개월 이내 촬영)
- 본인의 해당 최종학력증명서 1부(아래 해당 서류 중 한 가지)
  - 중졸 검정고시 합격자 : 합격증서 사본(원본 지참)
  - 고등학교 재학 중 중퇴자 : 제적증명서
  - 중학교 졸업 후 상급학교 미진학자 : 상급학교 진학 여부가 표시된 '검정고시용' 중학교 졸업(졸업 예정)증명서, 미진학사실확인서

◆ 과목 면제 대상자 추가 제출 서류
- 과목합격증명서 또는 성적증명서, 평생학습이력증명서 등(이상 해당자만 제출)

◆ 장애인 시험 시간 연장 및 편의 제공 대상자 제출 서류
- 복지카드 또는 장애인등록증 사본(원본 지참), 장애인 편의 제공 신청서

8 출제 수준, 세부 출제 기준 및 방향

◆ 출제 수준
- 고등학교 졸업 정도의 지식과 그 응용 능력을 측정할 수 있는 수준

◆ 세부 출제 기준 및 방향
- 각 교과의 검정(또는 인정) 교과서를 활용하는 출제 방식
  - 가급적 최소 3종 이상의 교과서에서 공통으로 다루고 있는 내용으로 출제
    (단, 국어와 영어 지문의 경우 공통으로 다루고 있는 교과서 종수와 관계없으며, 교과서 외 지문도 활용 가능)
- 문제은행(기출문항 포함) 출제 방식을 학교 급별로 차등 적용
  - 초졸 : 50% 내외, 중졸 : 30% 내외, 고졸 : 적용하지 않음.
- 출제 난이도 : 최근 5년간 평균 합격률을 고려하여 적정 난이도 유지

9 응시자 시험 당일 준비물

◆ 중졸 및 고졸

(필수) 수험표, 신분증, 컴퓨터용 수성사인펜
(선택) 아날로그 손목시계, 수정 테이프, 도시락

※ 수험표 분실자는 응시원서에 부착한 동일한 사진 1매를 지참하고 시험 당일 08시 20분까지 해당 고사장 시험 본부에서 수험표를 재교부 받을 수 있다.

※ 시험 당일 고사장에는 차량을 주차할 수 없으므로 대중교통을 이용해야 한다.

10 고졸 검정고시 교과별 출제 대상 과목

구분	교과(고시 과목)	출제범위(과목)
필수	국어	국어
	수학	수학
	영어	영어
	사회	통합사회
	과학	통합과학
	한국사	한국사
선택	도덕	생활과 윤리
	기술 · 가정	기술 · 가정
	체육	체육
	음악	음악
	미술	미술

나이스 검정고시 서비스 ×

http://kged.sen.go.kr

검정고시 온라인 원서 접수, 이렇게 해요!

※ 사전 준비 : 본인의 '공동인증서' 발급 받기

1. 온라인 접수 기간에 시 · 도 교육청의 검정고시 서비스 사이트에 접속

http://kged.sen.go.kr

2. 검정고시 전체 서비스 메인 화면에서, 화면 왼쪽의 **검정고시 온라인 접수** 클릭

3. 왼편의 검정고시 온라인 접수에서 해당하는 '시 · 도 교육청'을 선택하여 이동

4. 상단의 〈온라인 원서 접수〉 메뉴에서 본인이 희망하는 자격의 검정고시 선택
   ☞ 해당 자격의 **원서 접수하기** 버튼을 클릭하면 '온라인 원서 접수 페이지'로 이동

5. 성명과 주민등록번호(또는 외국인등록번호)를 입력하고, 원서 접수 허위 사실 기재에 관한 안내 및 서약서와 개인식별번호 처리 동의에 체크(✓)한 뒤, **인증서 로그인**을 클릭한 후 본인의 공동인증서를 통해 로그인

6. 응시자 정보 → 학력 과목 정보 → 고사장 선택 → 접수 완료 순으로 작성
   (1) 응시자 정보에서 본인의 기본 신상 정보와 검정고시 응시 기본 정보를 입력한 후 **저장** 버튼을 클릭하여 저장 (*표시는 필수 입력 항목으로, 미입력 시 다음 순서로 진행되지 않음) → **다음** 버튼 클릭
   - 사진 파일은 100kb 크기 미만의 jpg와 gif 파일만 저장 가능

   (2) 학력 과목 정보에서 응시자 본인의 학력 정보와 과목 응시 정보를 등록, 관련된 서류를 첨부한 후 **저장** 버튼을 클릭하여 저장 → **다음** 버튼 클릭

   (3) 고사장 선택에서 금회차의 고사장이 조회되며, 고사장별 수용 인원이 도달할 때까지 응시자가 신청할 수 있음 → **다음** 버튼 클릭
   ※ 고사장을 변경할 시에는 상단의 〈원서 조회〉 메뉴에서 '3. 고사장 선택 입력 단계 화면'에서 수정

   (4) 접수 완료에서 이전 단계에서 등록했던 주요 항목을 다시 한번 확인한 후, **제출** 버튼을 클릭하여, 최종적으로 원서 제출
   ※ 입력을 완료하였으나 제출을 하지 않을 경우 오프라인으로 재접수를 해야만 응시 가능
   ※ 제출 완료한 응시원서에 수정이 필요한 경우, 〈수정후제출〉 버튼을 클릭하여 수정

7. 상단의 〈원서 조회〉 메뉴를 통해 본인이 응시한 검정고시 원서 조회 가능(공동인증서로 로그인)

8. 상단의 〈수험표 출력〉 메뉴에서 수험표 출력 가능(해당 자격의 '**수험표 출력하기**' 버튼 클릭)
   ※ 식별이 가능하도록 가급적 컬러프린터로 출력하여 시험 당일 소지할 것

이 책의 구성과 특징

알찬 개념 정리

개정 교육과정 완벽 반영!

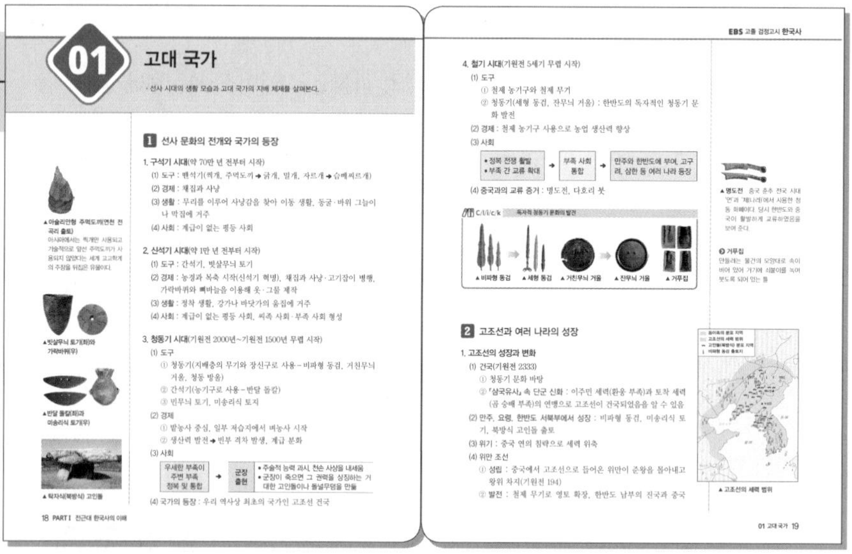

- 해당 단원에서 자주 출제되는 핵심 개념 제시
- 사진, 지도, 그래프 등의 자료를 충분히 활용하여 핵심 개념 정리 끝

실전 감각 UP

'적중 예상 문제' ➜ '실전 모의고사'로 실전 감각을 최상으로 UP!

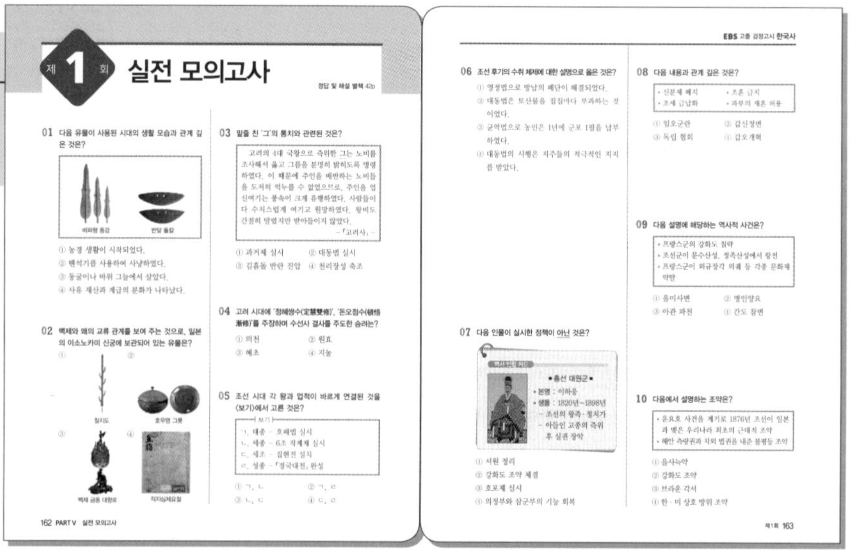

- 시험에 꼭 나올 만한 예상 문제를 풀어본 후 최종 점검 실전 모의고사로 마무리

최신 기출문제(2024) 수록

기출을 보면 합격이 보인다!

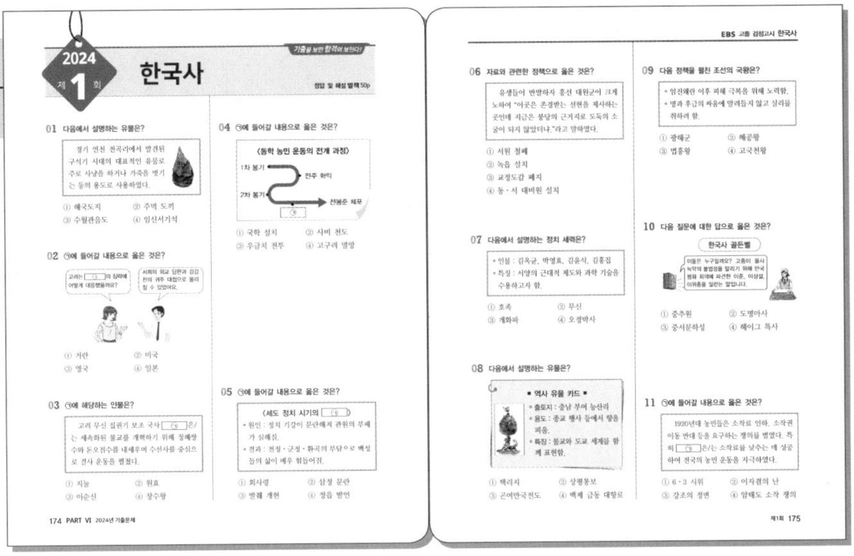

- 2024년 제1회, 제2회 기출문제를 수록하여 최신 기출 유형을 정확하게 파악

친절하고 상세한 해설

정답으로 직행하는 명쾌하고 알찬 해설 수록!

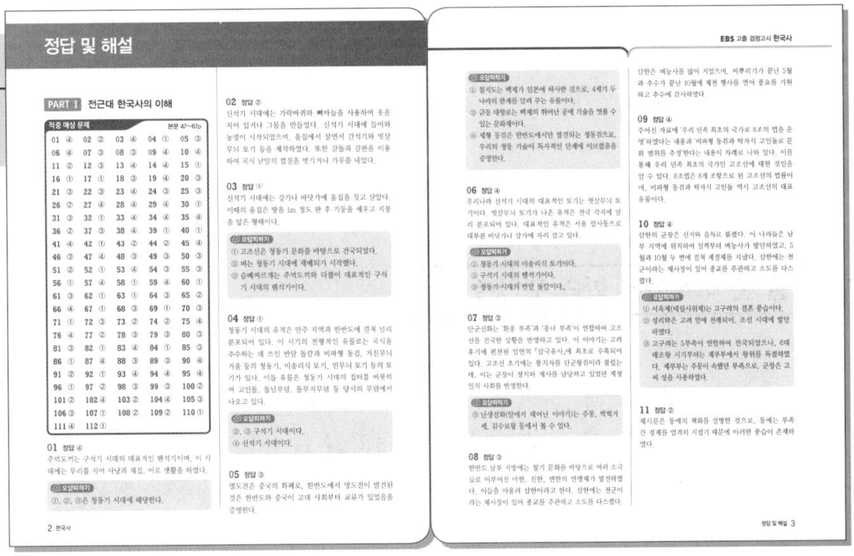

- 정답이 왜 정답인지, 오답이 왜 오답인지를 정확하게 알 수 있도록 명쾌하게 해설
- 중요하거나 이해가 잘 안 될 수 있는 부분은 선생님이 알아서 콕, 더 상세하게 해설

고졸 검정고시 한국사 출제 경향 분석

단원별 출제 빈도

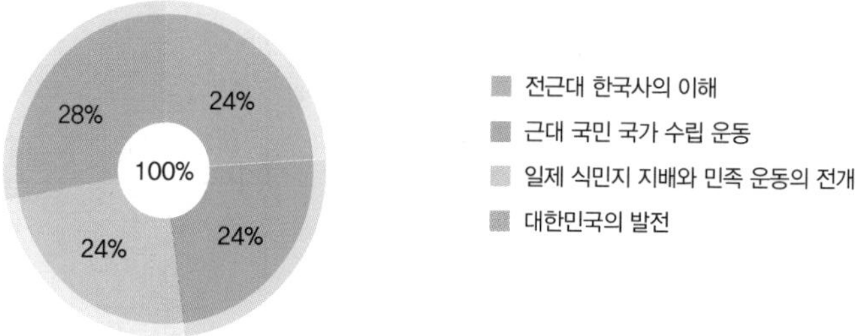

한국사 출제 경향

고졸 검정고시 한국사는 지금까지 '한국사 이해에 필요한 기초 소양을 확인한다'는 기조를 유지하고 있다. 이는 수능에서 한국사가 필수 과목이지만 과거에 비해 난이도를 대폭 낮춘 것과 비슷한 맥락이라고 할 수 있다. 따라서 연도 암기에 따른 사건 나열이나 지엽적 사실 확인이 아닌 한국사의 굵직한 사건과 주요 인물, 각 시대의 최고 권력 기구, 시대를 대표하는 문화재 위주로 공부해야 한다.

한국사 교과서 개정에 따라 중학교 과정에서 선사 시대~조선까지를 중점적으로 다루고, 고등학교 과정에서는 근현대사라고 불리는 개화기~현대를 집중적으로 공부한다. 이러한 영향으로 고졸 검정고시에서도 2022년부터는 근현대사 비중이 약 75%를 차지하고 있다. 기출 문제를 최대한 숙지하되, 근현대사는 문항 수가 대폭 늘어남으로 인해 기존에 출제되지 않았던 사건과 인물, 조직, 개념 등이 출제될 수 있음을 유의하며 학습폭을 넓혀야 한다.

기출 분석에 따른 학습 포인트

❶ 전근대 한국사의 이해

(1) 선사 시대 ~ 남북국 시대 : 선사 시대의 주요 유물과 생활 방식의 차이, 각국의 주요 왕(단군왕검, 광개토 대왕, 장수왕, 근초고왕, 성왕, 내물왕, 진흥왕, 신문왕, 대조영 등), 중요 전투(살수대첩, 안시성 전투, 기벌포 전투 등)가 자주 출제된다.

(2) 고려와 조선 : 두 왕조의 주요 왕(고려의 광종, 성종, 공민왕과 조선의 태종, 세종, 성종 등)과 중앙 정치 기구, 고려-거란 전쟁, 대몽 항쟁, 임진왜란 등 정치사가 매우 중요하다.

❷ 국제질서의 변동과 근대 국민국가 수립 운동

과거에는 흥선 대원군의 정책, 임오군란, 갑신정변 등이 반복적으로 출제되었으나, 최근에는 근대화를 위한 각종 운동이 고루 출제되고 있다. 이 시기 조약 중에서는 강화도 조약, 조미 수호 통상 조약, 을사늑약이 매우 중요하며, 1907년의 각종 사건도 출제 가능성이 높다.

❸ 일제 식민지 지배와 민족 운동의 전개

시기별 일제의 통치 방식, 3 · 1 운동, 대한민국 임시 정부, 독립 운동가, 해외에서 활약한 주요 독립군, 국내의 독립 운동 등 약 6개의 주제가 각 1문제씩 출제되고 있다.

❹ 대한민국의 발전과 현대 세계의 변화

1945~1948년 사이의 주요 사건과 6 · 25 전쟁, 주요 민주화 운동(4 · 19 혁명, 유신 체제 반대 운동, 5 · 18 민주화 운동, 6월 민주 항쟁), 각 정부의 경제 정책과 통일 정책에 대한 꼼꼼한 비교가 필요하다.

검스타트 합격 스토리!
다음 합격 스토리의 주인공은 바로 당신!

고득점 합격

k******

선생님들의 좋은 강의와 교재로 열심히 공부한 결과 고득점(평균 98.86점)을 받았습니다.

검스타트는 검정고시 관련 정보를 다양하게 제공하고 있어 시험 준비에 많은 도움을 받았습니다.
특히 다양한 학습자료가 정말 맘에 들었습니다.

수험생들의 학습을 위해 많은 배려를 하고 있다는 느낌을 받았고, 저렴한 수강료도 좋았지만 수험생의 합격을 위한 진실함이 있다고 느꼈습니다.

이 모든 것들이 검스타트를 선택한 배경이었습니다.

고득점 합격

동*

전체에서 한 문제 틀렸습니다.
과학에서 아쉽게 틀려서 만점을 못 받았습니다.

첫 관문을 잘 넘었으니 이제 대학 진학이라는 더 큰 목표를 위해 더 열심히 공부하려고 합니다.

강의해 주신 선생님들 정말 감사합니다.
핵심을 잘 정리해 주시고 이해하기 쉽도록 강의를 잘 해주신 덕분에 높은 점수를 받았습니다.

검스타트 최고 !!!

고령 합격

합***

인강 선택을 위해 제 아들과 상의하고 합격수기가 많은 검스타트를 선택했습니다.

공부한 지 오래되어 기초실력이 없기에
제일 처음 기초강의부터 반복해서 들었습니다.
이어서 이론공부를 시작했습니다.

강의와 교재를 반복해서 공부하다 보니 어느새 틀이 잡혀지고 자신감이 생겼습니다.

이론을 마치고 문제풀이, 기출풀이를 공부하니 검정고시가 그다지 어렵지 않게 느껴졌습니다.

시험을 마치고 채점을 해보니 총점은 합격점수를 충분히 넘었습니다.

고령 합격

t***

50대 중반 주부입니다.
38년 만에 처음으로 도전해 보았는데 혼자 공부하는 거라 처음엔 막막하고 지루하고 어려웠습니다.

검스타트 상담선생님께서 말씀해 주신 대로 쉬운 과목부터 완벽하게 준비해 나갔습니다.
기본강의, 예상문제, 모의고사, 기출문제 순서로 공부했고 무엇보다도 문제를 많이 풀어보았습니다.

특히 핵심총정리가 많은 도움이 되었습니다.
향후 사이버 대학에 도전해보려 합니다.

열심히 강의해 주신 선생님들께 감사드립니다.

중+고졸 합격

심****

검스타트와 인연을 맺은 지 1년.

훌륭하신 선생님들의 헌신적인 강의에 힘입어 70 가까운 나이에 중학교 과정과 고등학교 과정을 잘 마쳤고 특히 고등학교 과정은 7과목 중 4과목을 만점을 받을 정도의 성적으로 무사히 마쳤습니다.

이 모두가 검스타트 임직원 여러분과 각 과목 선생님들의 땀과 아낌 없는 희생 덕분이라 생각합니다.

고맙습니다.
이제부터는 대입 준비 열심히 하여 대입에 도전해 보려 합니다.

이젠, 여러분이
합격할 차례입니다!

차례

PART IV 대한민국의 발전

PART V 실전 모의고사

PART VI 2024년 기출문제

100% 합격을 위한 나만의 학습 계획

◆『고졸 검정고시 한국사』 학습 진도표

구분		진도 체크(✓)*				
		1회	2회	3회	4회	5회
PART Ⅰ 전근대 한국사의 이해	**01~03**					
	04~06					
	적중 예상 문제					
PART Ⅱ 근대 국민 국가 수립 운동	**01~03**					
	04~06					
	적중 예상 문제					
PART Ⅲ 일제 식민지 지배와 민족 운동의 전개	**01~02**					
	03~05					
	적중 예상 문제					
PART Ⅳ 대한민국의 발전	**01~03**					
	04~07					
	적중 예상 문제					
PART Ⅴ 실전 모의고사	제1회 실전 모의고사					
	제2회 실전 모의고사					
PART Ⅵ 2024년 기출문제	제1회 기출문제					
	제2회 기출문제					

*학습 완료한 날짜를 적으셔도 좋습니다.

● 진도 체크(✓) 요령

1회 • 해당 부분 모두를 정독(精讀)했을 때를 1회로 간주합니다. 단순히 체크(✓)하셔도 좋고 권하는 대로 해당 날짜를 적어 넣으셔도 좋습니다.

2회 • 해당 부분 모두를 두 번째로 정독했을 때를 2회로 간주합니다. 띄엄띄엄 부분적으로 공부한 것은 해당하지 않습니다. 반드시 해당 부분 모두를 두 번째로 정독했을 경우에만 표시하도록 합니다.

3회 • 해당 부분에서 취약하거나 중요한 부분을 중심으로 처음부터 끝까지 모두 공부했을 때를 3회로 간주합니다. 실력(이해와 암기)을 키우기 위한 집중 학습에 해당합니다.

4회 • 3회와 같은 방식으로 취약하거나 중요한 부분을 중심으로 처음부터 끝까지 다시 한번 모두 공부했을 때를 4회로 간주합니다.

5회 • 시험을 목전에 두고 최종적으로 해당 부분 모두를 정독했을 때를 5회로 간주합니다. 1회에서 4회까지의 학습 과정이 있었기 때문에 1회, 2회보다는 훨씬 빠른 속도로 끝마칠 수 있을 것입니다.

◆ 취약 부분 극복 계획

학습 진도 중에서 자신이 취약하다고 생각되는 부분을 적고 이를 극복할 수 있는 방안을 고민해 봅니다.

진도 중 취약 부분	극복 방안	극복한 날
예) 시의 비유법들이 잘 구분되지 않는다(특히 은유법). 어렵다.	예) 교재와 강의에서 비유법 관련 내용이 나올 때마다 초집중한다.	예) 7월 7일(화) 비유법 극복!

◆ 나의 다짐과 소감

본격적인 학습에 앞서 다짐의 말을 적어 봅니다. 또 주변 사람들로부터 응원의 말을 받아 보세요. 물론 스스로에게 하는 응원의 말을 적으셔도 좋습니다. 마지막 포스트잇은 합격 후에 기분 좋게 작성하세요.

● (학습 전) 나의 다짐

● 응원의 말

● 합격 소감

PART
I

전근대 한국사의 이해

이 단원에서는 고대 국가의 성립 과정을 파악하고, 지배 체제의 성격을 알아본다. 이어 고대 사회의 종교와 사상을 시기별로 살펴본다.
고려 시대와 관련해서는 통치 체제 성립과 변화, 그리고 다원적인 사회 구조와 다양한 사상적 기반을 알아본다.
조선 시대와 관련해서는 세계관의 변화를 국내 정치 운영과 국제 질서의 변동 속에서 파악하고, 신분제의 특성과 상품 화폐 경제의 발달로 인한 변동을 살펴본다.

01 고대 국가

• 선사 시대의 생활 모습과 고대 국가의 지배 체제를 살펴본다.

1 선사 문화의 전개와 국가의 등장

1. 구석기 시대(약 70만 년 전부터 시작)

(1) 도구 : 뗀석기(찍개, 주먹도끼 ➔ 긁개, 밀개, 자르개 ➔ 슴베찌르개)

(2) 경제 : 채집과 사냥

(3) 생활 : 무리를 이루어 사냥감을 찾아 이동 생활, 동굴·바위 그늘이나 막집에 거주

(4) 사회 : 계급이 없는 평등 사회

▲ **아슐리안형 주먹도끼(연천 전곡리 출토)**

아시아에서는 찍개만 사용되고 기술적으로 앞선 주먹도끼가 사용되지 않았다는 세계 고고학계의 주장을 뒤집은 유물이다.

2. 신석기 시대(약 1만 년 전부터 시작)

(1) 도구 : 간석기, 빗살무늬 토기

(2) 경제 : 농경과 목축 시작(신석기 혁명), 채집과 사냥·고기잡이 병행, 가락바퀴와 뼈바늘을 이용해 옷·그물 제작

(3) 생활 : 정착 생활, 강가나 바닷가의 움집에 거주

(4) 사회 : 계급이 없는 평등 사회, 씨족 사회·부족 사회 형성

▲ **빗살무늬 토기(좌)와 가락바퀴(우)**

3. 청동기 시대(기원전 2000년~기원전 1500년 무렵 시작)

(1) 도구

① 청동기(지배층의 무기와 장신구로 사용 – 비파형 동검, 거친무늬 거울, 청동 방울)

② 간석기(농기구로 사용 – 반달 돌칼)

③ 민무늬 토기, 미송리식 토기

▲ **반달 돌칼(좌)과 미송리식 토기(우)**

(2) 경제

① 밭농사 중심, 일부 저습지에서 벼농사 시작

② 생산력 발전 ➔ 빈부 격차 발생, 계급 분화

(3) 사회

우세한 부족이 주변 부족 정복 및 통합	➔	군장 출현	• 주술적 능력 과시, 천손 사상을 내세움 • 군장이 죽으면 권력을 상징하는 거대한 고인돌이나 돌널무덤을 제작

(4) 국가의 등장 : 우리 역사상 최초의 국가인 고조선 건국

▲ **탁자식(북방식) 고인돌**

4. 철기 시대(기원전 5세기 무렵 시작)

(1) 도구

① 철제 농기구와 철제 무기

② 청동기(세형 동검, 잔무늬 거울) : 한반도에서 독자적인 청동기 문화 발전

(2) 경제 : 철제 농기구 사용으로 농업 생산력 향상

(3) 사회

• 정복 전쟁 활발 • 부족 간 교류 확대	➜	부족 사회 통합	➜	만주와 한반도에 부여, 고구려, 삼한 등 여러 나라 등장

(4) 중국과의 교류 증거 : 명도전, 다호리 붓

C/l/i/c/k 독자적 청동기 문화의 발전

▲ 비파형 동검

▲ 세형 동검

▲ 거친무늬 거울

▲ 잔무늬 거울

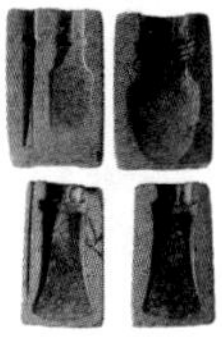
▲ 거푸집

▲ **명도전** 중국 춘추 전국 시대 '연'과 '제'에서 사용한 청동 화폐이다. 당시 한반도와 중국이 활발하게 교류하였음을 보여 준다.

거푸집
만들려는 물건의 모양대로 속이 비어 있어 거기에 쇠붙이를 녹여 붓도록 되어 있는 틀이다.

2 고조선과 여러 나라의 성장

1. 고조선의 성장과 변화

(1) 건국(기원전 2333)

① 청동기 문화 바탕

② 『삼국유사』 속 단군 신화 : 이주민 세력(환웅 부족)과 토착 세력(곰 숭배 부족)의 연맹으로 고조선이 건국되었음을 알 수 있음

(2) 만주, 요령, 한반도 서북부에서 성장 : 비파형 동검, 미송리식 토기, 북방식 고인돌 출토

(3) 위기 : 중국 연의 침략으로 세력 위축

(4) 위만 조선

① 성립 : 중국에서 고조선으로 들어온 위만이 준왕을 몰아내고 왕위 차지(기원전 194)

② 발전 : 철제 무기로 영토 확장, 한반도 남부의 진국과 중국 한을 연결하는 중계 무역으로 번성

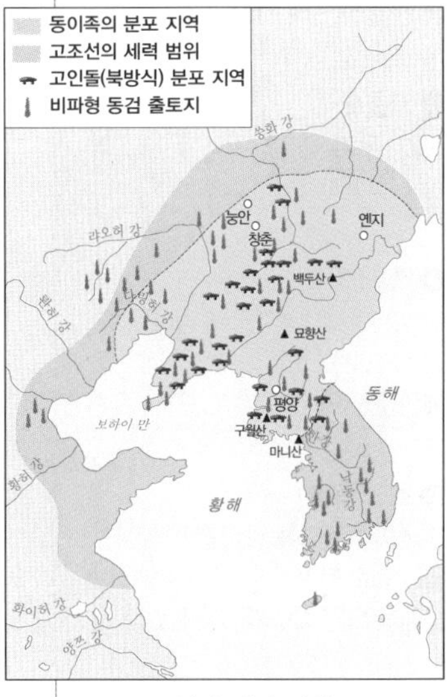

▲ 고조선의 세력 범위

③ 멸망 : 한 무제의 침입 ➔ 내분으로 우거왕 피살, 왕검성 함락 ➔ 한이 낙랑 등의 군현을 설치

2. 고조선의 정치 조직과 사회 모습

정치	• 제정일치 사회 : 제사장을 뜻하는 단군과 정치적 지배자를 뜻하는 왕검을 합친 '단군왕검'을 통해 알 수 있음 • 기원전 3세기경 왕위의 부자 상속이 이루어짐 • 왕 밑에 상 · 경 · 대부 · 장군 · 박사 관직 존재
사회	8조법으로 사회 질서 유지 ➔ 고조선 멸망 후 법 조항이 60여 조로 늘어남

3. 여러 나라의 성장

부여	• 위치 : 쑹화강 유역의 평야 지대를 중심으로 성장 • 정치 : 5부족 연맹체(왕은 중앙 통치, 군장인 마가 · 우가 · 저가 · 구가는 사출도 통치) • 사회 : 1책 12법(도둑질할 경우 12배로 배상), 형사취수혼, 순장
고구려	• 위치 : 부여에서 이주해 온 주몽 집단이 졸본 지역에 건국 ➔ 압록강의 국내성으로 천도 • 정치 : 5부족 연맹체, 군장 회의 기구인 제가 회의에서 국가 중대사 논의 • 사회 : 형사취수혼, 서옥제(데릴사위제)
옥저	• 위치 : 함경도의 동해안 지역 • 정치 : 왕이 없고 군장(읍군 · 삼로)이 부족 지배 ➔ 고구려에 복속 • 사회 : 민며느리제, 가족 공동 무덤(골장제)
동예	• 위치 : 강원도 북부의 동해안 지역 • 정치 : 왕이 없고 군장(읍군 · 삼로)이 부족 지배 ➔ 고구려에 복속 • 사회 : 족외혼, 책화
삼한	• 위치 : 한반도 남부 지역 • 정치 : 마한 · 진한 · 변한의 연맹체(마한의 목지국 지배자는 마한왕 또는 진왕으로 추대되어 삼한 전체 주도), 군장(신지 · 읍차)이 부족 지배 • 사회 : 제정 분리 사회(천군의 소도 통치) • 경제 : 벼농사 발달, 변한과 진한에서 철 생산하여 낙랑과 왜에 수출

◆ 위만 조선의 성격
위만은 왕이 된 뒤에도 나라 이름을 그대로 조선이라 하였고, 그의 정권에는 토착민 출신으로 높은 지위에 오른 자가 많았다. 이러한 점에서 위만의 조선은 단군의 조선을 계승한 것으로 볼 수 있다.

◆ 8조법
살인죄 : 사형
상해죄 : 곡식으로 배상
절도죄 : 노비로 강등

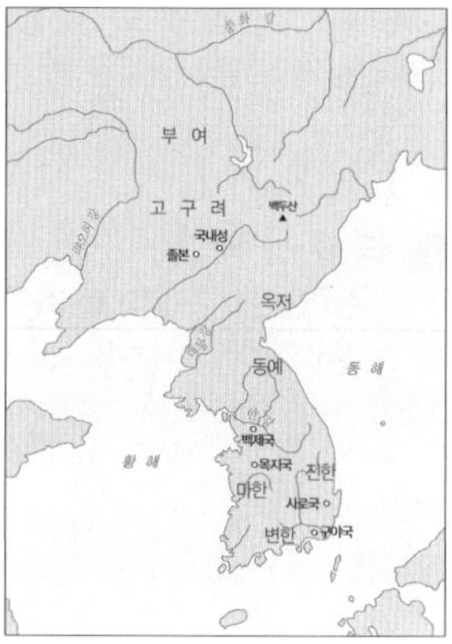

▲ 여러 나라의 위치

◆ 사출도
마가 · 우가 · 저가 · 구가가 다스리는 4개의 지역이다.

◆ 책화(責禍)
다른 부족의 영역을 침범하면 노비, 소, 말 등으로 변상하게 한 동예의 풍습이다.

◆ 소도(蘇塗)
천군이 주관하는 소도는 신성한 공간으로 죄인이라도 도망하여 이곳에 숨으면 잡아가지 못하였다.

3 중앙 집권 국가로 발전한 삼국

1. 중앙 집권 국가의 성립

(1) 왕위 세습 : 형제 상속 ➜ 부자 상속

(2) 정복 전쟁을 통한 영토 확장

(3) 관제·관등 정비 : 국가 중대사는 여전히 귀족 회의에서 결정

(4) 율령 반포 : 사회 질서 유지

(5) 불교 수용 : 백성을 정신적으로 통합

➲삼국의 귀족 회의
- 고구려 : 제가 회의
- 백제 : 정사암 회의
- 신라 : 화백 회의

2. 삼국의 중앙 집권화

고구려	부여계 이주민 세력(주몽)과 압록강 토착 세력이 연합하여 건국
	• 태조왕(1세기 후반) : 옥저 복속, 계루부 고씨가 왕위 독점 세습 • 고국천왕(2세기 후반) : 5부의 지배 세력을 중앙 귀족으로 편입, 빈민에게 곡식 대여(진대법 마련) • 미천왕(4세기 초) : 낙랑군을 축출하고 대동강 유역 확보 • 소수림왕(4세기 후반) : 태학 설립, 율령 반포, 불교 수용
백제	고구려에서 이주한 유이민(온조)과 한강 유역의 토착 세력이 연합하여 건국 ➜ 마한의 소국 가운데 하나로 출발
	• 고이왕(3세기 후반) : 한강 유역 장악, 관등제 도입, 관리의 복색 제정 • 근초고왕(4세기 후반) : 마한의 소국들을 정복, 고구려를 공격하여 황해도 일대 차지, 중국의 동진·왜의 규슈 지방과 교류, 중국 – 백제 – 왜를 잇는 해상 교역망 확보 • 침류왕(4세기 후반) : 불교 수용
신라	진한의 소국 가운데 하나로 출발 ➜ 초기에 박, 석, 김씨가 교대로 왕위 계승, 한동안 왕을 '이사금'으로 부름
	• 내물왕(4세기 후반) : 김씨의 왕위 계승 확립, 왕을 '마립간(대군장 의미)'으로 부르기 시작, 고구려 광개토 대왕의 도움으로 왜 격퇴(➜ 이후 고구려의 간섭을 받음, 호우명 그릇) • 지증왕(6세기) : 국호 '신라', 왕호 '왕', 우경 보급, 우산국 정벌 • 법흥왕(6세기) : 율령 반포, 17관등제와 공복제 마련, 골품제 정비, 금관가야 정복, 불교 공인(이차돈의 순교)

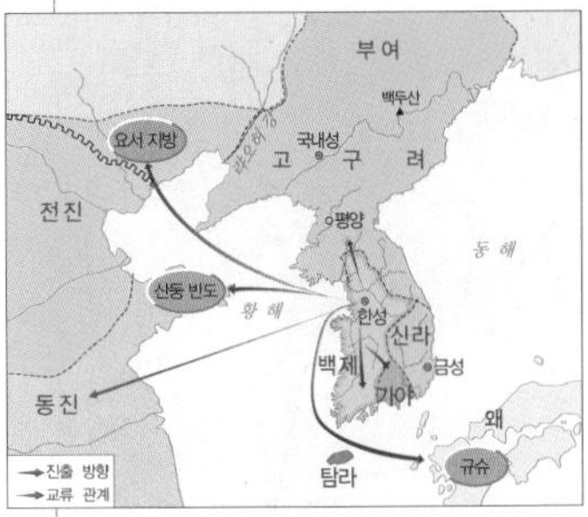

▲4세기 백제의 세력 범위

▲**칠지도** 백제와 왜의 교류 관계를 보여 주는 유물로서, 근초고왕 때 제작된 것으로 추정된다.

3. 가야 연맹

변한의 소국에서 시작 ➜ 6가야 연맹 왕국으로 성장(단, 중앙 집권 국가로 발전하지 못함)

▲**호우명 그릇** 경주 호우총에서 "광개토 대왕" 글자가 새겨진 그릇이 발견되었다. 고구려와 신라의 긴밀한 관계를 짐작할 수 있다.

❷금관가야의 중계 무역
풍부한 철과 교통의 요충지인 점을 활용하여 낙랑, 왜를 연결한 중계 무역을 발전시켰다.

금관가야	전기 가야 연맹의 맹주(3세기 중반) ➜ 4세기 말 신라를 돕기 위해 출병한 고구려군의 공격으로 큰 타격을 입음 ➜ 이후 신라의 법흥왕에게 정복당함(532)
대가야	후기 가야 연맹의 맹주(5세기 후반) ➜ 섬진강 하류와 소백산맥 서쪽까지 세력권 확대 ➜ 이후 신라의 진흥왕에게 정복당함(562)

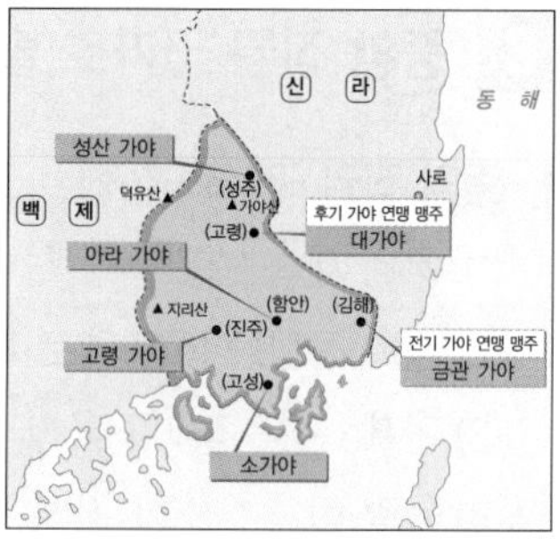

▲ 가야 연맹

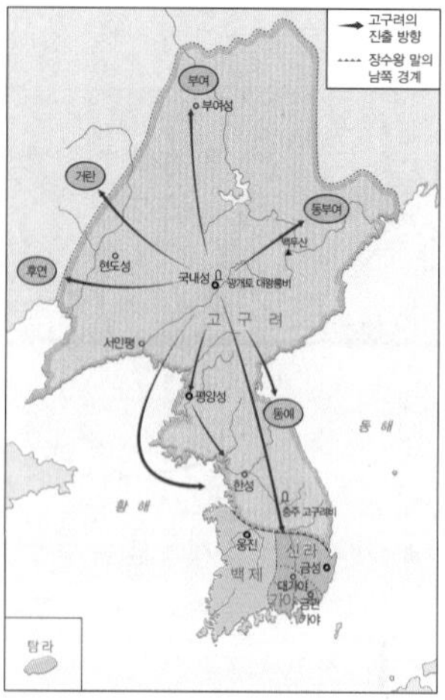

▲ 5세기 고구려의 세력 범위

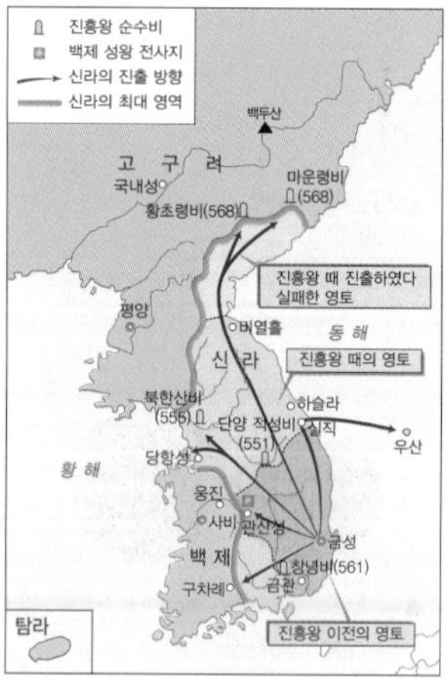

▲ 진흥왕의 영토 확장(6세기)

4 삼국의 항쟁과 신라의 삼국 통일

1. 삼국의 항쟁

(1) 고구려의 패권 장악(5세기)

① **광개토 대왕** : 요동을 포함한 만주 일대 장악, 백제를 공격하여 한강 이북 차지, 신라에 침입한 왜를 물리치고 한반도 남부까지 영향력 행사, 연호 '영락'(독자적인 연호 사용)

② **장수왕** : 평양 천도(427), 남진 정책 추진 ➜ 백제와 신라가 나·제 동맹(433)을 맺어 고구려에 대항 ➜ 고구려가 백제의 수도 한성을 함락하고 한강 유역 차지(475), 충주 고구려비 건립

③ **고구려의 독자적인 천하관** : 고구려는 만주와 한반도에 걸치는 광대한 영토를 차지하여 동아시아의 강대국으로 성장 ➜ 중국과 대등하다고 인식

(2) 백제의 중흥 노력(6세기) : 고구려의 침략으로 한강 유역을 빼기고 웅진(공주) 천도(475) ➜ 중흥 노력 전개

무령왕	지방의 22담로에 왕족 파견, 중국 남조와 교류(무령왕릉에 반영)
성왕	• 사비(부여) 천도, 국호를 '남부여'로 변경 • 신라와 협력하여 고구려로부터 한강 하류 지역 수복 ➜ 신라의 공격으로 한강 하류 지역 상실, 관산성 전투에서 전사

(3) 신라의 한강 유역 진출(6세기)

진흥왕	• 화랑도 개편 : 원광의 '세속 5계' 신봉 • 백제와 연합하여 한강 상류 지역 차지 ➜ 백제를 공격하여 한강 하류 지역까지 차지 • 대가야 정복, 함흥평야까지 진출 • 단양 적성비와 4개의 순수비(북한산비 등) 건립

2. 7세기 고구려의 대외 항쟁과 신라의 삼국 통일

(1) 고구려와 수·당의 전쟁

수의 침략	수의 중국 통일 ➔ 수 양제가 30만 명의 별동대로 평양성을 공격하였으나 을지문덕이 살수에서 격퇴(살수 대첩, 612)
당의 침략	고구려가 당의 침략에 대비하여 천리장성 축조 ➔ 연개소문이 정변을 일으켜 권력을 장악하고 당에 강경하게 맞섬 ➔ 고구려가 당 태종의 침입 격퇴(안시성 싸움, 645)

(2) 백제와 고구려의 멸망 : 백제의 신라 공격 ➔ 나·당 동맹 체결(648) ➔ 황산벌 전투 후 백제 멸망(660) ➔ 고구려 멸망(668) ➔ 백제와 고구려의 부흥 운동 전개

(3) 나·당 전쟁과 삼국 통일

① 전개 과정 : 당이 한반도 전체를 지배하려 함 ➔ 나·당 전쟁 전개 ➔ 신라가 매소성 전투, 기벌포 전투에서 승리하여 당을 몰아냄 ➔ 신라의 삼국 통일(676)

② 삼국 통일의 의의 및 한계

의의	우리 민족 최초의 통일, 민족 문화 융합에 기여
한계	당을 끌어들임, 대동강 이남에 한정된 불완전한 통일

5 통일 신라와 발해의 발전

1. 통일 후 신라의 발전

(1) 무열왕계의 왕권 강화

문무왕	삼국 통일 완수, 민족 통합 도모
신문왕	• 김흠돌의 반란을 계기로 진골 숙청 • 국학 설립 : 유학 교육 담당, 6두품 육성 • 관료전 지급, 녹읍 폐지 : 진골의 경제 기반을 약화시킴

(2) 통치 체제 정비

중앙	집사부를 중심으로 운영(시중의 위상 강화)
지방	• 9주 정비 : 전국을 9개 지역으로 나눔 • 5소경 설치 : 수도 금성(경주)이 한반도 남동쪽에 치우친 점 보완
군사	• 중앙군 : 9서당 ➔ 고구려인, 백제인, 말갈인도 참여 • 지방군 : 10정 ➔ 각 주에 1정씩 배치, 한주에 2정 배치
민정 문서	촌주가 촌락의 인구, 토지, 경제 상황 등을 조사하여 기록

삼국 통일기의 주요 인물

연개소문	정변을 일으켜 대막리지에 오름
계백	백제의 장수, 황산벌 전투를 이끎
김유신	신라의 장수, 백제·고구려 정벌 때 활약
김춘추(무열왕)	나·당 동맹을 성사시킴, 진골 최초로 왕에 오름

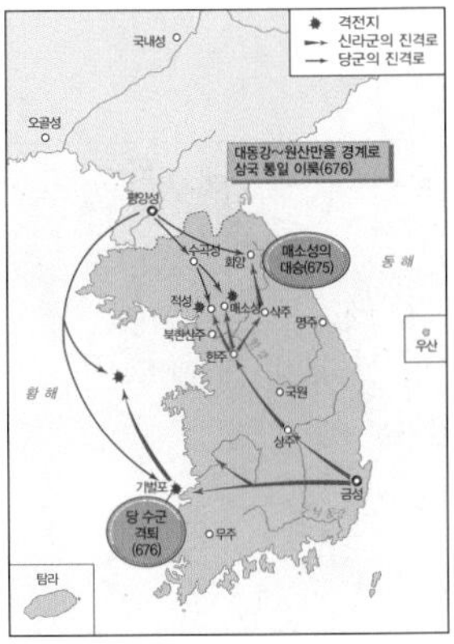

▲나·당 전쟁

관료전과 녹읍

관료전은 관리에게 수조권(조세를 걷을 수 있는 권리)만 인정한 토지이다. 반면 녹읍은 수조권과 노동력 징발권을 인정받았다.

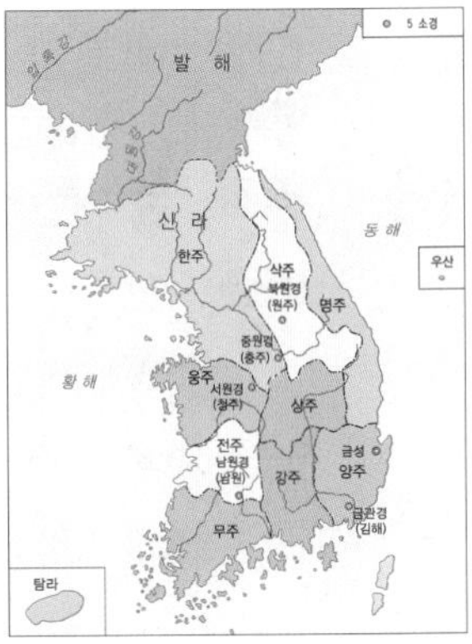

▲9주 5소경

2. 신라 말의 사회 변화

(1) 왕위 쟁탈전 심화 : 혜공왕 피살 이후 진골 간의 왕위 쟁탈전 심화

① 김헌창의 난

② 장보고의 난 : 완도에 청해진 설치, 해상 무역으로 성장, 왕위 다툼에 휘말려 피살

(2) 농민 봉기 발생 : 진성 여왕 시기, 원종과 애노의 봉기(889)를 계기로 전국 곳곳에서 발생

(3) 새로운 세력의 성장

호족	스스로 성주·장군이라 칭함, 지방의 행정권과 군사권을 장악하여 실질적인 지배력 행사, 선종 후원
6두품	골품제의 문제점을 비판 ➔ 일부는 호족 세력과 연계, 최치원은 개혁안이 막히자 낙향

(4) 후삼국의 성립

후백제	• 견훤이 완산주(전주)에 도읍을 정함(900) • 경과 : 경주 공격 ➔ 내분으로 금산사에 유폐 ➔ 고려에 투항	➔ 이로써 신라는 후삼국으로 분열
후고구려	• 궁예가 송악(개성)에 도읍을 정하고 건국(901) • 경과 : 미륵불 자처, 폭정을 일삼음	

골품제
신라의 귀족을 등급으로 구분하는 신분 제도이다. 성골, 진골, 6두품, 5두품 등이 있다.

▲**남북국 시대** 조선 후기 실학자 유득공이 『발해고』에서 '남북국' 용어를 최초로 주장하였다.

3. 발해의 건국과 발전

(1) 발해의 발전

건국	대조영 : 고구려 유민과 말갈 집단을 이끌고 발해 건국(698)
발전	• 무왕 : 흑수 말갈 제압, 당의 산둥 지방 공격, 돌궐·일본과 친교 • 문왕 : 당과 친선 후 당의 문물 수용, 신라와 교류 • 선왕 : 고구려의 옛 땅 대부분 차지, '해동성국'이라 불림
멸망	지배층의 내분 ➔ 거란의 침략으로 멸망(926)

(2) 발해의 통치 체제

중앙	3성 6부 ➔ 당 제도 수용, 운영과 명칭은 독자적(정당성 중심, 6부의 유교 명칭 사용)
지방	5경 15부 62주, 촌락은 말갈 수령의 도움을 받아 통치

(3) 고구려 계승 의식

① 고구려 유민이 건국 주도

② 일본에 보낸 외교 문서에서 '고려왕(고구려왕)'이라 칭함

③ 고구려 문화 계승 : 온돌, 막새 무늬, 정혜 공주 묘(굴식 돌방무덤 양식, 모줄임 천장)

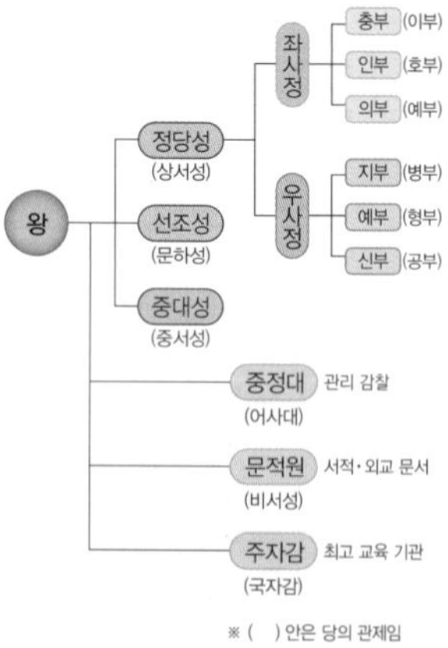

▲**발해의 중앙 정치 기구**

02 고대 사회의 종교와 사상

• 고대 사회의 다양한 종교와 사상에 대해 살펴본다.

1 고대 사회의 원시 신앙

1. 원시 신앙과 예술

(1) 구석기 시대 : 다산과 풍요, 사냥의 성공 기원

(2) 신석기 시대 : 애니미즘, 토테미즘, 샤머니즘 등장

(3) 바위그림(암각화) 제작 : 울주 대곡리 반구대 암각화, 고령 장기리 암각화

2. 고대 사회의 제천 행사

(1) 풍요를 기원하며 하늘에 제사 지내는 행사

(2) 부여의 영고, 고구려의 동맹, 동예의 무천, 삼한의 5월과 10월에 제사

2 불교, 도교, 풍수지리설의 발달

1. 불교의 수용과 발달

(1) 삼국

① 수용 : 고구려 소수림왕·백제 침류왕 때 불교 수용, 신라는 법흥왕 때 이차돈의 순교를 계기로 불교 공인

② 특징 : 왕권 강화 뒷받침(왕즉불 사상), 호국적 성격(대규모 불교 사찰 건립), 업설을 통해 귀족 중심의 신분 질서 정당화

③ 불교 문화유산

▲ 고구려의 금동 연가 7년명 여래 입상

▲ 백제의 미륵사지 석탑

▲ 신라의 분황사 모전석탑

▲ 금동 미륵보살 반가 사유상

원시 신앙

애니미즘	자연 현상이나 자연물에 정령이 있다고 보는 신앙이다.
토테미즘	특정한 동식물을 자기 부족의 기원이라고 여기고 숭배하는 신앙이다. 단군 신화의 곰과 호랑이 등이 해당한다.
샤머니즘	영혼이나 하늘을 인간과 연결해 주는 존재인 무당(샤먼)과 그 주술을 믿는 신앙으로 고조선의 단군, 삼한의 천군과 같은 제사장과 연관된다.

▲ 울주 반구대 암각화

왕즉불 사상
'왕즉불(王卽佛)'이란 '왕이 곧 부처'라는 말이다. 왕실의 권위를 강화하는 데 기여하였다.

신라의 불교 수용과 업설
신라 귀족들은 전생에 지은 행위의 결과를 현세에서 받는다는 불교의 업설(業說)을 유리하게 해석하여 귀족 중심의 신분 질서를 정당화하였다.

(2) 통일 신라

통일 직후	• 원효 : 일심 사상·화쟁 사상 주장, '나무아미타불' 염불 강조(불교의 대중화에 기여) • 의상 : 당 유학 후 화엄 사상 발전, 부석사 건립 • 혜초 : 인도 방문 후 『왕오천축국전』 저술 • 불교 문화 융성 : 불국사, 석굴암, 다보탑, 무구정광대다라니경
신라 말기	선종이 널리 확산 ➔ 9산선문 형성, 호족 세력의 후원을 받음, 승탑 유행, 지방 문화 발달에 영향

(3) 발해

① 고구려 문화 계승

▲발해의 이불병좌상

▲발해 석등

▲발해의 기와

② 당 문화 수용 : 영광탑(벽돌탑)

2. 도교와 풍수지리설의 유행

(1) 도교

① 도가 사상을 바탕으로 하여 신선 사상과 민간 신앙 등이 결합되어 성립 ➔ 불로장생과 현세구복 추구

② 귀족 사회를 중심으로 유행

③ 고구려(사신도, 연개소문의 도교 장려), 백제(산수무늬 벽돌, 사택지적비, 금동 대향로)

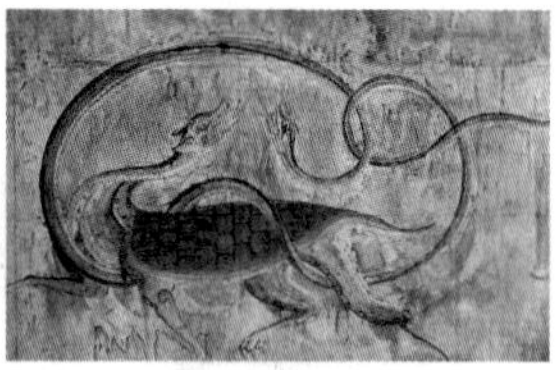
▲고구려의 사신도[현무도]

▲백제 산수무늬 벽돌

▲백제 금동 대향로

(2) 풍수지리설 : 산세나 지형적 요인이 인간의 길흉화복에 영향을 끼친다는 사상 ➔ 신라 말 유행, 수도 금성(경주)을 중심으로 한 지리 인식 탈피, 호족 세력의 성장에 영향

▲**무구정광대다라니경** 경주 불국사 3층 석탑 2층에서 발견된 두루마리 형식의 불경이다. 8세기 중반에 만든 것으로, 세계에서 가장 오래된 목판 인쇄물이다.

교종과 선종의 비교

구분	교종	선종
성립 시기	통일 신라 안정기	신라 말 혼란기
성격	경전 연구 중심	참선, 수양 중심
후원	왕실과 귀족의 후원	지방 호족의 후원
종파	5교 성립	9산 성립

▲화순 쌍봉사 철감선사 승탑

▲발해의 영광탑

사택지적비
백제 의자왕 때의 귀족이자 대신이었던 사택지적이라는 인물이 남긴 비석이다.

3 유학의 수용과 학문의 발달

1. 삼국

(1) 유학의 수용

고구려	• 수도 : 태학 설립(유교 경전 교육) • 지방 : 경당 설치(한학과 무술 교육)
백제	오경박사 존재 : 유교 경전 교육 담당
신라	임신서기석 제작

(2) 역사서의 편찬

고구려	『유기』 100권 ➜ 이문진의 『신집』 5권(영양왕 때 편찬)
백제	고흥의 『서기』(근초고왕 때 편찬)
신라	거칠부의 『국사』(진흥왕 때 편찬)

▲ **임신서기석** 경주에서 발견된 비석으로 신라의 두 청년이 국가에 충성하고 유학을 힘써 배울 것을 다짐하는 내용이 새겨져 있다.

2. 통일 신라

(1) 유학의 발달 : 유교 정치 이념을 통해 왕권 강화

신문왕	국학 설립 : 체계적인 유학 교육 실시
원성왕	독서삼품과 실시 : 국학 학생들을 대상으로 유교 경전의 이해 수준을 시험하여 관리 선발에 활용

(2) 대표적 유학자 : 김대문(『화랑세기』·『고승전』 저술), 강수(외교 문서 작성), 설총(이두 정리), 최치원(6두품 출신, 당의 빈공과 합격, 진성 여왕에게 개혁안 건의)

빈공과
당에서 외국인을 대상으로 실시한 과거 시험으로, 합격자의 상당수가 신라인이었다.

4 나라별 주요 고분

1. 고구려

(1) 장군총 등 돌무지무덤 조성

(2) 강서대묘 : 굴식 돌방무덤으로 벽화 존재, 사신도 유명

▲ 장군총

2. 백제

(1) 서울 석촌동 고분 : 고구려의 영향을 받아 돌무지무덤으로 제작

(2) 무령왕릉 : 중국 남조의 영향을 받아 벽돌무덤으로 제작

▲ 무령왕릉 내부

3. 신라의 천마총, 금관총 등

도굴이 어려운 돌무지덧널무덤으로 제작

03 고려의 정치

• 고려의 통치 체제와 고려를 둘러싼 국제 질서의 변동을 살펴본다.

1 고려의 건국과 통치 체제의 정비

1. 고려의 후삼국 통일

918	궁예를 몰아내고 왕건이 고려 건국
919	고려의 도읍을 송악으로 이동
927	공산 전투에서 후백제가 승리
930	고창 전투에서 고려가 승리
935	견훤, 고려로 귀순
936	• 경순왕, 고려에 투항(신라 복속) • 후백제 격퇴로 후삼국 통일

▲고려의 민족 재통일

2. 국가 기틀의 확립

태조	• 호족 포용 : 호족들에게 관직·토지·성씨 하사, 호족의 딸들과 정략결혼 • 호족 견제 : 사심관 제도, 기인 제도 • 민생 안정 : 조세 부담을 덜어 줌 • 북진 정책 : 고구려 계승 의식, 평양을 서경으로 승격, 거란 배척(만부교 사건), 청천강 유역까지 영토 확대 • 불교 중시 : 연등회·팔관회 개최 • 훈요 10조 남김
광종	노비안검법 시행, 과거제 실시, 건국 공신과 호족 숙청, 황제 칭호와 독자적 연호 사용 ➜ 왕권 강화 시도
성종	최승로의 시무 28조 수용 ➜ 유교 정치 이념을 바탕으로 하는 통치 체제 정비

사심관 제도
지방에 연고가 있는 고위 관직자를 출신 지역의 사심관으로 임명하여 지방을 통제하도록 한 제도이다.

기인 제도
지방 세력을 견제하기 위해 호족 세력의 자제를 인질로 삼아 수도에 머물러 있게 한 제도이다.

만부교 사건
『고려사』에는 942년 거란이 사신과 낙타를 보내 화친을 제의하자, 태조가 거란 사신을 귀양 보내고 낙타를 굶겨 죽였다는 기록이 있다.

노비안검법
956년(광종 7)에 실시한 노비안검법은 후삼국 시대의 혼란기에 불법으로 노비가 된 사람을 조사하여 양인으로 해방시켜 주기 위한 법이다. 이로써 호족의 경제적·군사적 기반은 약화되었고 양인 수가 확보됨으로써 국가의 수입 기반이 증가하였다.

최승로의 시무 28조
6두품 출신 문신 최승로가 성종의 요청에 의해 당면한 과제들에 대한 자신의 견해를 서술한 개혁안이다. 그중 22조가 전해진다.

3. 통치 체제의 정비

(1) 중앙 정치 제도

2성 6부	중서문하성(정책 계획·결정), 상서성(6부를 통해 정책 집행)	
중추원	왕명의 출납과 군사 기밀	중서문하성의 낭사와 어사대의 관리들은 대간이라 불림 ➔ 왕권 견제, 관리 감시
어사대	풍속의 교정과 관리 감찰	
삼사	화폐와 곡식에 대한 회계	
도병마사	국방과 안보 문제 논의	중서문하성의 재신과 중추원의 추밀이 모여 국가 중요 정책을 심의·의결하는 회의 기구
식목도감	각종 법률 제정 관여	

(2) 지방 행정 제도

① 5도 : 일반 행정 구역, 안찰사 파견하여 통치

② 양계 : 군사 행정 구역, 병마사 파견하여 통치

③ 주현 : 수령이 파견된 군현

④ 속현 : 수령이 파견되지 않은 군현, 주현보다 많음

⑤ 향·부곡·소 : 특수 행정 구역, 다른 지역으로 이주 불가, 일반 군현에 비해 세금 부담 큼

(3) 군사 제도

중앙군	2군 6위 ➔ 직업 군인과 평민으로 편성
지방군	양계의 주진군, 5도의 주현군

(4) 관리 등용과 교육 제도

관리 등용	• 과거 : 문관을 뽑는 제술과와 명경과, 기술관을 뽑는 잡과, 무과 없음 • 음서 : 공신이나 고위 관료의 자제들을 과거를 거치지 않고 임용, 문벌 귀족의 특권
교육 제도	개경에 국자감(국학), 지방에 향교 설립 ➔ 고려 중기에 사학 12도 번성

(5) 전시과

① 문무 관리에게 수조권을 행사할 수 있는 전지(농토)와 시지(임야) 지급

② 공음전 : 5품 이상 관리에게 지급, 세습이 가능하여 문벌 귀족의 기반이 됨

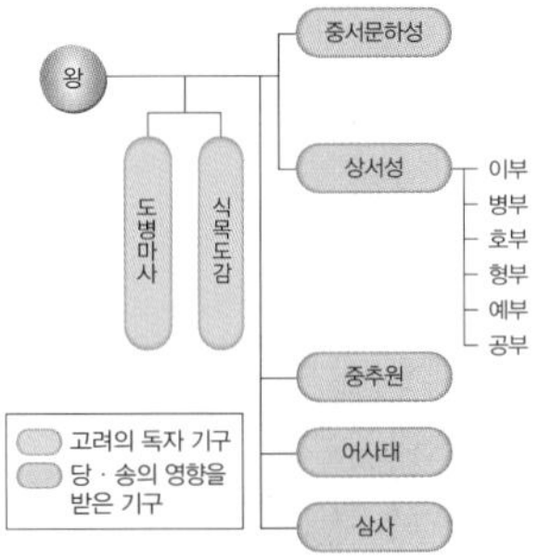

▲고려의 중앙 정치 제도

대간의 권한
왕의 잘못을 논하는 간쟁과 잘못된 왕명을 시행하지 않고 되돌려 보내는 봉박, 관리의 임명과 법령의 개정이나 폐지 등에 동의하는 서경권을 가지고 있었다.

▲고려의 지방 행정 제도

문과의 종류

제술과	한문학 시험으로 문학적 재능과 정책 등을 평가하였고, 과거 중 가장 중요시됨
명경과	유교 경전에 대한 이해 능력을 시험하여 문관을 등용

2 다원적인 동아시아 질서 속 고려의 대외 관계

1. 고려의 유연한 외교 정책

(1) 송과 거란족의 요 사이에서 세력 균형

(2) 고려와 송의 교류

고려	송의 선진 문물 수용
송	요 견제를 위한 군사적 의도

(3) 무역 활발

① 벽란도 중심 : 예성강 하구에 위치

② 송·일본·아라비아 상인 왕래

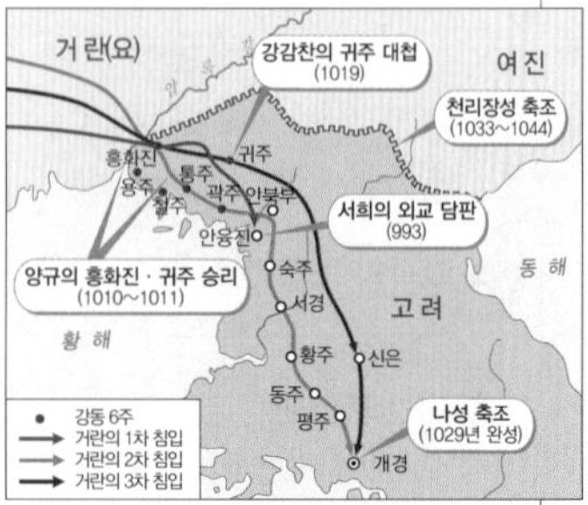

▲ 거란의 침입과 격퇴

2. 거란의 침략과 격퇴

1차 침략(993)	거란의 침략 ➔ 서희의 외교 담판 ➔ 압록강 동쪽 지역(강동 6주) 확보
2차 침략(1010)	강조의 정변을 구실로 다시 침략 ➔ 양규의 활약
3차 침략(1018)	• 거란이 압록강 동쪽으로 세력 확대를 위해 다시 침략 ➔ 강감찬의 귀주 대첩 • 나성과 천리장성 축조 ➔ 북방 세력의 침략에 대비

강조의 정변(1009)
목종의 모후인 천추태후와 김치양이 불륜 관계를 맺고 왕위를 빼앗으려 하자, 강조가 군사를 일으켜 김치양 일파를 제거한 후 목종을 폐위하고 현종을 옹립한 사건이다.

3. 여진 정벌과 동북 9성 설치

(1) 고려의 여진 정벌 : 12세기 초 부족을 통일한 여진이 고려 국경 침범 ➔ 윤관이 별무반을 이끌고 여진 정벌 ➔ 윤관의 동북 9성 설치 ➔ 조공을 약속받고 반환

(2) 여진의 성장 : 여진의 금 건국(1115) ➔ 금은 요를 멸망시키고 송을 남쪽으로 밀어냄, 고려에 군신 관계 요구 ➔ 당시 집권자였던 이자겸이 금의 요구 수용

별무반
윤관이 여진의 기병에 대항하기 위해 편성한 특수 부대이다. 신보군(보병), 신기군(기병), 항마군(승병)으로 구성되었다.

3 문벌 귀족 사회의 갈등과 무신 정권의 성립

1. 문벌 귀족 사회의 형성

(1) 세력 기반 : 과거와 음서를 통한 관직 독점, 과전과 공음전을 통한 토지 소유, 왕실과의 외척 관계를 통한 권력 강화

(2) 대표적 가문 : 경원 이씨(이자겸), 경주 김씨(김부식)

2. 문벌 귀족 사회의 갈등

이자겸의 난 (1126)	문벌 가문인 경원 이씨가 유력한 외척 가문으로 성장 ➔ 이자겸의 권력 독점 ➔ 인종이 이자겸 제거 시도 ➔ 이자겸과 척준경의 반란 ➔ 인종이 척준경을 포섭하여 이자겸 제거
서경 천도 운동 (1135)	서경 출신의 묘청과 정지상 등이 서경 천도 건의, 황제국 칭호·독자 연호 사용, 금 정벌 주장 ➔ 조정 관료들의 반대로 좌절 ➔ 묘청의 반란 ➔ 김부식이 이끈 정부군에 의해 진압

3. 무신 정권의 성립

(1) 무신 정변(1170) : 무신 차별, 하급 군인들의 불만 ➔ 정중부, 이의방 등이 정변을 일으켜 무신 정권 수립

초기의 무신 정권	• 정중부 ➔ 경대승 ➔ 이의민(천민 출신) 집권 • 무신들의 회의 기구인 중방을 중심으로 정치 운영
최씨 무신 정권	• 최씨 가문이 4대 60여 년간 집권 • 최충헌 : 교정도감 설치(국정 총괄), 도방 확대(사병) • 최우 : 정방 설치(인사권 장악), 삼별초 설치

(2) 농민과 천민의 봉기 : 수탈 심화, 신분 상승에 대한 기대감

① 망이·망소이의 난 : '소' 지역 수탈에 저항

② 만적의 난 : 신분 해방 시도

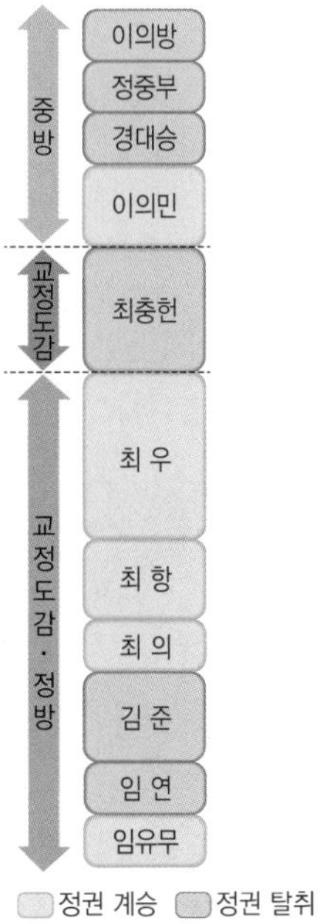

▲무신 집권자와 지배 기구

4 대몽 항쟁

1. 몽골의 침략

13세기 초 몽골이 부족을 통일하고 세력 확대 ➔ 강동성 전투 후 몽골의 지나친 공물 요구 ➔ 몽골 사신 피살에 따른 관계 악화 ➔ 몽골의 침략(1231)

2. 고려의 항전

(1) 고려의 항전 : 최씨 정권(최우)의 강화도 천도

① 대표 전투 : 귀주성 전투(박서), 처인성 전투(김윤후와 처인 부곡민), 충주성 전투(김윤후와 관노)

② 황룡사 9층 목탑과 초조대장경 소실, 팔만대장경 조판

(2) 몽골과의 강화 : 최씨 정권 붕괴 이후 강화 추진 ➔ 무신 정권의 마지막 권력자인 임유무가 피살된 후 개경 환도(1270)

(3) 삼별초의 항쟁 : 개경 환도 거부, 강화도 ➔ 진도 ➔ 제주도에서 저항

강동성 전투(1218~1219)
거란족이 몽골군에 쫓겨 고려에 침입하자 고려가 몽골군과 연합하여 강동성에서 거란군을 격퇴하였다.

초조대장경
우리나라 최초의 대장경으로, 거란 격퇴를 기원하며 제작하였다.

팔만대장경
초조대장경이 불타자 최우는 대장경 제작을 명령하였다. 현재 합천 해인사에 보관 중이다.

5 고려 후기의 정치 변화

1. 원의 간섭과 권문세족의 성장

(1) 원의 간섭

고려의 위상 약화	관제와 왕실 호칭 격하, 고려 왕과 원 공주의 결혼
원의 영토 침탈	쌍성총관부, 동녕부 등 설치 ➔ 원의 직접 지배
원의 내정 간섭	일본 정벌을 위해 정동행성 설치 ➔ 원정 실패 이후 고려의 내정을 간섭
원의 수탈	공녀와 환관 요구, 매 징발을 위해 응방 설치

(2) 원과의 교류 : 몽골풍 유행, 성리학 전래

(3) 권문세족의 성장

① 성장 : 원과 특별한 관계를 가진 사람들이 관료나 권세가가 됨 ➔ 이들 중 일부가 지위 세습 ➔ 권문세족을 이룸

② 폐해 : 권문세족의 고위 관직 독점, 권력을 이용해 토지와 노비를 늘려 농장 경영

2. 공민왕의 개혁

반원 정책	기철 등 친원파 제거, 정동행성 철폐, 쌍성총관부를 공격하여 철령 이북의 영토 회복, 왕실의 호칭과 관제 복구, 변발 금지
내정 개혁	정방 폐지, 신진 사대부 등용, 신돈을 등용하여 전민변정도감 설치(권문세족의 경제적 기반 약화 목적)

3. 신진 사대부의 성장과 고려의 몰락

(1) 신진 사대부의 성장 : 14세기 개혁 과정(공민왕 때)에서 성장, 성리학을 바탕으로 고려 말 사회 모순 개혁 시도 ➔ 권문세족의 농장 확대와 불교의 폐단 비판, 유교 원리에 따른 국가 운영 주장

① 온건파 사대부 : 정몽주 중심, 고려 왕조 유지 주장

② 급진파 사대부 : 정도전 중심, 토지 개혁과 새 왕조 개창 주장

(2) 이성계의 권력 장악 : 홍건적과 왜구를 토벌하는 과정에서 신흥 무인 세력 성장(최영, 이성계) ➔ 명이 철령 이북을 차지하려 함 ➔ 요동 정벌 추진 ➔ 위화도 회군으로 이성계가 권력 장악(1388)

(3) 고려의 멸망 : 이성계와 급진파 사대부가 과전법 제정(1391) ➔ 정몽주 등 온건파 사대부를 제거하고 조선 건국(1392)

정동행성(1280~1356)
고려 충렬왕 때 원의 쿠빌라이가 일본을 정벌하려고 개경에 설치하였다가 정벌 계획을 그만둔 뒤로 원의 관리를 두어 고려의 내정을 간섭하였다.

몽골풍
원의 간섭을 받으면서 왕실이나 관리 등 상류층을 중심으로 몽골어, 몽골식 이름 등이 사용되고 몽골식 의복이나 머리 등이 유행한 것을 말한다.

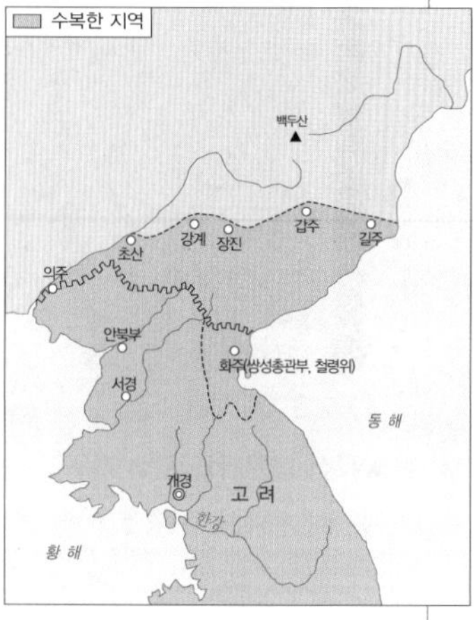

▲ 공민왕의 영토 수복

전민변정도감
고려 후기에 권문세족들이 토지와 노비를 늘려 국가 기반이 크게 약화되자, 이를 시정하기 위하여 설치한 특별 기구이다.

과전법(1391)
경기도 지역에 한정하여 관리들에게 수조권을 지급한 제도이다. 이전까지의 토지 문서를 모두 불태우고 새롭게 토지를 나누어 줌으로써 권문세족을 약화시키고 신진 사대부의 경제적 기반을 마련하고자 하였다.

04 고려의 사회와 사상

• 고려 사회의 특징과 다양한 사상에 대해 살펴본다.

1 고려의 신분 구조와 사회 모습

1. 고려의 신분

양인	귀족	• 문무 관료 ➔ 5품 이상 관리는 음서 혜택을 누림 • 청자 사용
	중류층	남반(궁궐의 실무 담당), 서리(중앙 관청의 행정 실무 담당), 향리(지방 행정의 실무 담당), 하급 장교
	평민	• 농민(백정으로 불림), 상인, 수공업자 • 향·부곡·소민(일반 군현민보다 경제적 부담이 컸음, 다른 지역으로 이주 금지)
천인	천민	공노비, 사노비 ➔ 재산으로 간주되어 매매, 상속, 증여 가능

2. 사회 시책과 공동체 조직

(1) 사회 시책

① 의창(흉년에 빈민 구제), 상평창(물가 안정 도모)

② 동·서 대비원 : 환자 진료 및 빈민 구휼

③ 제위보 : 빈민 구제를 위해 기금 조성

(2) 향도 : 대표적인 농민 공동체 조직, 매향 활동을 하며 불상·탑·사원 조성에 주도적 역할 ➔ 공동 노동, 혼례와 상장례 등 공동체 유지를 위한 조직으로 발전

3. 고려의 가족 제도와 여성의 위상

(1) 가족 제도 : 일부일처제, 부계 친족과 모계 친족 모두 중시

(2) 여성의 위상 : 여성도 호주 가능, 태어난 순서대로 호적에 등재, 아들·딸에게 재산 균분 상속, 사위와 외손자도 음서의 혜택, 여성의 재혼에 제약 없음 ➔ 조선 시대에 비해 남녀 평등

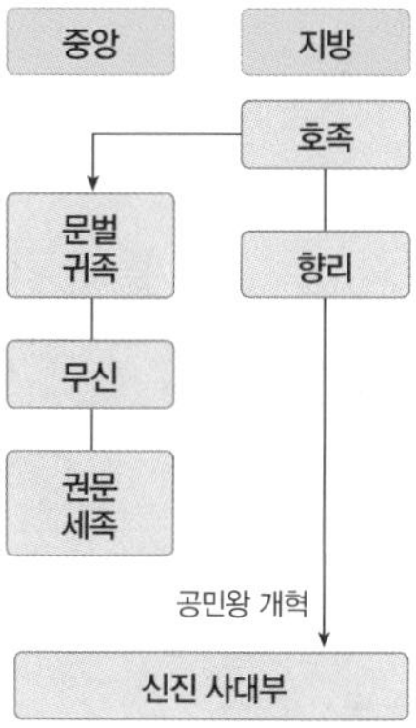

▲고려 지배 세력의 변화

청자

▲순청자 ▲상감 청자

고려를 대표하는 도자기로, 문벌 귀족 시기와 무신 정권기에 크게 발달하였다.

양인

노비가 아닌 모든 사람을 이르는 말이다.

▲**사천 매향비** 1387년 향나무를 묻고 세운 것으로, 내세의 행운과 국태민안(國泰民安)을 기원하는 내용을 담고 있다.

2 유학의 발달과 역사서 편찬

1. 유학의 발달

(1) 전기 : 유교 정치 이념 확립

① 태조 : 6두품 출신 유학자 등용

② 광종 : 과거제 실시 ➔ 유교적 소양을 갖춘 관리 등용

③ 성종 : 최승로의 시무 28조 수용 ➔ 유교 정치 이념 확립, 개경에 국자감 설립, 지방에 경학박사 파견

C/l/i/c/k 최승로의 시무 28조

20조 불교를 믿는 것은 자신을 수양하는 근본이며, 유교를 행하는 것은 나라를 다스리는 근원입니다. 자신을 수양하는 것은 내세의 복을 구하는 일이며, 나라를 다스리는 것은 오늘의 급한 일입니다.

–『고려사』–

(2) 중기 : 최충의 9재 학당(문헌공도) 수립 후 사학 12도 설립 ➔ 국자감 진흥을 위해 양현고 설치

(3) 후기 : 성리학의 수용

① 충렬왕 때 안향이 소개 ➔ 이제현이 만권당에서 원의 학자와 교류

② 신진 사대부의 성리학 수용 ➔ 성리학을 개혁 사상으로 이해, 『소학』과 『주자가례』를 통해 유교 윤리와 의례를 사회에 보급

2. 역사서의 편찬

(1) 전기 : 7대 실록 편찬 ➔ 현재 전하지 않음

(2) 중기 : 김부식의 『삼국사기』 ➔ 현재까지 전하는 가장 오래된 역사서, 유교적 합리주의 사관을 토대로 집필, 기전체 서술

(3) 후기

① 무신 정변과 몽골의 침략을 겪으면서 자주 의식 강조

이규보의 「동명왕편」	동명왕(주몽)의 삶과 업적을 서술, 고구려 계승 의식 반영
일연의 『삼국유사』	불교사 이외에 고대의 설화 등 수록, 단군 신화를 최초로 기록
이승휴의 『제왕운기』	고조선~고려 역사 정리

② 정통 의식과 대의명분을 강조하는 성리학적 역사관 등장 ➔ 이제현의 『사략』

문헌공도
문종 때 최충이 세운 9재 학당으로, 12도 중에서 가장 번성하여 명성이 높았다. 최충이 사망한 후 그의 시호인 문헌을 이름으로 붙였다.

양현고
국자감의 재정을 뒷받침하기 위해 만든 장학 재단이다.

만권당
왕위에서 물러난 충선왕은 원의 수도인 연경에 만권당을 설치하여, 이제현 등 고려 유학자와 조맹부 등 한족 출신 유학자들을 불러 모아 서로 교류하게 하였다.

삼국사기와 삼국유사

삼국사기	• 김부식 저술(인종) • 유교 기반 • 왕명으로 편찬 • 기전체 사서 • 신라사 강조
삼국유사	• 일연 저술(충렬왕) • 불교 기반 • 단군 신화 기록

3 불교, 도교, 풍수지리설의 발달

1. 불교의 발달

국가의 불교 후원	• 태조 : 연등회와 같은 불교 행사 장려 • 광종 : 승과 실시, 명망이 높은 승려를 왕사나 국사로 삼음 • 초조대장경 조판 : 부처의 힘으로 거란족 격퇴를 기원 • 팔만대장경 조판 : 부처의 힘으로 몽골족 격퇴를 기원
불교 통합 운동	• 의천 : 고려 중기, 천태종 개창(교종의 입장에서 선종 통합), 교관겸수 제시 • 지눌 : 고려 후기, 수선사 결사 제창, 정혜쌍수·돈오점수 제시(선종의 입장에서 교종 통합) ➔ 조계종 번성
불교의 폐단	불교가 왕실 및 권문세족과 밀착하면서 사회적 폐단 심화 ➔ 신진 사대부의 불교 폐단 비판

2. 불교 문화유산

▲ 관촉사 석조 미륵보살 입상

▲ 월정사 8각 9층 석탑

▲ 경천사지 10층 석탑

▲ 부석사 무량수전

3. 도교, 풍수지리설

(1) 도교 : 도교 사원인 복원궁에서 나라의 안녕과 왕실의 번영을 기원하는 초제 개최

(2) 풍수지리설 : 묘청의 서경 천도 운동에 영향

4 과학 기술

1. 금속 활자 인쇄술

(1) 『상정고금예문』 : 세계 최초의 금속활자본이나 현재 전하지 않음

(2) 『직지심체요절』 : 현재 존재하는 금속활자본 중 가장 오래됨, 청주 흥덕사에서 제작

2. 최무선의 화포 제작

화통도감 설치 ➔ 왜구 격퇴에 기여

➋ 교관겸수
부처의 가르침[교학]과 깨달음을 위한 수행[선]을 함께 중시해 수행하자는 주장이다. 교는 교종을, 관은 선종을 각각 의미하며 교학의 수련을 중심으로 선을 포용하려는 통합 이론이기도 하다.

➋ 수선사
지눌이 불교계의 혁신을 시도하며 만든 단체이다.

➋ 정혜쌍수와 돈오점수
정혜쌍수는 선과 교학을 나란히 수행하되, 선을 중심으로 교학을 포용하자는 이론이다. 돈오점수는 마음이 곧 부처임을 단번에 깨닫고[돈오], 깨달은 이후에도 꾸준히 수행[점수]해야 완전한 경지에 이를 수 있다는 주장이다.

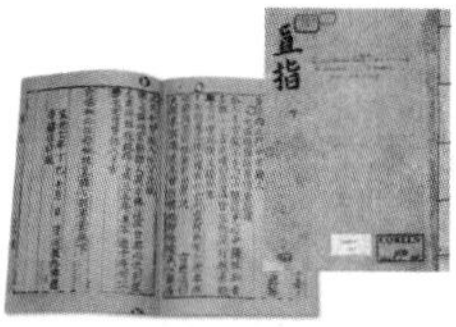
▲ 직지심체요절

05 조선의 정치

• 조선의 건국 과정과 통치 체제의 특징, 조선 건국 이후의 국제 정세 및 세계관의 변화 등을 살펴본다.

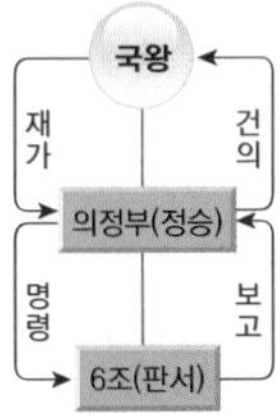

▲ 6조 직계제 ▲ 의정부 서사제

6조 직계제란 6조에서 의정부를 거치지 않고 곧바로 사안을 국왕에게 올려 재가를 받아 시행하는 제도이다. 반면 의정부 서사제란 6조에서 올라오는 모든 일을 영의정, 좌의정, 우의정이 중심이 되는 의정부에서 논의한 다음, 합의된 사항을 국왕에게 올려 결재를 받는 형식의 제도이다.

▲ **호패** 16세 이상의 남자들이 가지고 다닌 일종의 신분증이다. 조세 징수와 군역 부과에 활용되었다.

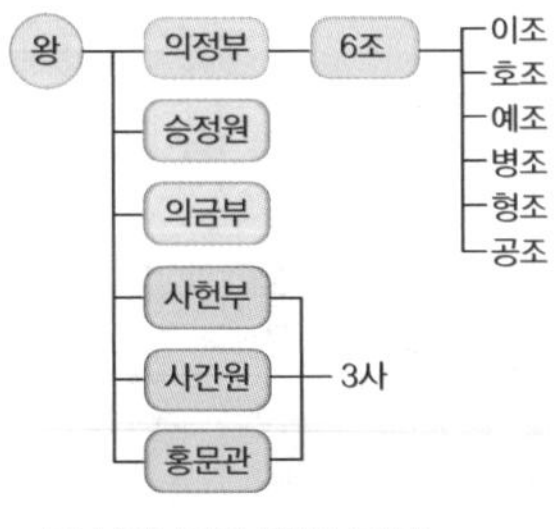

▲ 조선의 중앙 정치 기구

1 조선의 정치

1. 15세기의 조선 정치

(1) 조선의 건국(1392) : 이성계와 급진파 신진 사대부가 주도

(2) 유교 정치의 확립

태조	한양으로 천도, 정도전의 재상 중심 정치 시도
태종	• 사병 혁파, 6조 직계제 실시 ➔ 왕권 강화 시도 • 양전 사업, 호패법 실시(남성 대상) ➔ 국가 재정 확충
세종	• 집현전 설치, 경연 실시, 의정부 서사제 실시 ➔ 왕권과 신권의 조화 • 훈민정음 창제, 「용비어천가」(훈민정음으로 쓴 최초의 작품) 제작 • 『농사직설』 편찬 : 최초의 우리 농서
세조	• 계유정난으로 집권 • 6조 직계제 실시 ➔ 왕권 강화 • 직전법 실시 : 현직 관리에게만 수조권 지급
성종	• 홍문관 설치, 경연 부활 • 『경국대전』 완성 : 조선의 기본 법전 • 관수관급제 실시 : 국가가 조를 거두어 관리에게 지급

2. 유교적 통치 체제의 정비

(1) 중앙 정치 제도

의정부	최고 정책 결정 기구, 3정승의 합의로 결정	
6조	집행 기구	
승정원	왕명 출납(국왕 비서 기관)	왕권 뒷받침
의금부	국가의 중죄 담당	
사헌부	관리 감찰	3사 : 권력의 독점을 견제하는 언론 기능 담당
사간원	간쟁 담당	
홍문관	국왕 자문과 경연 담당	

(2) 지방 행정 제도

8도	관찰사 파견
군현	• 모든 군현에 수령 파견 ➔ 향리는 수령의 업무 보좌 • 향·부곡·소 폐지 • 지방 사족(양반)의 유향소 설치 : 자치 기구, 수령 자문과 향리 견제 역할

(3) 군사 제도

5위	중앙군으로 궁궐과 한성 수비
지방군	각 도마다 병영과 수영 설치, 병마절도사와 수군절도사가 지휘

(4) 관리 등용과 교육 제도

관리 등용	과거(사마과, 문과, 무과, 잡과), 음서(고려에 비해 약화), 천거
교육 제도	성균관(최고 기관), 4부 학당(한양에 위치), 향교(각 군현에 설치)

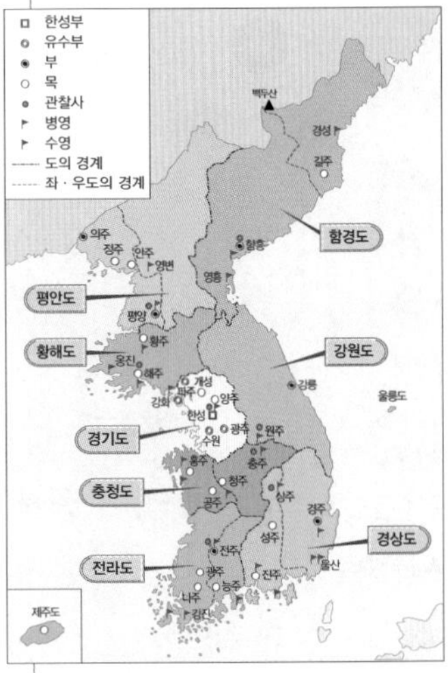

▲ **조선의 8도** 조선은 고려와 달리 군사 행정 구역을 따로 설치하지 않았다.

3. 16세기의 정치

(1) 훈구와 사림

훈구	• 건국 공신과 중종 반정에 참여한 세력 • 급진파 사대부의 사상 계승 • 부국 강병과 중앙 집권 추구
사림	• 재야 사대부로, 성종 때 정계에 진출함 예 김종직 • 온건파 사대부의 사상 계승 • 왕도 정치 추구, 3사의 언관직에 진출하여 훈구 견제

(2) 연산군~명종 시기 : 사화 발생

무오사화 (연산군)	훈구 세력이 김종직의 '조의제문'을 문제 삼아 사림 공격
갑자사화 (연산군)	연산군이 생모 윤씨의 폐위와 관련된 세력을 제거
기묘사화 (중종)	사림의 급진적인 개혁에 부담을 느낀 중종이 훈구 세력을 앞세워 조광조 일파 제거
을사사화 (명종)	외척(대윤 – 윤임, 소윤 – 윤원형) 간의 권력 다툼, 소윤이 정국 주도

(3) 선조 : 사림이 서원과 향약을 바탕으로 향촌에 세력을 키움 ➔ 선조 때 사림이 정국을 주도 ➔ 척신 정치의 청산과 이조 전랑의 자리를 둘러싸고 사림이 동인과 서인으로 분리(붕당 형성)

사화
사림이 훈구의 정치적 공격으로 참혹한 화를 입은 사건을 말한다.

조의제문
김종직이 단종을 항우에게 죽임을 당한 의제에 비유해 그 죽음을 슬퍼하고 세조의 찬탈을 비난한 내용의 글이다.

조광조의 개혁 정치
- 현량과 실시 : 천거로 사림 등용
- 소격서 폐지 : 도교 행사 금지
- 향약 최초 실시

이조 전랑
이조의 정랑과 좌랑을 함께 부르는 말로, 3사 관리의 인사권을 가지고 있었고, 자신의 후임자를 추천할 수도 있는 등 강력한 권한을 가지고 있었다.

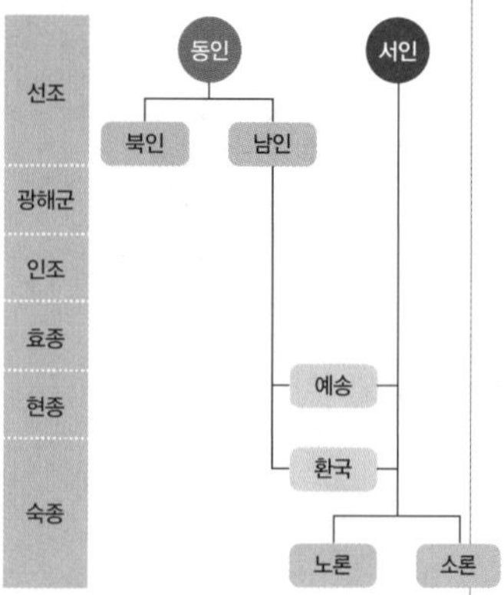

▲ 붕당의 계보

4. 17세기의 붕당 정치

(1) 선조 : 사림이 동인과 서인으로 분화 ➔ 동인이 남인과 북인으로 분화

(2) 광해군 : 북인 집권

(3) 인조~효종 : 서인이 정권을 장악한 후 남인 등용

(4) 현종 : 두 차례 예송으로 서인과 남인의 대립 격화

구분	1차 예송(기해예송, 1659)	2차 예송(갑인예송, 1674)
계기	효종 사망에 따른 자의 대비의 복제 문제	효종비 사망에 따른 자의 대비의 복제 문제
주장	서인(1년설) vs 남인(3년설)	서인(9개월설) vs 남인(1년설)
결과	서인 승리	남인 승리

(5) 숙종 : 3차례 환국 전개 → 특정 붕당이 정권을 독점

경신환국(1680)	다수의 남인이 숙청되고 서인이 집권
기사환국(1689)	희빈 장씨 소생의 원자 책봉 문제로 논란 ➔ 남인 집권
갑술환국(1694)	폐비 민씨 복위 문제 ➔ 남인이 축출되고 서인이 재집권

환국
조선 후기에 정국을 주도하던 붕당이 급격하게 다른 붕당으로 교체된 현상을 일컫는다.

5. 18세기의 탕평 정치

붕당 간의 세력 균형을 도모하며 국왕이 국정 운영을 주도

영조	• 탕평파를 중심으로 정국 운영, 이조 전랑의 인사권 약화, 서원 대폭 정리, 탕평비 건립 • 균역법 실시, 신문고 설치, 가혹한 형벌 제도 개선, 『속대전』 편찬
정조	• 노론·소론·남인을 고루 등용, 규장각 육성, 초계문신제 시행, 왕의 친위 부대인 장용영 설치, 수원 화성 건설 • 서얼에 대한 차별 완화, 통공 정책(신해통공) 실시, 『대전통편』 편찬

탕평비
'남과 두루 친하되 편당 짓지 않는 것은 군자의 공정한 마음이고, 편당만 짓고 남과 두루 친하지 못한 것은 소인의 사사로운 생각이다.'

초계문신제
정조는 37세 이하의 관리를 규장각에서 재교육하였다.

6. 19세기의 세도 정치

(1) 순조, 헌종, 철종 시기 : 안동 김씨 등이 권력 독점

(2) 특징 : 모든 권력이 비변사에 집중, 비변사의 요직을 세도 가문이 장악 ➔ 매관매직 성행, 과거 비리 만연

(3) 삼정의 문란

전정	정해진 액수의 몇 배 징수
군정	죽은 사람이나 어린아이에게도 군포 징수
환곡	가장 심각한 문란상을 보임(고리대처럼 운영되거나 강제로 빌려주는 등 각종 부정 만연)

비변사
중종 때 3포 왜란(1510)을 계기로 국방 문제를 논의하기 위해 설치된 임시 회의 기구이다. 명종 때 을묘왜변을 계기로 상설 기구가 되었고, 임진왜란을 거치면서 그 기능이 크게 강화되었다.

2 조선의 대외 관계

1. 조선 초

(1) 명에 대한 사대 정책 : 태종 이후 정기적으로 사신을 보내며 경제적·문화적 실리 추구

(2) 여진과의 교린 정책

① 강경책 : 세종 때 최윤덕과 김종서가 4군 6진 개척

② 회유책 : 귀순 시 관직과 토지 하사

(3) 일본과의 교린 정책

① 강경책 : 세종 때 이종무가 쓰시마섬 토벌

② 회유책 : 3포 개항하여 제한된 무역 허용

2. 왜란(1592~1598)

(1) 배경

① 조선 : 3포 왜란과 을묘왜변 발발, 군역 제도의 문란으로 군사력 약화

② 일본 : 도요토미 히데요시의 전국 시대 통일 후 대외 침략 준비

(2) 일본의 침입 : 부산진과 동래성 함락 ➜ 신립의 충주 방어 실패 ➜ 선조의 피란, 한양 함락

(3) 조선의 반격

① 이순신과 수군의 활약 : 제해권 장악하고 곡창 지대를 사수

② 의병의 활약 : 곽재우 등 활약, 향토 지리 이용

③ 명의 지원군 파병

④ 3대 대첩 : 이순신의 한산도 대첩, 김시민의 진주 대첩, 권율의 행주 대첩

(4) 정유재란

① 명과 일본의 휴전 협상 실패 후 재침입

② 이순신의 명량 대첩 : 울돌목의 빠른 물살 이용

③ 이순신의 노량 해전 : 이순신 전사

(5) 전쟁 이후

조선	• 정치적 : 비변사 기능 강화, 훈련도감(중앙군)과 속오군(지방군) 조직 • 경제적 : 인구 급감에 따른 재정 궁핍 • 사회적 : 노비 문서 소실 • 문화적 : 경복궁·불국사 소실, 수많은 도공이 일본으로 끌려감

교린
군사적인 방법을 동원하는 강경책과 문물을 교류하는 회유책을 같이 쓰는 것을 말한다.

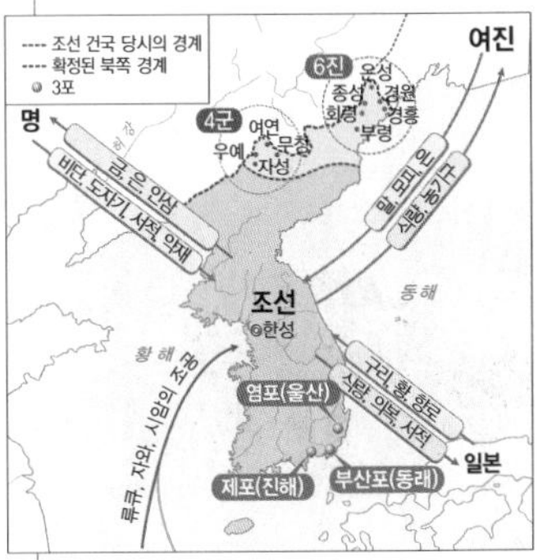

▲조선 초기의 대외 관계

훈련도감
임진왜란 중에 설치된 군영으로 직업적 상비군으로 구성되었다. 조총으로 무장한 포수, 활로 무장한 사수, 창과 칼로 무장한 살수의 삼수병으로 편성하였다.

일본	도쿠가와 이에야스의 에도 막부 수립
중국	명의 국력 약화, 여진족이 성장하며 후금 건국

3. 광해군의 통치

(1) 전후 복구 사업 : 토지 대장과 호적 대장 정비, 군사 시설 수리

(2) 민생 안정 시도 : 대동법 실시, 허준의 『동의보감』 편찬

(3) 일본에 통신사 파견

① 왜란 후~ 순조까지 총 12회 파견

② 주요 활동 : 조선인 포로 귀환, 일본에 선진 문물 전파

(4) 명과 후금 사이에서 중립 외교 시행

① 명분보다 실리 추구

② 명의 파병 요청 ➔ 명을 지원하기 위해 강홍립과 1만명 파병 ➔ 전투 과정에서 강홍립이 후금에 투항

③ 서인의 인조반정으로 폐위 : 서인은 실리보다 명에 대한 의리를 중시함

▲통신사

4. 호란

(1) 정묘호란(1627)

① 배경 : 인조와 서인의 친명 배금 정책

② 경과 : 후금이 광해군의 보복을 내세우며 침입 ➔ 인조의 강화 피난

③ 결과 : 후금과 형제 관계 맺으며 화의 체결

(2) 병자호란(1636)

① 배경 : 후금이 나라 이름을 청으로 바꾸고 조선에 군신 관계 요구 ➔ 조선의 거부

② 경과 : 청 태종의 침입 ➔ 인조가 남한산성으로 피신 ➔ 척화파와 주화파의 대립

③ 결과 : 삼전도의 굴욕(인조가 청 태종에게 항복함), 삼전도비 건립, 청과 군신 관계 체결, 소현세자와 수많은 조선인이 청에 인질로 끌려감

❯ 친명 배금
명나라와 친밀하고 후금을 배척하는 정책을 말한다.

▲**삼전도의 비** 인조는 삼전도에서 청 태종에게 세 번 절하고 아홉 번 머리를 조아리는 '삼배구고두례'의 항복 의식을 치렀다.

3 조선 후기 세계관의 변화

1. 청에 대한 인식

북벌 운동	• 청에 당한 치욕을 씻고 명에 대한 의리를 지키자는 운동(소중화주의 바탕) • 효종 때 왕성하게 추진, 송시열 등 서인의 지지를 받음
북학론	18세기 들어 실학자들을 중심으로 청의 선진 문물 수용 주장

2. 실학 발달

(1) 의미 : 조선 후기에 실생활의 유익을 목표로 나타난 학풍

(2) 배경 : 조선 후기 사회·경제적 변화에 따른 문제점을 해결하기 위해 실용적 학문이 요구됨

(3) 농업 중심 개혁론

① 토지 개혁 주장 : 유형원, 이익, 정약용

② 정약용 : 『목민심서』·『경세유표』 저술, 거중기 발명

(4) 상공업 중심 개혁론

① 청 문물 수용 주장 : 유수원, 홍대용, 박지원, 박제가

② 박지원 : 『열하일기』·「양반전」 저술, 수레와 화폐 사용 강조

③ 박제가 : 『북학의』 저술, 소비 장려

(5) 한계 : 실제 정책으로 이어지지 못함

C/l/i/c/k 북학의

"대저 재물은 우물과 같다. 퍼 쓸수록 자꾸 가득 차고 이용하지 않으면 말라 버린다. 그러므로 비단을 입지 않으므로 나라 안에 비단 짜는 사람이 없다."

소중화주의
중국이 세계의 중심이며, 조선이 중국의 정통을 계승한 나라라고 인식하는 관념이다.

목민심서
목민관으로 불린 지방 수령이 지켜야 할 지침을 정리한 책이다.

열하일기
박지원이 청에서 보고 들은 것을 기록한 기행문이다.

06 조선의 사회, 경제, 문화

• 조선의 사회 · 경제 · 문화의 특징과 발달 과정을 살펴본다.

▲ **소수 서원** 최초의 서원으로 주세붕이 안향을 기리기 위해 설립했으며 처음에는 백운동 서원으로 불렸다. 서원은 사림이 설립한 사립 교육 기관으로, 선현에 대한 제사와 성리학 연구와 교육을 담당하였다.

❯ 연분9등법
그 해의 작황을 고려하여 조세를 9등급으로 나누어 징수하였다. 토지 1결당 최대 20두에서 최저 4두가 책정되었다.

❯ 방납
서리와 상인이 특산물을 관청에 대신 납부한 후 농민에게 그 대가를 받는 방법이다.

❯ 방군수포제
군포를 내고 군역을 면제받는 방법이다.

❯ 공인(貢人)
대동법의 실시로 쌀, 삼베 등으로 받은 세금을 다시 각종 현물로 바꾸기 위해 국가가 고용한 상인을 말한다. 국가로부터 미리 비용을 지급받아 국가 수요품을 대량으로 구매하는 일을 하였고, 많은 자본을 움직일 수 있었으므로 독점 상인(도고)으로 성장하기도 하였다.

1 조선의 신분 구조

양반	• 문반과 무반 • 향촌에서 향약(유교 이념에 바탕한 향촌 규약)과 서원 주도
중인	• 기술관, 서리, 향리, 서얼(양반과 첩 사이에 태어난 자식) • 기술 교육을 받아 잡과에 응시
상민	농민, 상인, 수공업자 ➔ 조세 담당
천민	• 대부분 노비 ➔ 재산으로 취급, 공노비와 사노비로 구분 • 백정은 도살업에 종사

2 수취 제도

1. 조선 전기의 수취 제도

전세	수확량의 10분의 1 징수 ➔ 세종 때 공법 시행(전분6등법, 연분9등법)
공납	집집마다 토산물 징수 ➔ 방납의 폐단 발생
역	16세 이상 양인 남성의 노동력을 징발(군역, 요역) ➔ 군역 기피 현상으로 대립제와 방군수포제 성행

2. 조선 후기의 수취 제도 개편

양 난 이후 국가 재정 확보와 민생 안정을 위해 개편

영정법	• 풍년과 흉년에 상관없이 1결당 4두 징수 • 인조 때 제정 ➔ 각종 부가세 추가로 농민 부담 지속
대동법	• 공납을 현물 대신 1결당 12두 또는 삼베, 동전으로 징수 • 광해군 때 경기도에서 첫 시행 ➔ 전국으로 확대 • 영향 : 공인 성장, 상품 화폐 경제 성장
균역법	• 농민이 납부하던 군포를 기존 2필에서 1필로 축소 • 영조 때 시행 • 재정 부족분은 결작(1결당 2두 징수), 선무군관포(부유한 양인에게 군관 자리를 주고 군포 1필을 징수) 등으로 대체

3 조선 후기 상품 화폐 경제의 발달

1. 농업의 발달과 농민층의 분화

- 모내기법의 전국 보급
  ➜ 광작 증가
- 담배, 인삼 등 상품 작물 재배
- 지주 전호제 확산

→ 농민층의 분화 : 부농, 빈농

→ 서민 문화 발달 : 한글 소설(「홍길동전」 최초), 판소리, 탈춤, 민화

2. 수공업과 광업의 발달

수공업	• 민영 수공업 발달 • 선대제 등장 : 상인이 수공업자에게 원료와 자금을 지원하는 방식
광업	• 청과의 무역으로 은의 수요 증가 ➜ 광산 개발, 잠채 성행 • 덕대 등장 : 상인 물주의 자본으로 광산을 개발하는 사람

3. 상업의 발달

(1) 공인의 등장 : 대동법 실시로 등장, 도고(독점적 도매 상인)로 성장

(2) 사상의 성장

① 금난전권 축소(신해통공) : 정조는 한양에서의 사상 활동을 상당수 허락

② 개성의 송상, 의주의 만상, 동래의 내상

③ 일부는 매점매석 등의 행위를 하는 도고로 성장

(3) 장시의 발달 : 보통 5일장, 보부상의 활동(전국의 장시를 하나의 유통망으로 연결)

(4) 포구 상업의 발달

선상	선박을 이용하여 상업 활동, 한강의 경강상인이 대표적
객주와 여각	상품의 매매를 중개, 보관·운송·숙박·금융 등을 담당

4. 대외 무역의 발달과 화폐의 유통

(1) 대외 무역의 발달 : 개시 무역과 후시 무역

청	• 사행 무역 성행, 의주의 만상이 활약 • 수출품(은, 종이, 무명, 인삼), 수입품(비단, 약재, 문방구)	개성의 송상은 청과 일본을 연결하는 중개업에 종사
일본	• 왜관에서 무역, 동래의 내상이 활약 • 수출품(인삼, 쌀, 무명), 수입품(은, 구리, 유황, 후추)	

(2) 상평통보의 전국 유통 : 세금과 소작료를 동전으로 납부

모내기법
논에 볍씨를 바로 뿌리는 것이 아니라 모판(못자리)에서 어린 모를 일정하게 자랄 때까지 기른 다음 논으로 옮겨 심는 방식의 농법이다. 노동력을 절감하고, 수확량을 늘릴 수 있는 장점이 있어 고려 말부터 남부 지방에 일부 보급되기 시작하다가 조선 후기에 이르러 널리 보급되었다.

광작
농민들이 경작지를 늘려서 넓은 토지를 경작하려는 현상이다.

잠채
광물을 몰래 채굴하는 방식이다.

사상(私商)
국가의 허락을 받지 않고 상행위를 하는 상인으로, 도시에서는 '난전'이라고 불리기도 하였다.

금난전권
난전(사상이 운영하는 가게)의 상업 행위를 금지시킬 권리라는 뜻으로, 시전 상인들이 가지고 있었던 특권을 말한다.

▲보부상 봇짐 장수와 등짐 장수를 합하여 일컫는 말이다

전황
조선 후기에 발생한 동전 부족 현상으로, 상평통보를 고리대나 재산 축적의 수단으로 인식했기 때문에 발생하였다.

4 조선 후기의 사회 변화

1. 양반 중심의 신분 질서 동요

(1) 양반층의 분화 : 붕당 정치의 변질로 일부 양반에게 권력 집중 ➔ 상층 양반, 향반, 잔반 등으로 분화

(2) 상민의 신분 상승 : 부유한 상민이 공명첩 구입, 납속, 족보 위조 등의 방법으로 신분 상승 ➔ 양반의 수 증가

(3) 중인의 신분 상승
- ① 서얼의 집단 상소 : 서얼에 대한 차별 완화
- ② 기술직 중인의 소청 운동 : 성과를 거두지 못함

(4) 노비의 신분 상승
- ① 도망, 군공, 납속으로 상민이 됨
- ② 영조의 노비종모법 실시, 순조의 공노비 해방

2. 사회 질서의 변화

(1) 향전 발생 : 향촌 사회의 주도권을 둘러싸고 구향(기존의 양반)과 신향(부농에서 양반으로 상승한 자)이 대립

(2) 가부장적 가족 관계 강화로 여성의 지위 약화 : 여성의 재가 금지, 여성의 호주 불가, 남녀 차등 상속, 양자 입양의 일반화

3. 새로운 사상의 등장

예언 사상	미륵 신앙과 『정감록』 유행
천주교	• 17세기에 서학으로 수용 ➔ 정조 때 신앙화 • 인간 평등, 내세적 신앙관, 제사 거부로 인해 정부가 사교로 규정 • 순조 때 신유박해 발생 : 정약용 유배
동학	• 최제우의 창시 ➔ 최시형의 『동경대전』과 『용담유사』 편찬 • 인내천, 후천 개벽을 주장하자 정부가 사교로 규정

4. 19세기 농민 봉기의 발생

(1) 홍경래의 난(1811)
- ① 배경 : 세도 정권의 수탈, 서북 지방에 대한 차별 대우
- ② 전개 : 홍경래가 평안도의 상인, 광산 노동자, 농민 등을 이끌고 가산에서 봉기 ➔ 청천강 이북 장악 ➔ 정부군에게 진압

벼슬 받는 사람의 이름을 적는 곳

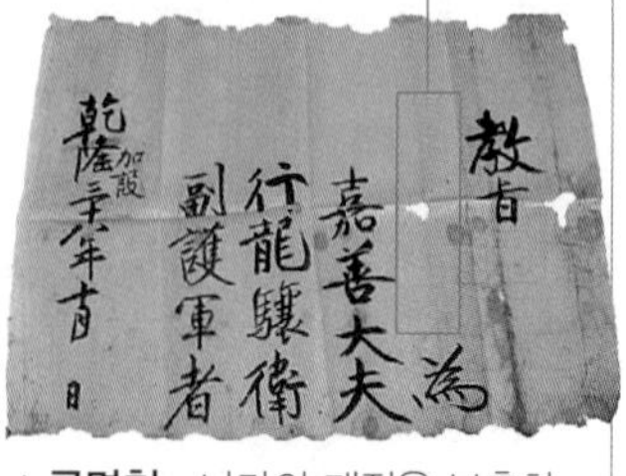

▲**공명첩** 나라의 재정을 보충하기 위하여 부유층으로부터 돈이나 곡식을 받고 팔았던 명예직 관리 임명장이다.

➋ 납속
국가에서 재정난을 해결하기 위하여 곡식을 받고 벼슬을 팔거나 천인의 신분을 면제하여 주는 것이다.

➋ 노비종모법
아버지가 노비이고 어머니가 양인인 경우 그 자녀는 어머니 신분을 따르게 한 제도이다.

➋ 인내천
'인간이 곧 하늘'이라는 의미로, 모든 사람이 존귀하고 평등하다는 사상이다.

➋ 후천 개벽 사상
하늘의 운이 다해 지금의 낡은 세상은 끝이 나고, 백성이 바라는 새로운 세상이 온다는 뜻을 담고 있다.

(2) 임술 농민 봉기(1862)

① 배경 : 철종 때 삼정의 문란으로 인한 폐해 극심

② 전개 : 경상우도 병마사 백낙신의 수탈에 저항한 진주 농민의 봉기 ➔ 전국 70여 곳에서 농민 봉기 발생

③ 결과 : 정부는 삼정의 문란을 바로잡기 위해 삼정이정청 설치

5 조선의 문화

1. 유학

퇴계 이황	주리론 주장하며 영남학파 형성
율곡 이이	주기론 주장하며 기호학파 형성, 10만 양병설 주장
양명학 전래	지행합일을 주장하며 성리학과 충돌

2. 역사서

『조선왕조 실록』	• 사관의 기록 ➔ 왕 사후 실록 편찬 ➔ 사고에 보관 • 유네스코 세계 기록 유산 등재
『동국통감』	우리나라 최초의 통사(고조선~고려), 성종 때 편찬
안정복의 『동사강목』	조선 후기를 대표하는 통사, 민족적 사관 반영
유득공의 『발해고』	'남북국 시대' 용어를 최초로 제안

3. 지도, 지리서

조선 전기	• 「혼일강리역대국도지도」 : 중국 중심의 세계 지도 • 『동국여지승람』 : 각 지역의 정보를 수록한 지리서
조선 후기	• 「곤여만국전도」 : 근대식 세계 지도, 조선인의 세계관 확장에 기여 • 이중환의 『택리지』 : 전국의 자연환경, 풍속 등을 정리한 지리서 • 김정호의 「대동여지도」 : 10리마다 점으로 표시, 매우 정밀

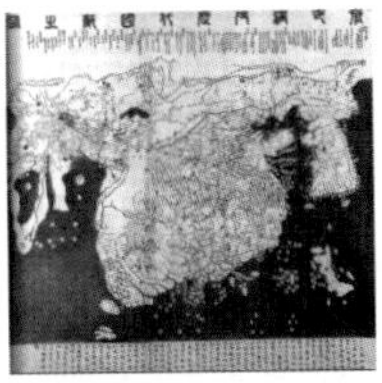
▲혼일강리역대국도지도

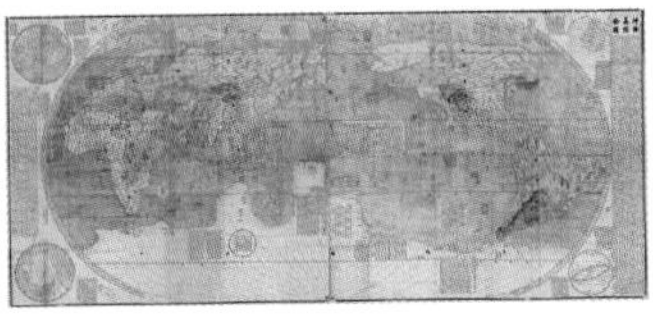
▲곤여만국전도

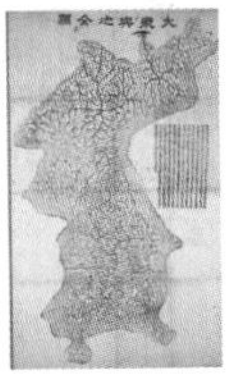
▲대동여지도

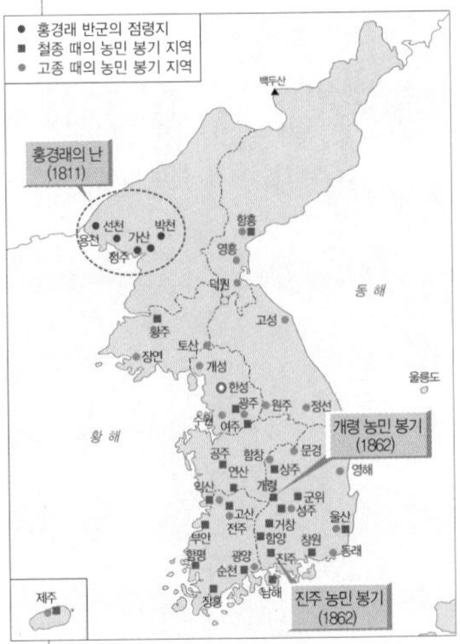

▲19세기의 농민 봉기

주리론
절대적이고 이론적인 이(理)를 중요시하는 성리학 사상이다.

주기론
우주의 근원적 존재를 추상적인 이(理)보다는 현실적이고 물질적인 기(氣)에서 구하여야 한다고 주장한 성리학 사상이다.

발해고
"부여씨(백제)가 망하고 고씨(고구려)가 망함에 이르러 김씨(신라)가 그 남쪽을 차지하고, 대씨(발해)가 그 북쪽을 차지하였다. 이를 남북국이라 한다."고 기록하였다.

4. 기타

삼강행실도
충신, 효자, 열녀의 사례를 뽑아 그 행적을 그림과 함께 기록한 책이다.

(1) 세종 : 『칠정산』(한양 기준의 역법서), 측우기, 자격루(자동 물시계), 신기전, 『삼강행실도』(백성의 유교 교화를 위해 만든 그림책)

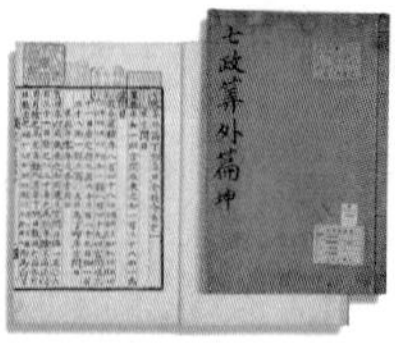
▲ 칠정산

▲ 측우기

▲ 신기전

▲ 삼강행실도

(2) 성종 : 『국조오례의』(국가 행사를 글과 그림으로 정리)

5. 회화, 공예

몽유도원도
세종의 아들인 안평 대군이 꿈속에서 본 무릉도원을 전문 화가인 안견에게 설명하여 그리게 한 작품이다.

(1) 조선 전기 : 안견의 〈몽유도원도〉, 강희안의 〈고사관수도〉, 분청사기, 백자

▲ 몽유도원도

▲ 고사관수도

▲ 분청사기

▲ 백자

진경산수화
중국의 산수화를 모방하여 그렸던 당시의 화풍에서 벗어나 조선의 경치를 사실적으로 그렸다.

민화
일상생활과 밀접한 것을 소재로 삼아 특별한 형식 없이 자유롭게 사람들의 바람을 담아냈다.

(2) 조선 후기 : 정선의 진경산수화, 김홍도와 신윤복의 풍속화, 민화, 청화 백자

▲ 정선 〈금강전도〉

▲ 김홍도 〈서당도〉

▲ 신윤복 〈단오풍정〉

▲ 민화

▲ 청화 백자

PART I 적중 예상 문제

정답 및 해설 별책 2p

01 다음 유물을 처음 제작했던 시대의 생활 모습으로 가장 적절한 것은?

주먹도끼

① 계급이 발생하였다.
② 고인돌을 만들었다.
③ 벼농사가 시작되었다.
④ 무리를 지어 이동 생활을 하였다.

02 다음 유물이 등장하는 시대는?

갈돌과 갈판

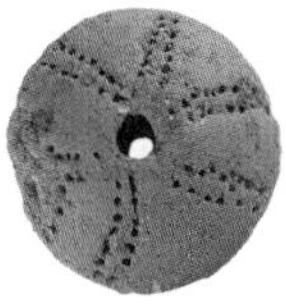

가락바퀴

① 구석기 시대　② 신석기 시대
③ 청동기 시대　④ 철기 시대

03 ㉠에 들어갈 내용으로 옳은 것은?

〈신석기 시대의 생활 모습〉
- 간석기 제작
- 빗살무늬 토기 사용
- ㉠

① 고조선 건국　② 벼 재배 시작
③ 슴베찌르개 제작　④ 강가의 움집 거주

04 다음 유물이 만들어진 시기의 생활 모습으로 가장 적절한 것은?

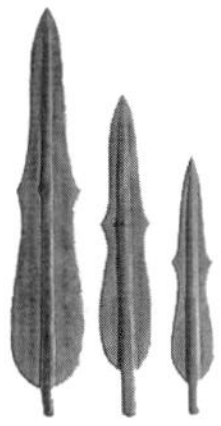

비파형 동검

반달 돌칼

① 고인돌을 만들었다.
② 뗀석기를 사용하였다.
③ 동굴이나 바위 그늘에서 생활하였다.
④ 빗살무늬 토기를 사용하기 시작하였다.

05 한반도에서 독자적인 청동기 문화가 발달했음을 증명하는 유물은?

① 
칠지도

② 
금동 대향로

③ 
명도전

④ 
세형 동검

06 다음 안내문에서 설명하는 대표적 유물은?

> '신석기 유물관'을 찾아주셔서 감사합니다. 이 전시관에는 신석기 사람들이 만들어 사용한 여러 가지 도구들이 전시되어 있습니다.

① 
미송리식 토기

② 
주먹도끼

③ 
반달 돌칼

④ 
빗살무늬 토기

07 (가)에 들어갈 내용으로 옳지 <u>않은</u> 것은?

① 고조선의 건국 신화예요.
② 삼국유사에 기록되어 있어요.
③ 알에서 태어난 영웅 이야기가 담겨 있어요.
④ 단군왕검은 제정일치 사회였음을 알려 주는 용어예요.

08 다음 설명에 해당하는 나라는?

> • 한반도 남부에 마한, 진한, 변한의 연맹체가 형성되었다.
> • 5월과 10월에 계절제를 시행하였다.

① 옥저　　② 부여
③ 삼한　　④ 동예

09 다음 설명에 해당하는 국가는?

> • 우리 민족 최초의 국가로 8조의 법을 운영함.
> • 비파형 동검과 탁자식 고인돌로 문화 범위를 추정함.

① 부여　　② 동예
③ 삼한　　④ 고조선

10 ㉠에 들어갈 내용으로 가장 적절한 것은?

> **〈삼한의 사회 모습〉**
> • 신지, 읍차 등의 군장 세력이 성장함.
> • [㉠].
> • 5월과 10월에 계절제를 지냄.

① 서옥제를 시행함
② 성리학이 발달함
③ 계루부 고씨가 왕위 세습함
④ 천군이 제사를 주관함

11 (가)의 답변으로 옳은 것은?

① 소도 ② 책화
③ 서옥제 ④ 사출도

12 다음 내용과 관련 있는 나라는?

> • 가족 공동 묘제의 풍습이 있음.
> • 혼인 풍습으로 민며느리제가 있음.
> • 어물과 소금이 풍부하여 고구려에 공물로 바침.

① 부여 ② 동예
③ 옥저 ④ 삼한

13 ㉠에 들어갈 내용으로 옳은 것은?

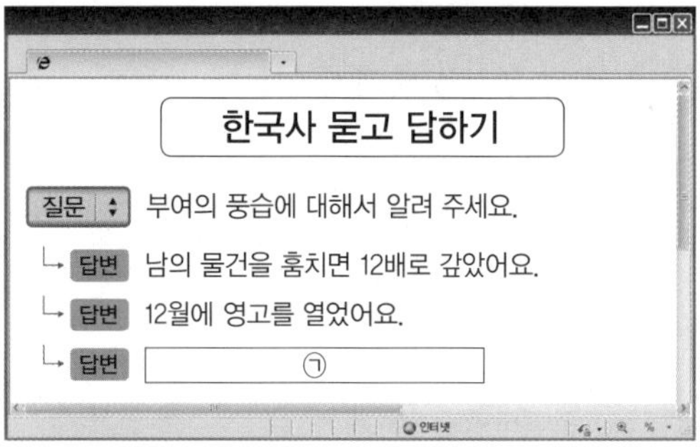

① 골품제를 실시했어요.
② 족외혼을 실시했어요.
③ 제가 회의를 열었어요.
④ 군장을 마가, 우가, 저가, 구가라고 불렀어요.

14 다음에서 설명하는 국가는?

> • 김해·마산 지역 중심
> • 철을 많이 생산하여 마한, 낙랑, 왜 등으로 수출
> • 훗날 가야로 발전

① 고조선 ② 동예
③ 백제 ④ 변한

15 다음은 고조선의 법 중 일부분이다. 이러한 법을 무엇이라 하는가?

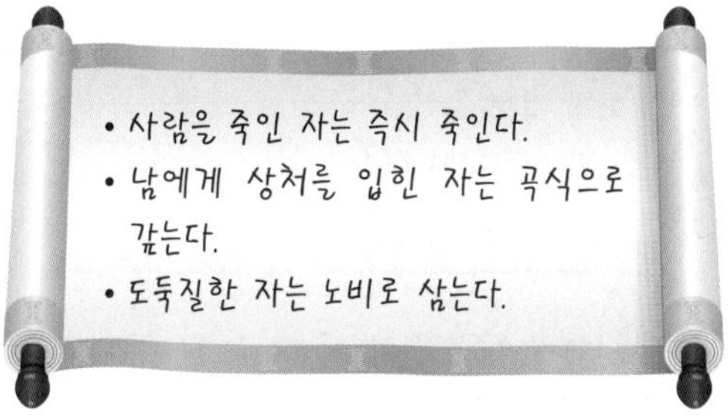

① 8조법 ② 훈요 10조
③ 시무 28조 ④ 대한국 국제

16 다음 유물을 통해 알 수 있는 사실로 적절한 것은?

칠지도

① 백제가 일본과 교류하였다.
② 가야는 낙랑군과 교역하였다.
③ 신라가 한강 유역을 장악하였다.
④ 고구려는 신라에 침입한 왜를 격퇴하였다.

17 (가)에 들어갈 백제의 왕은?

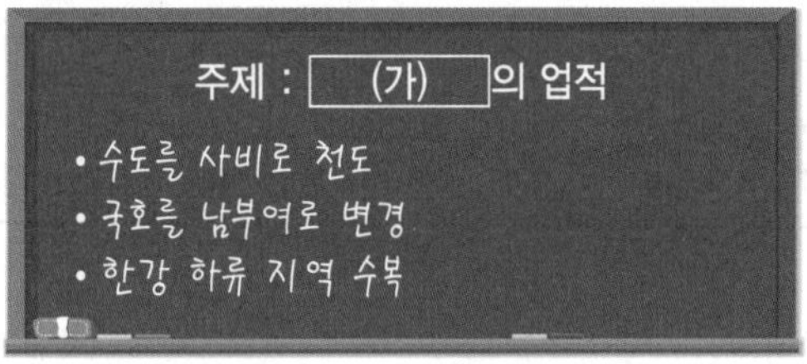

① 성왕　　② 신문왕
③ 장수왕　　④ 광개토 대왕

18 ㉠에 들어갈 내용으로 옳은 것은?

〈내물왕의 업적〉
• 왜 격퇴
• 김씨의 왕위 세습
• ㉠

① 율령 반포
② 삼국 통일
③ '마립간' 왕호 사용
④ 북한산 순수비 건립

19 밑줄 친 '이것'에 해당하는 유물은?

4세기 후반 광개토 대왕은 신라에 침입한 왜를 격퇴하였다. 이 과정에서 고구려가 한반도 남부까지 영향력을 미치게 되었는데, '<u>이것</u>'은 당시 신라와 고구려의 관계를 보여 준다.

① 
빗살무늬 토기

② 
칠지도

③ 
청자 상감 운학문 매병

④ 
호우명 그릇

20 다음 설명에 해당하는 고구려의 제도는?

농민 생활을 안정시키기 위해, 가난한 농민에게 봄에 곡식을 빌려주었다가 가을에 수확하여 갚게 하였다.

① 의창　　② 방곡령
③ 진대법　　④ 호포제

21 지도는 5세기의 상황이다. 이 시기에 해당하는 사건으로 옳은 것은?

① 신문왕의 녹읍 폐지
② 고이왕의 율령 반포
③ 장수왕의 평양 천도
④ 공민왕의 쌍성총관부 폐지

22 다음에서 설명하는 '이곳'은 어디인가?

• 장수왕은 '이곳'으로 천도함.
• 태조 왕건은 '이곳'을 서경으로 삼음.

① 경주 ② 독도
③ 평양 ④ 한강

23 삼국 시대 불교 수용의 의의로 옳은 것은?

① 인내천 사상을 주장하였다.
② 신진 사대부의 사상적 기반이 되었다.
③ 수도 금성이 아닌 지방의 중요성을 부각시켰다.
④ 사상을 통합하여 왕권 강화를 뒷받침했다.

24 다음 삼국의 정치 제도를 통해 알 수 있는 것은?

• 제가 회의 • 화백 회의 • 정사암 회의

① 서학의 수용 ② 도교의 유행
③ 귀족 회의 구성 ④ 유학 교육 실시

25 6세기 상황을 나타낸 지도이다. 이 시기에 대한 설명으로 옳은 것은?

① 소수림왕의 율령 반포
② 광개토 대왕의 요동 장악
③ 진흥왕의 한강 유역 차지
④ 근초고왕의 고구려 평양성 공격

26 신라 사회의 모습을 〈보기〉에서 고른 것은?

보기
ㄱ. 귀족 회의체인 화백 회의가 있었다.
ㄴ. 원나라의 영향으로 몽골풍이 유행하였다.
ㄷ. 22담로를 설치해 지방을 통제하였다.
ㄹ. 원시 사회의 청소년 집단에서 기원한 화랑도가 있었다.

① ㄱ, ㄴ ② ㄱ, ㄹ
③ ㄴ, ㄷ ④ ㄷ, ㄹ

27 (가)에 들어갈 내용으로 적절한 것은?

■ 발해의 발전 과정 ■

- 대조영 : (가)
- 무왕 : 장문휴를 보내어 당의 산둥 반도를 공격
- 문왕 : 당과 친선 관계를 맺고 신라와도 교류

① 국내성에서 평양성으로 천도
② 충주 고구려비 건립
③ 동맹이라는 제천 행사를 통해 단결 시도
④ 고구려의 옛 땅인 동모산에서 건국

28 (가)에 해당하는 것은?

역사 통합 검색

질문 (가) 에 대해 알려 주세요.

답변 통일 신라의 경제 상황과 조세 행정을 알 수 있는 자료입니다. 각 촌락의 인구, 토지의 종류와 면적, 소와 말의 수, 토산물의 증감 등을 조사하여 3년마다 다시 작성하였어요.

① 족보 ② 공명첩
③ 농사직설 ④ 민정 문서

29 (가)에 해당하는 사건은?

〈 고구려의 대외 항쟁 〉

수의 침입	→	살수 대첩
당의 침입	→	(가)

① 귀주 대첩 ② 명량 대첩
③ 관산성 싸움 ④ 안시성 싸움

30 다음 설명에 해당하는 정치 세력은?

〈신라 말 새로운 세력의 성장〉
- 중앙 정부의 통제력 약화
- 지방에서 독립적인 지배권 행사
- 6두품과 함께 새로운 사회 건설 모색

① 호족 ② 문벌 귀족
③ 권문세족 ④ 신진 사대부

31 통일 신라의 왕권 전제화와 관련 없는 것은?

① 국학 설립
② 녹읍 폐지
③ 호족 세력의 성장
④ 상대등 세력의 억제

32 ㉠에 들어갈 내용으로 옳은 것은?

> 신라 말 장보고는 완도에 [㉠]을/를 설치하여 해적을 소탕하고, 남해와 황해의 해상 무역권을 장악하였다.

① 청해진　② 벽란도
③ 5소경　④ 강동 6주

33 ㉠에 들어갈 내용으로 가장 적절한 것은?

> **수행 평가 계획서**
>
> 주제 : [㉠]
>
> • 1모둠 : 매소성 전투의 승리 요인
> • 2모둠 : 기벌포 전투의 전개 과정

① 발해의 당 공격
② 고구려의 남하 정책
③ 백제의 한강 유역 장악
④ 나·당 전쟁과 신라의 삼국 통일

34 ㉠에 들어갈 내용으로 옳은 것은?

> 통일 신라 원성왕은 유교 경전의 이해 수준을 시험하여 상·중·하로 등급을 나누고 관리 등용에 참고하는 [㉠]을/를 마련하였다.

① 음서제　② 진대법
③ 화랑도　④ 독서삼품과

35 ㉠에 들어갈 왕의 업적이 아닌 것은?

> 무열왕 → 문무왕 → [㉠] → 효소왕

① 국학의 설립
② 9주 5소경의 정비
③ 9서당 10정의 정비
④ 녹읍의 실시

36 ㉠ 시기에 일어난 사건으로 옳은 것은?

> 나·당 동맹 체결 ⟶ 백제 멸망 ⟶ 고구려 멸망 ⟶(㉠) 삼국 통일 완성

① 임진왜란　② 매소성 전투
③ 관산성 전투　④ 황산벌 전투

37 다음 국가에 대한 설명으로 옳지 않은 것은?

> • 698년에 대조영이 건국하였다.
> • 중국으로부터 '해동성국'이라 불렸다.

① 고구려를 계승하였다.
② 당의 제도와 문물을 수용하였다.
③ 골품제를 통해 일상생활까지 규제하였다.
④ 인안, 대흥 등의 독자적인 연호를 사용하였다.

38 다음 설명에 해당하는 인물은?

> • 『금강삼매경론』, 『대승기신론소』 등을 저술하여 불교 이해의 기준을 확립하였다.
> • 화쟁 사상을 주장하여 여러 종파를 융합하려 하였다.
> • 정토종을 보급하여 불교를 대중화시키는 데 노력하였다.

① 원광 ② 의상
③ 김대문 ④ 원효

39 교사의 질문에 대한 학생의 대답으로 가장 적절한 것은?

① 유학의 보급 ② 불교의 수용
③ 도교의 전래 ④ 과학 기술의 발달

40 다음 유물에 공통적으로 영향을 준 사상은?

백제 금동 대향로

백제 산수무늬 벽돌

① 도교 ② 대종교
③ 천도교 ④ 천주교

41 다음에서 설명하는 문화유산은?

> 공주에서 발견된 백제 고분으로 중국 남조의 영향을 받아 만들어진 벽돌무덤이다. 또한 출토된 묘지석을 통해 무덤에 묻힌 왕이 누구인지 알 수 있다.

① 천마총 ② 장군총
③ 강서대묘 ④ 무령왕릉

42 다음은 신라의 돌무지덧널무덤이다. 이곳에서 출토된 문화유산은?

①

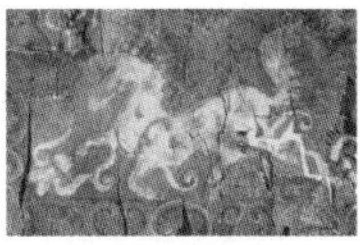

천마도

②

석굴암 본존불

③

움집

④

칠정산

43 (가)에 해당하는 것은?

역사 통합 검색

질문 (가) 에 대해 알려 주세요.

답변 고려 시대 여러 세대에 걸쳐 고위 관료를 배출한 가문으로, 과거와 음서를 통해 관직을 독점하고, 왕실이나 유력한 가문끼리 혼인 관계를 맺어 지배력을 강화한 세력이었어요.

인터넷

① 사림　② 문벌 귀족
③ 진골 귀족　④ 신진 사대부

44 고려 광종이 실시한 정책이 아닌 것은?

① 과거 제도 시행　② 비변사 설치
③ 노비안검법 시행　④ 독자적인 연호 사용

45 (가)에 들어갈 내용으로 옳은 것은?

역 사 신 문

제△△호　○○○○년 ○월 ○일

〈속보〉 드디어 여진을 정벌하다!

기쁜 소식이 들려왔다. 지독하게 고려를 괴롭히던 여진을 정벌한 것이다. 이번 전투에서 활약한 별무반은 1104년에 윤관 장군의 건의로 조직된 특수 부대로 기병, 보병, 승병으로 구성되어 있다. 고려는 여진을 정벌한 후 이 지역에 (가) 을 쌓았다.

① 평양성　② 천리장성
③ 수원 화성　④ 동북 9성

46 ㉠에 들어갈 내용으로 옳은 것은?

〈 고려 말의 신진 사대부 〉
- 공민왕의 반원 자주 정책에 참여
- 지방 향리 출신
- ㉠

① 선종 후원　② 음서 혜택
③ 성리학 수용　④ 천주교 수용

47 고려의 공민왕이 실시한 정책을 〈보기〉에서 고른 것은?

보기
ㄱ. 만권당 설치
ㄴ. 집현전 설치
ㄷ. 쌍성총관부 폐지
ㄹ. 전민변정도감 설치

① ㄱ, ㄴ ② ㄱ, ㄹ
③ ㄴ, ㄷ ④ ㄷ, ㄹ

48 (가)에 들어갈 내용으로 옳은 것은?

〈 태조 왕건의 호족 세력에 대한 정책 〉
• 호족 세력 통합 정책 : 혼인 정책, 왕씨 성을 줌
• 호족 세력 견제 정책 : (가)

① 전시과 제도 ② 과거 제도
③ 기인 제도 ④ 골품 제도

49 (가), (나)에 들어갈 인물로 옳은 것은?

(가) 은/는 시무 28조를 올려 유교 사상에 입각한 개혁을 건의하였다. (나) 은 이를 받아들여 주요 지역에 지방관을 파견하는 등 통치 체제를 정비하였다.

	(가)	(나)		(가)	(나)
①	최충	성종	②	최충	광종
③	최승로	성종	④	최승로	광종

50 ㉠에 해당하는 사건으로 옳은 것은?

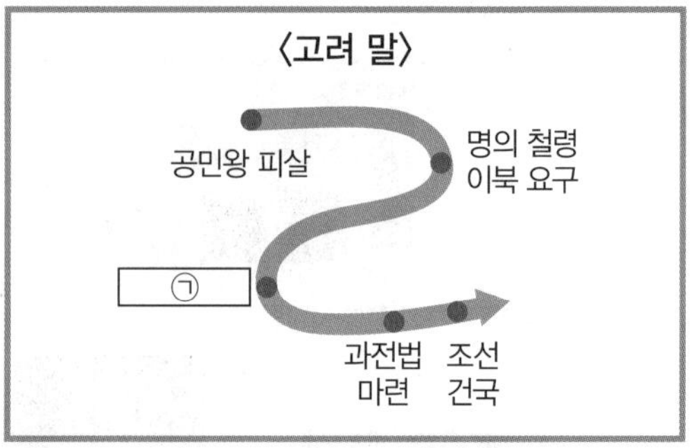

① 귀주 대첩 ② 나·당 동맹
③ 위화도 회군 ④ 황산벌 전투

51 지도에 ◌으로 표시된 지역을 확보한 고려 시대의 인물은?

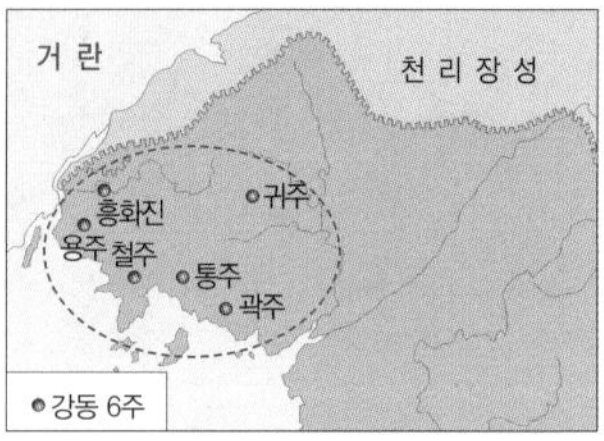

① 왕건 ② 서희
③ 이순신 ④ 김유신

52 (가)에 들어갈 내용으로 옳은 것은?

〈 서경 천도 운동 〉
• 배경 : 문벌 귀족 사회 내부 모순
• 주동 인물 : (가)
• 주장 : 서경 천도, 금국 정벌, 칭제건원

① 묘청 ② 지눌
③ 이자겸 ④ 홍경래

53 다음에서 설명하는 고려의 지배 세력은?

> 원 간섭기 동안 형성된 지배층으로 종래의 문벌 귀족 가문, 무신 정권기에 새롭게 귀족층에 등장한 가문, 원과 관계를 이용하여 지배층에 편입된 가문 등으로 형성되었다.

① 성골　　② 6두품
③ 신진 사대부　　④ 권문세족

54 ㉠의 신분에 해당하는 사람으로 옳지 <u>않은</u> 것은?

> 귀족
> ㉠
> 양민
> 천민
>
> 〈고려의 신분 구성〉
>
> [㉠]은/는 고려 때 새롭게 등장한 신분 계층으로, 주로 지배 기구의 말단 행정 실무를 담당하였다.

① 서리　　② 향리
③ 노비　　④ 남반

55 다음과 같이 수차례 침입하였으나 고려가 격퇴하였던 북방 민족은?

> • 1차 : 서희의 외교 담판으로 강동 6주 획득
> • 2차 : 강조의 정변을 구실로 침입하였으나 양규가 격퇴
> • 3차 : 강감찬의 귀주 대첩

① 여진(금)　　② 만주(청)
③ 거란(요)　　④ 몽골(원)

56 ㉠에 들어갈 고려의 군사 조직은?

> ■ 답사 계획 ■
>
> 주제 : [㉠]의 대몽 항쟁 흔적을 찾아서
> • 1일차 : 강화도 강화산성
> • 2일차 : 진도 용장성
> • 3일차 : 제주도 항파두리성

① 삼별초　　② 별무반
③ 훈련도감　　④ 대한 독립군

57 (가)에 들어갈 말로 적절한 것은?

① 의정부　　② 도병마사
③ 교정도감　　④ 전민변정도감

58 밑줄 친 '이 사건'으로 옳은 것은?

> 문신 우대에 따른 무신들의 불만이 쌓이고, 군인전을 제대로 지급받지 못한 하급 군인들의 불만이 높아져 정중부, 이의방 등은 <u>이 사건</u>을 일으켰다.

① 무신 정변　　② 임오군란
③ 이자겸의 난　　④ 만적의 난

59 다음에서 설명하는 고려의 정치 기구는?

> • 중서문하성과 중추원의 고위 관리가 참여
> • 국방 문제 논의

① 정방　② 비변사
③ 교정도감　④ 도병마사

60 다음에서 설명하는 고려의 정치 기구는?

> • 관리의 비리를 감찰하는 기구
> • 중서문하성의 낭사와 함께 대간으로 불림.

① 어사대　② 집사부
③ 제가 회의　④ 통리기무아문

61 고려 시대에 일어난 다음 사건들의 공통점은 무엇인가?

> • 만적의 봉기
> • 망이·망소이의 봉기

① 서경 천도 운동
② 백제의 부흥 운동
③ 하층민의 저항 운동
④ 교종과 선종의 통합 운동

62 다음 설명에 해당하는 것은?

> 고려와 조선은 흉년 등 어려운 때에 백성을 구제하기 위해 봄에 곡식을 빌려주고 가을에 갚게 하였다.

① 의창　② 향약
③ 광혜원　④ 집강소

63 ㉠에 들어갈 내용으로 가장 적절한 것은?

> **수행 평가 계획서**
>
> 주제 : ㉠
> • 1모둠 : 전시과 제도의 정비 과정에 대해 조사하기
> • 2모둠 : 공음전, 군인전의 특징에 대해 조사하기

① 고려의 토지 제도
② 삼국의 문물 교류
③ 조선의 대외 관계
④ 통일 신라의 신분 제도

64 두 학생의 대화 내용에 해당하는 토지 제도는?

① 녹읍　② 관료전
③ 과전법　④ 직전법

65 고려 시대에 제작된 유물이 <u>아닌</u> 것은?

①

직지심체요절

②

석굴암 본존불

③

청자 상감 운학문 매병

④

경천사지 10층 석탑

66 ㉠에 들어갈 내용으로 옳은 것은?

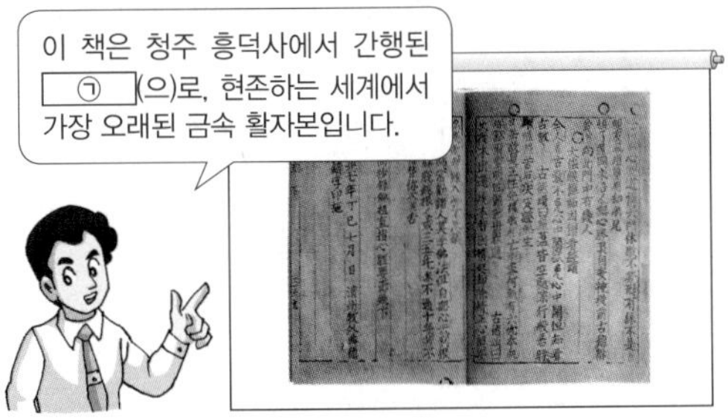

① 삼국유사 ② 삼강행실도
③ 팔만대장경 ④ 직지심체요절

67 다음에서 설명하는 고려 시대의 역사서는?

- 인종 때 김부식 등이 왕명을 받아 편찬
- 현존하는 우리나라 최고(最古)의 역사서
- 유교적 합리주의 사관에 입각하여 기전체로 편찬

① 삼국사기 ② 목민심서
③ 왕오천축국전 ④ 삼국유사

68 다음에서 설명하는 학문은?

- 우주의 원리 문제와 인간의 심성을 탐구하는 철학적인 유학
- 신진 사대부들이 현실 사회의 모순을 개혁하기 위한 사상으로 받아들임.

① 동학 ② 고증학
③ 성리학 ④ 정감록

69 다음 설명에 해당하는 문화재는?

- 몽골의 침략을 물리치려는 목적에서 제작되었다.
- 합천의 해인사에 보관되어 있다.
- 유네스코 세계 기록 유산으로 지정되어 있다.

① 팔만대장경 ② 초조대장경
③ 직지심체요절 ④ 무구정광대다라니경

70 다음에서 설명하는 문화재에 해당하는 것은?

> • 표면을 파내고 백토, 흑토를 메워 무늬를 새긴 고려의 독창적인 기법이다.
> • 12세기 중엽부터 13세기 중엽까지 전성기를 이루었다.

① 
순백자

② 
분청사기

③ 
상감 청자

④ 
청화 백자

71 ㉠에 들어갈 내용으로 옳은 것은?

> 〈세종의 정책〉
> • 정치 : 집현전 설치, 의정부 서사제 운영
> • 문화 : 훈민정음 창제, 『칠정산』 편찬
> • 국방 : [㉠], 대마도 정벌

① 4군 6진 설치 ② 강동 6주 획득
③ 동북 9성 축조 ④ 천리장성 축조

72 세종이 실시한 정책을 〈보기〉에서 고른 것은?

> 보기
> ㄱ. 관수관급제 실시
> ㄴ. 4군 6진 설치
> ㄷ. 훈민정음 반포
> ㄹ. 장용영 설치

① ㄱ, ㄴ ② ㄱ, ㄹ
③ ㄴ, ㄷ ④ ㄴ, ㄹ

73 조선 성종의 업적에 해당하는 것은?

① 탕평비 건립 ② 경국대전 완성
③ 규장각 설치 ④ 북벌 운동 추진

74 조선 태종이 실시한 정책을 〈보기〉에서 고른 것은?

> 보기
> ㄱ. 호패법 실시
> ㄴ. 훈민정음 창제
> ㄷ. 척화비 건립
> ㄹ. 6조 직계제 채택

① ㄱ, ㄴ ② ㄱ, ㄹ
③ ㄴ, ㄷ ④ ㄷ, ㄹ

75 다음 기능을 담당한 기관에 해당되지 않는 것은?

> • 조선 시대에 왕과 대신들을 견제하는 언론 기능을 담당
> • 권력의 독점과 부정을 방지

① 사헌부　　② 사간원
③ 홍문관　　④ 한성부

76 조선 시대 지방 행정 조직에 대한 설명으로 옳지 않은 것은?

① 향리는 수령의 행정 실무를 보좌하였다.
② 전국을 8도로 나누고, 각 도에 관찰사를 파견하였다.
③ 수령은 지방의 행정·사법·군사권을 가지고 있었다.
④ 군현은 지방관이 파견되는 주현과 파견되지 않는 속현으로 나뉘었다.

77 다음에서 설명하는 조선의 정치 집단은?

> • 대부분 지방 중소 지주 출신
> • 왕도 정치, 향촌 자치 강조
> • 정몽주, 길재 등 고려 말 온건파 사대부 계승

① 훈구　　② 사림
③ 무신　　④ 호족

78 다음에서 설명하는 조선의 정치 형태는?

> 16세기 후반 이후 사림 세력이 정치적 이념과 학문적 경향에 따라 동인, 서인 등으로 결집하여 서로 비판하며 견제하는 정치 형태이다.

① 무신 정치　　② 탕평 정치
③ 붕당 정치　　④ 세도 정치

79 (가)에 해당하는 것은?

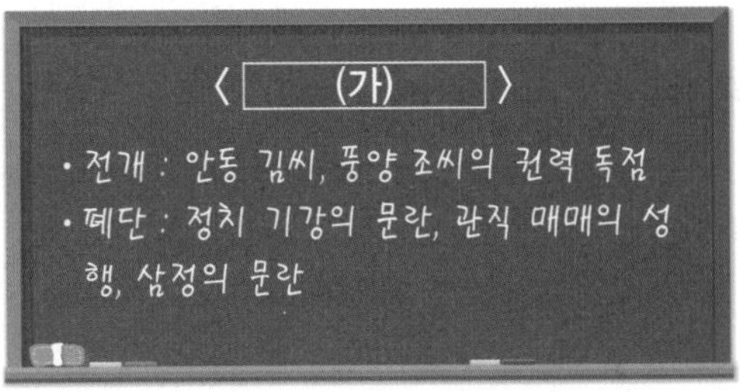

① 무신 정권　　② 원 간섭기
③ 세도 정치　　④ 탕평 정치

80 ㉠에 들어갈 내용으로 가장 적절한 것은?

> **수행 평가 계획서**
> 주제 : ㉠
> • 1모둠 : 이조 전랑의 역할 조사하기
> • 2모둠 : 예송과 환국의 전개 과정에 대해 조사하기

① 세도 정치의 특징
② 원 간섭기의 변화
③ 붕당 정치의 전개
④ 통일 신라의 정치 구조

81 ㉠에 해당하는 사건으로 볼 수 없는 것은?

> 〈왜란의 전개 과정〉
>
> 일본군의 부산진 공격 → ㉠ 조선군의 반격 → 협상 결렬 → 정유재란 발발 → 이순신의 노량 해전

① 진주 대첩　　② 행주 대첩
③ 매소성 전투　　④ 한산도 대첩

82 (가)에 들어갈 정치 기구는?

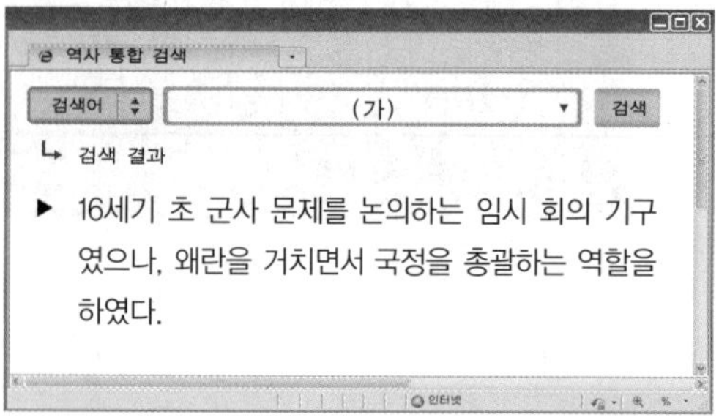

① 비변사　　② 중방
③ 훈련도감　　④ 교정도감

83 훈련도감이 설치된 계기로 옳은 것은?

① 여진족이 북쪽 변방을 침략하였다.
② 청의 요구로 나선 정벌이 추진되었다.
③ 명이 철령 이북의 땅을 차지하려 하였다.
④ 일본이 임진왜란을 일으켜 조선을 침략하였다.

84 다음의 사건을 일컫는 용어는?

> • 연산군 4년, 김종직의 '조의제문'을 계기로 사림파가 피해를 입었다.
> • 중종 14년, 개혁을 추진하던 조광조가 유배를 떠났다.

① 사화　　② 예송
③ 환국　　④ 이조 전랑

85 (가), (나)에 들어갈 내용을 바르게 연결한 것은?

> 임진왜란 이후 ［ (가) ］은/는 대내적으로 전쟁의 뒷수습을 위한 정책을 실시하면서 대외적으로는 명과 후금 사이에서 ［ (나) ］을/를 추진하였다.

	(가)	(나)
①	인조	중립 외교
②	인조	친명 배금
③	광해군	중립 외교
④	광해군	친명 배금

86 (가)에 들어갈 내용으로 가장 적절한 것은?

① 일본에서는 에도 막부가 성립되었어요.
② 서희의 담판으로 강동 6주를 획득했어요.
③ 최윤덕과 김종서가 4군과 6진을 개척했어요.
④ 중국에서는 원이 멸망하고 명이 건국되었어요.

87 교사의 질문에 대한 학생의 대답으로 옳은 것은?

① 비변사를 폐지하였습니다.
② 당백전을 발행하였습니다.
③ 탕평비를 건립하였습니다.
④ 규장각을 설치하였습니다.

88 다음에서 설명하는 조선의 사절단은?

> 왜란 이후, 에도 막부의 요청에 의해 19세기 초까지 일본에 12차례 파견되었다. 외교 사절의 의미를 넘어 일본에 조선의 문화를 전파하는 역할도 하였다.

① 영선사　　② 보빙사
③ 통신사　　④ 연행사

89 ㉠에 들어갈 조선의 토지 제도는?

① 녹읍　　② 전시과
③ 직전법　　④ 민정 문서

90 (가), (나)에 들어갈 내용을 바르게 연결한 것은?

> 조선 후기 [(가)]이 널리 보급되면서 벼와 보리의 이모작이 가능하여 수확량이 늘었다. 또한 노동력이 절감되어 1인당 경작 면적이 확대되는 [(나)]이/가 나타나게 되었다.

	(가)	(나)		(가)	(나)
①	과전법	광작	②	모내기법	덕대
③	직파법	덕대	④	모내기법	광작

91 다음 대화와 관련된 조선 시대의 조세 제도는?

① 호포법　　② 영정법
③ 직전법　　④ 균역법

92 다음에서 설명하는 상인이 등장한 배경은?

> • 조선 후기 공납제의 개편으로 국가에 필요한 물품을 조달하던 상인
> • 대규모로 물품을 구매하여 상품 화폐 경제 발전을 촉진함.

① 대동법 시행　　② 회사령 제정
③ 진대법 실시　　④ 농지 개혁 추진

93 조선 후기의 경제 상황으로 옳은 것을 〈보기〉에서 고른 것은?

보기

ㄱ. 우경을 처음으로 실시하였다.
ㄴ. 벽란도가 무역항으로 발전하였다.
ㄷ. 상평통보가 전국적으로 유통되었다.
ㄹ. 모내기법이 전국적으로 시행되었다.

① ㄱ, ㄴ ② ㄱ, ㄷ
③ ㄴ, ㄹ ④ ㄷ, ㄹ

94 ㉠에 들어갈 내용으로 옳은 것은?

〈조선의 주요 경제 정책〉
- 세종 : 공법 시행
- 광해군 : 대동법 첫 실시
- 영조 : 균역법 실시
- 정조 : ㉠

① 관료전 지급 ② 영정법 제정
③ 농사직설 편찬 ④ 금난전권 축소

95 다음 내용에 해당하는 것은?

- 봇짐 장수와 등짐 장수를 아울러 부름.
- 장날의 차이를 이용해 전국을 무대로 활동
- 생산자와 소비자를 직접 이어 주는 역할을 하던 행상

① 객주 ② 육의전
③ 공인 ④ 보부상

96 다음에서 설명하는 계층은 누구인가?

- 소설 「홍길동전」의 주인공 「홍길동」이 속한 계층이다.
- 양반과 평민 또는 양반과 천민 사이에서 태어났다.
- 조선 후기에 집단 상소를 올려 신분 상승을 시도하였다.

① 서얼 ② 백정
③ 서리 ④ 향·부곡·소민

97 다음 문서의 발급으로 인해 증가된 조선의 신분 계층은?

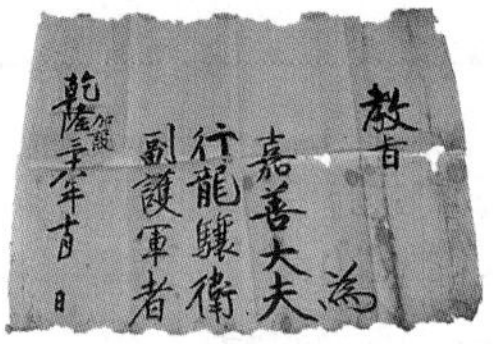
공명첩

① 상민 ② 양반
③ 중인 ④ 천민

98 여성의 지위 변화를 정리한 것이다. ㉠에 들어갈 내용으로 볼 수 없는 것은?

- 고려~조선 초기 : ㉠
- 조선 후기 : 제사는 장자가 맡았다.

① 여성도 호주가 될 수 있다.
② 여성의 재혼이 자유롭다.
③ 아들이 없을 경우 양자를 들였다.
④ 아들과 딸에게 동등하게 상속하였다.

99 조선의 중인 신분을 〈보기〉에서 고른 것은?

보기

ㄱ. 수령　　ㄴ. 향리
ㄷ. 역관　　ㄹ. 백정

① ㄱ, ㄴ　　② ㄱ, ㄹ
③ ㄴ, ㄷ　　④ ㄷ, ㄹ

100 다음 현상을 통해 알 수 있는 조선 후기 사회상은?

- 족보 매매
- 공명첩 발행
- 납속책 실시
- 일부 양반의 몰락

① 향약이 보급되었다.
② 신분제가 동요하였다.
③ 예언 사상이 유행하였다.
④ 지방 장시가 발달하였다.

101 다음에서 설명하는 것은?

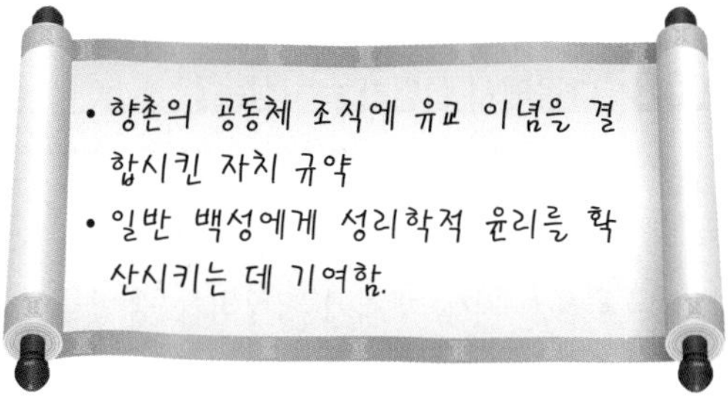

① 서원　　② 향약
③ 향도　　④ 족보

102 ㉠과 ㉡에 해당하는 것은?

조선 시대에 사림은 여러 차례의 사화로 많은 피해를 입었음에도, 지방의 ㉠ 교육 기관과 ㉡ 자치 규약을 바탕으로 꾸준히 세력을 키워 나갔다.

	㉠	㉡		㉠	㉡
①	국학	경당	②	국학	태학
③	경당	서원	④	서원	향약

103 다음에서 설명하는 조선 후기 농민 봉기는?

1811년 순조 때 평안도에서 지역 차별과 세도 정치에 저항하여 일어난 농민 봉기이다. 이는 19세기에 일어난 대규모 농민 봉기의 시작이었다.

① 만적의 난
② 홍경래의 난
③ 부·마 민주 항쟁
④ 암태도 소작 쟁의

104 다음 설명에 해당하는 역사서는?

- 태조에서 철종까지 25대 472년간의 역사를 기록
- 국가적 차원에서 편찬하여 춘추관과 사고에 보관
- 유네스코 세계 기록 유산으로 지정

① 일성록　　② 삼국사기
③ 국조오례의　　④ 조선왕조실록

105 (가)에 들어갈 내용으로 옳은 것은?

① 속대전　　② 대전회통
③ 경국대전　　④ 대전통편

106 ㉠에 들어갈 내용으로 가장 적절한 것은?

〈다큐멘터리 기획안〉
- 제목 : 실학을 집대성한 정약용
- 내용 : 1부 거중기를 발명하다.
  2부 토지 개혁을 제안하다.
  3부 ㉠

① 농사직설을 편찬하다.
② 동의보감을 편찬하다.
③ 목민심서를 집필하다.
④ 청과의 무역을 주장하다.

107 밑줄 친 '서민 문화'에 해당하지 <u>않는</u> 것은?

조선 후기 서민의 경제력이 향상되고 서당 교육이 확대되면서 서민층이 새로운 문화의 주체로 성장하였다. 이에 중인과 서민층이 널리 향유하는 <u>서민 문화</u>가 크게 발달하였다.

① 성리학　　② 탈춤
③ 판소리　　④ 한글 소설

108 다음에서 설명하는 사상은?

- 경주 출신 몰락 양반인 최제우가 창도
- 시천주(侍天主), 인내천(人乃天) 사상 강조
- 전통 지배 체제에 저항하는 농민들의 사상적 기반

① 실학　　② 동학
③ 서학　　④ 양명학

109 다음 작품들이 제작된 시기의 모습으로 옳은 것은?

김홍도 〈서당도〉

신윤복 〈단오풍정〉

① 원광이 세속 5계를 만들었다.
② 한글 소설을 비롯한 서민 문화가 발달하였다.
③ 지눌이 수선사 결사를 조직하였다.
④ 몽골을 물리치려는 염원으로 팔만대장경을 제작하였다.

110 다음 설명에 해당하는 성리학자는?

- 주리론을 주장하며 영남학파 형성
- 안동에 도산서원 설립
- 『주자서절요』, 『성학십도』 저술

① 이황　② 의천
③ 최치원　④ 이이

111 다음 설명에 해당하는 문화유산은?

〈문화유산 카드〉
- 제작 시기 : 조선 후기
- 작품 특징 : 우리의 자연을 사실적으로 표현함.

①
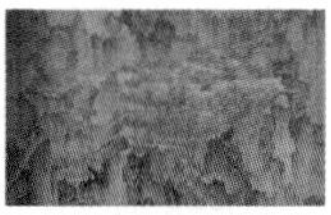
몽유도원도

②

민화

③

이불병좌상

④

인왕제색도

112 다음 사실과 관련이 있는 실학자의 저서는?

- 청나라와의 통상 강화 주장
- 절검보다는 소비 권장
- 수레나 선박의 이용을 늘릴 것을 주장

① 북학의　② 동사강목
③ 열하일기　④ 대동여지도

PART
Ⅱ

근대 국민 국가 수립 운동

이 단원에서는 흥선 대원군이 추진한 정책의 성격과 서구 열강의 침략적 접근에 대한 조선의 대응을 파악한다.
강화도 조약의 성격을 살펴보고, 개화 정책의 내용과 이를 둘러싼 여러 세력의 대응을 알아본다. 나아가 이들 세력이 근대 국민 국가 수립을 위해 추진한 노력, 일본의 국권 침탈 과정과 이에 맞선 국권 수호 운동을 차례로 살펴본다.
개항 이후 열강의 경제 침략과 이로 인한 경제적 변화, 이를 저지하기 위한 노력, 마지막으로 개항 이후 근대 문물의 수용으로 나타난 사회 · 문화적 변화도 알아본다.

01 서구 열강의 접근과 조선의 대응

• 19세기 서구 열강의 접근에 대한 조선의 대응을 살펴본다.

사회 진화론
19세기에 나타난 사회 진화론은 다윈이 주장한 자연도태와 적자생존의 법칙이 중심이 된 생물학적 진화론을 사회에 적용한 것이다. 사회 진화론을 제기한 스펜서는 사회도 생물과 마찬가지로 단순하고 동질적인 것에서 복잡하고 이질적인 것으로 발전해 간다고 보았는데, 이 이론은 19세기 제국주의 팽창의 이론적인 바탕이 되었다.

영사 재판권
다른 나라에 머무르는 국민에 대하여 해당 국가에 파견된 영사가 재판하는 제도로, 치외 법권이라고도 한다.

최혜국 대우
통상, 항해 조약 등에서 한 나라가 가장 유리한 대우를 상대국에도 부여하는 것을 말한다.

▲ **이양선** 본래 '모양이 다른 배'라는 뜻으로, 조선에 통상을 요구하며 19세기 전반부터 나타나기 시작한 서구 열강의 배를 가리킨다.

1 서구 열강의 동아시아 접근과 19세기 조선의 정세

1. 제국주의

(1) 의미 : 19세기 후반 서구 열강이 식민지와 새로운 통상로를 적극적으로 확보하려고 한 대외 팽창 정책

(2) 등장 배경

① 산업 혁명으로 서구 열강의 급성장

② 백인 우월주의, 사회 진화론 등장 : 약소국 지배를 합리화함

2. 서구 열강의 동아시아 침략

(1) 청의 개항

제1차 아편 전쟁 (1840~1842)	영국의 삼각 무역 ➔ 청의 아편 몰수·폐기 ➔ 영국의 전쟁 도발, 청의 패배 ➔ 난징 조약 체결(1842, 상하이 등 5개 항구 개방, 홍콩 할양, 영사 재판권과 최혜국 대우 인정)
제2차 아편 전쟁 (1856~1860)	영·프 연합군이 청을 공격, 청의 패배 ➔ 톈진 조약(1856)과 베이징 조약(1860) 체결(추가로 10개 항구 개항, 외국 공사의 베이징 주재 허용)

(2) 일본의 개항 : 미국 페리 함대가 에도 앞바다에서 무력시위 ➔ 미·일 화친 조약 체결(1854), 미·일 수호 통상 조약 체결(1856)

3. 19세기 조선의 정세

국내	• 세도 정치 • 삼정의 문란으로 인한 농민 봉기 • 동학과 천주교의 확산
국외	• 이양선의 출몰과 통상 요구 • 영국과 프랑스가 청의 베이징 점령 • 러시아의 남하(연해주 차지)

2 흥선 대원군의 개혁 정치

1. 통치 체제의 정비

(1) 정치 기구 정비 : 비변사 폐지, 의정부(정치)·삼군부(군사)의 기능 부활

(2) 인사 개혁 : 세도 정치를 펴던 안동 김씨 세력 축출, 능력에 따른 인재 등용

(3) 법전 정비 : 『대전회통』, 『육전조례』 등을 편찬하여 통치 규범 정리

(4) 경복궁 중건 : 왕실의 권위 회복 목적 ➔ 많은 농민을 공사에 동원, 원납전 징수, 고액 화폐인 당백전 발행, 양반의 묘지림 훼손 ➔ 백성과 양반의 불만이 커짐

2. 민생 안정과 재정 확충

(1) 서원 철폐 : 붕당의 근거지이자 백성을 수탈하던 서원을 47개소만 남기고 철폐 ➔ 백성 환영, 양반 유생 반발

(2) 수취 체제의 개편 : 삼정의 문란 시정

전정	양전 사업 실시 ➔ 재정 수입 증가
군정	호포제 실시(집집마다 군포 징수) ➔ 양반 등 조세 납부층 증가
환곡	사창제 실시 ➔ 지방관과 향리의 횡포 감소

원납전
경복궁 중건을 위해 강제로 거둔 기부금이다.

▲**당백전** 상평통보의 100배 가치를 가지는 화폐로, 이를 대량으로 발행한 결과 화폐의 가치가 떨어지고 물가가 크게 올랐다.

호포제
군역을 대신하여 호(戶, 집)를 기준으로 포를 징수하는 방법으로, 양반에게도 포를 징수하였다.

사창제
국가에서 운영하던 환곡을 개선하기 위해 백성들이 스스로 사창(각 지방 군현의 촌락에 설치된 곡물 대여 기관)을 설치하여 운영하였다.

3 흥선 대원군의 통상 수교 거부 정책

1. 병인박해와 병인양요

(1) 병인박해(1866)

① 배경 : 이양선 출몰 빈번, 제2차 아편 전쟁 이후 러시아의 연해주 획득, 국내의 천주교 확산 ➔ 조선에서 서구 열강에 대한 위기감 고조

② 전개 과정 : 흥선 대원군이 러시아를 견제하기 위해 국내에 있던 프랑스 선교사를 통해 프랑스와 교섭 시도 ➔ 프랑스와의 교섭 실패 ➔ 유생과 양반들을 중심으로 천주교 금지 여론 고조 ➔ 흥선 대원군이 8,000여 명의 천주교도와 9명의 프랑스 선교사들을 처형

(2) 병인양요(1866)

발발	병인박해를 구실로 프랑스군이 조선을 침략
전개 과정	프랑스군의 한강 하구 봉쇄 및 강화부 점령 ➔ 한성근 부대(문수산성), 양헌수 부대(정족산성)의 활약 ➔ 1달여 만에 프랑스군 철수
결과 및 영향	프랑스군이 철수하며 의궤 등 외규장각 도서 약탈 ➔ 약탈된 의궤는 2011년에 반환됨, 유네스코 세계 기록 유산으로 등재

➋ 외규장각
정조가 강화도에 설치한 규장각의 부속 도서관으로, 왕실의 귀한 서적이 다수 보관되어 있었다.

2. 제너럴 셔먼호 사건과 신미양요

(1) 제너럴 셔먼호 사건(1866)

① 배경 : 대포로 무장한 미국 상선 제너럴 셔먼호가 대동강을 거슬러 평양 부근까지 들어와 통상 요구 ➔ 평안도 관찰사 박규수가 통상 요구 거절, 평화적 철수 요구

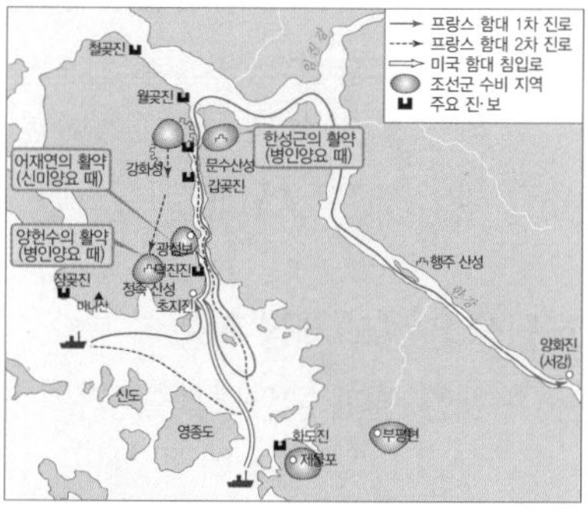

▲ 병인양요와 신미양요

② 전개 과정 : 미국 상인들의 발포 ➔ 평양 관민들이 제너럴 셔먼호 소각·침몰

(2) 오페르트 도굴 사건(1868)

독일 상인 오페르트가 무장한 선원을 동원하여 남연군(흥선 대원군의 아버지)의 묘를 도굴하려다가 실패

▲ 신미양요

(3) 신미양요(1871)

발발	제너럴 셔먼호 사건을 구실로 하여 미국이 조선에 배상금 지불과 통상 요구 ➔ 흥선 대원군의 거절 ➔ 미군의 조선 침략
전개 과정	미국이 5척의 군함을 앞세워 강화도 침략 ➔ 초지진·덕진진 함락, 광성보 공격 ➔ 광성보에서 어재연 부대가 항전하였으나 전력의 열세로 패배 ➔ 조선 조정이 통상 수교 협상에 불응 ➔ 미군 철수
결과 및 영향	흥선 대원군이 전국 각지에 척화비를 건립하여 통상 수교 거부 의지 천명

▲ **척화비** '서양 오랑캐가 침범하는데도 싸우지 않으면 화친하는 것이요, 화친을 주장하는 것은 나라를 파는 것이다.'라는 글이 새겨져 있다.

3. 통상 수교 거부 정책의 의의와 한계

의의	서양 세력의 침략을 일시적으로 저지
한계	급변하는 국제 정세에 대처 미흡, 조선의 근대화 지연

02 근대적 개혁의 추진

• 19세기 후반 조선을 둘러싼 동아시아 정세와 조선 정부의 개혁 정책을 살펴본다.

1 청과 일본의 근대화 운동

청	양무 운동	• 중체서용의 원칙(제도 개혁 없이 서양의 기술만 도입) ➔ 서양식 무기 도입, 군수 공장과 산업 시설, 신식 학교 설립 ➔ 청·일 전쟁의 패배로 한계 드러냄
일본	메이지 유신	• 일부 지방의 무사들이 에도 막부를 타도하고 천황 중심의 새로운 정부 수립(1868) • 메이지 정부가 문명개화론을 내세우며 근대적 개혁 추진 • 일본 제국 헌법 공포, 의회 설립 ➔ 입헌 군주국 수립

2 문호 개방과 개화 정책의 추진

1. 개국 통상론의 대두

박규수, 오경석, 유홍기 등이 개국 통상론을 주장 ➔ 김옥균, 박영효, 김홍집 등 젊은 양반 자제를 중심으로 개화파 형성

2. 강화도 조약(조·일 수호 조규, 1876)

(1) 체결 과정 : 일본에서 정한론 제기, 고종의 친정 이후 조선의 대외 정책 변화(통상 수교 거부 정책 완화) ➔ 운요호를 보내 개항 요구(운요호 사건, 1875) ➔ 강화도 조약 체결(1876) ➔ 일본에 수신사 파견

(2) 성격 : 외국과 맺은 최초의 근대적 조약, 조선에 불리한 불평등 조약

(3) 주요 내용

제1관	조선을 자주국으로 인정 ➔ 청의 간섭을 배제하여 일본의 조선 침략을 쉽게 하려는 의도
제4관	부산 외 2개 항구 개항 ➔ 부산, 원산, 인천 개항
제7관	해안 측량권 허용 ➔ 조선의 주권 침해(불평등)
제10관	영사 재판권 허용 ➔ 조선의 주권 침해(불평등, 치외 법권)

(4) 부속 조약 : 조·일 수호 조규 부록(개항장에 일본인 거류지 설정, 일본 화폐 사용 허용), 조·일 무역 규칙(양곡의 무제한 유출 허용, 일본 수입 상품에 대한 무관세 혜택)

중체서용(中體西用)
전통적인 유교 문화를 바탕으로 서양의 과학 기술을 받아들이자는 근대화 논리로, 청에서 전개된 양무운동의 기본 정신이다. 유사한 논리로 조선에서는 동도서기(東道西器)론이다.

정한론
'조선을 침략하자'는 주장으로, 1870년대에 일본 정계에서 제기되었다.

운요호 사건
일본이 조선에 군함 운요호를 보내 무력으로 위협하자 강화도의 초지진 포대가 운요호에 경고 사격을 하였는데, 일본이 이것을 빌미로 통상을 요구하였다.

수신사
강화도 조약 이후, 일본에 파견하는 사신인 통신사를 수신사라고 불렀다.

치외 법권
외국에 있으면서 그 나라 법률의 적용을 받지 않고, 자기 나라의 주권을 행사할 수 있는 권리를 말한다.

조선책략(1880)
청의 외교관으로 일본에 주재하고 있던 황준헌이 쓴 책으로, 조선이 러시아의 남하를 견제하려면 중국, 일본, 미국과 연대해야 한다는 내용을 담고 있다. 일본에 수신사로 갔던 김홍집이 가져왔다.

거중 조정
양국 중 한 나라가 다른 나라의 핍박을 받을 경우 반드시 서로 돕고 분쟁을 원만히 해결하도록 주선한다는 것이다.

▲ 별기군

왜양일체론
일본(왜, 倭)과 서양(洋)은 하나라는 의미로, 강화도 조약에 반대한 세력이 주장하였다.

영남 만인소
이만손 등 1만여 명의 영남 지방 유생들이 올린 집단 상소이다. 이들은 『조선책략』 유포에 반발하여 상소를 작성하였다.

3. 조·미 수호 통상 조약(1882)

(1) 체결 과정 : 『조선책략』의 유포 ➔ 청의 조약 알선 ➔ 미국과 수교 ➔ 미국에 보빙사 파견

(2) 성격 : 서양과 맺은 최초의 근대적 조약, 조선에 불리한 불평등 조약

(3) 주요 내용 : 영사 재판권과 최혜국 대우 인정, 최초로 수출입 상품에 관세 부과, 거중 조정

4. 조선 조정의 개화 정책

(1) 정치 제도 : 개화 총괄 기구인 통리기무아문 설치

(2) 군사 제도 : 5군영을 2영(무위영, 장어영)으로 개편, 신식 군대인 별기군 창설

(3) 해외 시찰단 파견 : 일본에 조사 시찰단, 청에 영선사 파견

5. 위정척사 운동

서양 문물의 수용을 거부하고 성리학적 질서를 지키려는 운동 ➔ 반외세·반침략 운동, 항일 의병 운동으로 계승

시기	배경	중심인물	활동
1860년대	서양의 통상 요구	이항로, 기정진	통상 반대 운동(척화 주전론)
1870년대	일본의 문호 개방 요구	최익현	개항 반대 운동(왜양일체론)
1880년대	정부의 개화 정책 추진, 『조선책략』 유포	이만손	개화 정책 반대 운동 (영남 만인소)

3 임오군란과 갑신정변

1. 임오군란(1882)

배경	• 구식 군인에 대한 차별 : 장기간 임금 미지급 • 개항 이후 하층민의 생활고 심화
전개	구식 군인들이 정부 고관의 집 공격, 일본인 교관 살해 및 일본 공사관 공격 ➔ 하층민 가세 ➔ 고종의 위임을 받은 흥선 대원군이 재집권 ➔ 민씨 세력의 요청으로 청군 출병, 청군의 흥선 대원군 납치
결과	• 청의 내정 간섭 : 조선에 고문 파견, 청군 주둔 • 조·청 상민 수륙 무역 장정 체결 : 청 상인들이 본격적으로 진출함, 청 상인에게 내륙 통상권 허용 • 일본과 제물포 조약 체결 : 배상금 지불, 일본 공사관에 경비병 주둔 허용

2. 개화파의 분화

임오군란 이후 개화 정책의 추진 방식과 청에 대한 입장 차이로 분화

구분	온건 개화파	급진 개화파
중심인물	김홍집, 김윤식, 어윤중	김옥균, 박영효, 서광범, 홍영식
개화 모델	청의 양무운동	일본의 메이지 유신
개혁 사상	점진적 개혁 추구(동도서기론)	서구의 기술과 사상·제도까지 수용 주장
외교 정책	청과의 사대 관계 유지	청으로부터의 독립 주장

▲ 임오군란

3. 갑신정변(1884)

(1) 배경 : 임오군란 이후 청의 내정 간섭 심화, 일본 공사의 병력 지원 약속

(2) 전개 : 급진 개화파가 우정총국 개국 축하연을 이용하여 민씨 세력을 제거하고 개화당 정부 수립 ➔ 14개조 개혁 정강 발표 ➔ 청군의 개입으로 3일 만에 실패

(3) 결과

① 일본과 한성 조약 체결 : 일본에 배상금 지불 약속

② 청과 일본의 톈진 조약 체결 : 조선에 파병할 때 상호 간에 알릴 것을 약속함

(4) 의의 : 자주적 근대 국가 건설을 위한 우리나라 최초의 정치 개혁 운동, 갑오개혁·독립 협회의 활동에 영향

(5) 한계 : 일본의 군사적 지원에 의존, 위로부터의 개혁으로 민중의 지지를 얻지 못함

14개조 개혁 정강

1. 청에 잡혀간 흥선 대원군을 돌아오게 하고, 청에 행하던 조공의 허례를 폐지한다.
   ➔ 청에 대한 사대 폐지
2. 문벌을 폐지하여 평등의 권리를 세운다.
   ➔ 평등 사회 지향
3. 지조법을 개혁한다.
   ➔ 조세 개혁

12. 대신과 참찬은 의정부에 모여 법령을 의결한다.
   ➔ 왕권 제한 시도

4. 갑신정변 이후의 정세

(1) 거문도 사건(1885) : 청의 내정 간섭 심화 ➔ 조·러 비밀 협약 추진(청 견제 목적) ➔ 영국의 거문도 불법 점령(러시아 견제 목적) ➔ 청의 중재로 영국군 약 2년 만에 철수

(2) 한반도 중립화론 제기 : 독일 부영사 부들러, 유길준 등이 주장

▲ 거문도에 상륙한 영국군

03 근대 국민 국가 수립을 위한 노력

• 근대 국민 국가 수립을 위한 다양한 노력들을 살펴본다.

1 동학 농민 운동(1894)

1. 농민층의 동요와 동학의 확산

(1) 농촌 경제 붕괴 : 일본 상인의 곡식 매입 ➔ 함경도 관찰사 조병식의 방곡령 선포 ➔ 일본에 배상금 지불

(2) 동학의 교세 확장 : 평등과 반외세를 주장하여 농민들에게 큰 호응, 제2대 교주 최시형이 교리 정리, 포접제 정비, 적극적으로 포교 ➔ 삼남 지방 중심으로 확산

(3) 교조 신원 운동 : 교조 최제우의 억울함 해소와 동학의 자유를 요구 ➔ 삼례 집회·보은 집회 개최

방곡령
흉년 등으로 쌀이 부족해질 경우 지방관이 쌀 수출을 금지하는 명령이다. 하지만 일본은 사전 통보를 제대로 하지 않았다는 이유로 방곡령을 철회시키고 배상금을 받아 갔다.

▲동학의 제2대 교주 최시형 (1827~1897)

2. 동학 농민 운동의 전개

(1) 고부 농민 봉기

배경	고부 군수 조병갑의 횡포(만석보 건설 후 물세 징수)
전개	전봉준과 농민들이 고부 관아를 습격하여 아전 처벌, 관아 곡식을 농민들에게 분배, 만석보 파괴
결과	조선 조정은 이용태를 안핵사로 파견 ➔ 정부의 시정 약속으로 농민군 자진 해산

(2) 제1차 봉기(반봉건)

배경	안핵사 이용태가 고부 농민 봉기 가담자를 체포하고 처벌
전개	전봉준, 손화중 등이 농민군을 모아 무장에서 봉기 ➔ 백산에서 4대 강령과 격문 발표 ➔ 황토현·황룡촌 전투 승리 ➔ 전주성 점령 ➔ 조선 조정이 청에 군사 지원 요청 ➔ 일본군 파병 ➔ (동학 농민군과 조정 사이에) 전주 화약 체결
결과	동학 농민군이 집강소 설치 후 폐정 개혁안 실천

(3) 일본의 도발 : 조선 조정의 청·일 양군 철병 요구 ➔ 자주적 개혁을 추진하기 위해 조선 조정의 교정청 설치 ➔ 일본의 경복궁 점령과 청·일 전쟁 도발

▲동학 농민 운동(백산 봉기, 기록화)

집강소
동학 농민군이 호남 지방 각 군현에 설치하였던 농민 자치 기구로, 그 지역의 치안을 유지하고 폐정 개혁안의 시행을 담당하는 역할을 하였다.

(4) 제2차 봉기(반외세)

배경	경복궁 무력 점령 등 일본의 내정 간섭 강화
전개	전봉준의 남접·손병희의 북접이 연합 부대 결성, 논산에 집결 ➜ 공주 우금치 전투에서 패배
결과	전봉준을 비롯한 동학 농민군 지도자들이 체포됨

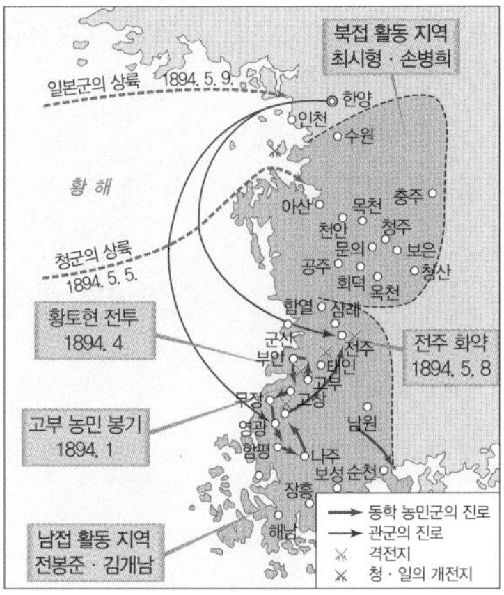

▲동학 농민군의 1차 봉기

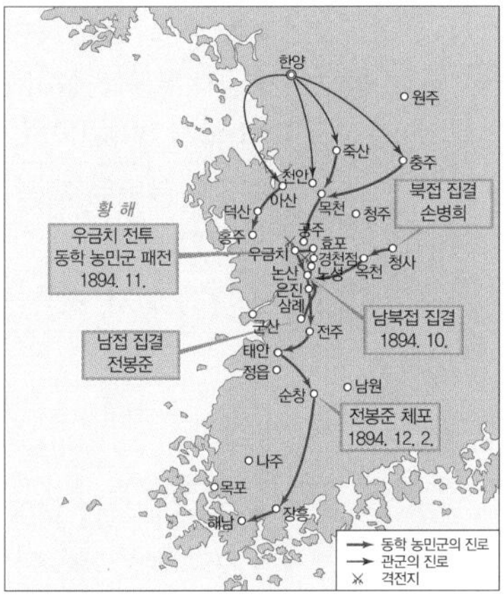

▲동학 농민군의 2차 봉기

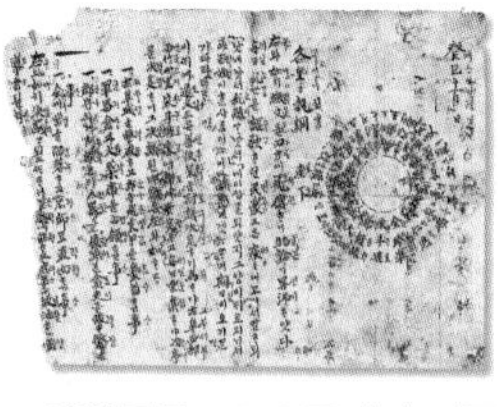
▲**사발통문** 호소문이나 격문 등을 쓸 때 누가 주모자인지 알지 못하도록 사발 모양으로 둥글게 이름을 적었다. 동학 농민 운동 때 사발통문을 돌려 참여자를 모집하였다.

▲**체포되어 한성으로 압송되는 전봉준(1855~1895)**

C/l/i/c/k 동학 농민 운동 폐정 개혁안

1. 동학과 정부 사이의 반감을 없애고 정치에 협력한다.
2. 탐관오리의 죄상을 조사하여 이를 엄중히 처벌한다. ➡반봉건
3. 횡포한 부호들을 엄중히 처벌한다. ➡반봉건
4. 불량한 유림과 양반들을 징계한다. ➡반봉건
5. 노비 문서를 불태워 없앤다. ➡반봉건(신분제 폐지)
6. 모든 천인들의 대우를 개선하고 백정이 쓰는 패랭이를 없앤다. ➡반봉건
7. 젊은 과부의 재혼을 허락한다. ➡반봉건(봉건적 악습 철폐)
8. 규정 이외의 모든 세금을 폐지한다.
9. 관리의 채용은 문벌을 타파하고 인재를 등용한다. ➡반봉건
10. 일본인과 몰래 통하는 자는 엄벌한다. ➡반외세
11. 공 · 사채는 물론이고, 농민이 이전에 진 빚은 모두 무효로 한다. ➡반봉건
12. 토지는 골고루 나누어 경작한다. ➡반봉건

– 오지영, 『동학사』 –

3. 동학 농민 운동의 의의 및 한계

(1) 의의 : 반봉건·반외세적 성격, 우리 역사상 최대 규모의 농민 운동
➜ 농민군의 요구는 이후 갑오개혁에 영향, 농민군 잔여 세력은 항일 의병 투쟁에 참여하여 무장 투쟁 지속

(2) 한계 : 근대 사회 건설을 위한 구체적인 방안을 제시하지 못함

갑신정변, 동학 농민 운동, 갑오개혁의 공통점
신분제 폐지 요구/실현

2 갑오 · 을미개혁(1894~1895)

1. 제1차 갑오개혁

(1) 추진 과정 : 김홍집 내각 수립, 군국기무처 설치

(2) 주요 내용

정치	• 청 연호 사용 중단, 개국 기년 사용(청과의 사대 관계 청산) • 궁내부를 신설하여 왕실 사무와 국정 사무 분리 • 6조를 8아문으로 확대 · 개편, 과거제 폐지
경제	탁지아문으로 재정 일원화, 은 본위 화폐 제도 채택, 조세 금납화, 도량형 통일
사회	신분제 폐지, 조혼 금지, 과부의 재가 허용, 고문과 연좌제 폐지

2. 제2차 갑오개혁

정치	• 고종의 '홍범 14조' 반포 • 지방 행정 제도를 8도에서 23부로 개편 • 지방관의 군사권 · 사법권 배제(지방관의 권한 축소) • 재판소 설치(사법권 독립)
사회	교육입국 조서 반포 ➔ 한성 사범 학교 관제, 외국어 학교 관제, 소학교 규칙 등을 제정하여 근대적 교육 제도 마련

3. 을미개혁

(1) 추진 과정 : 삼국 간섭으로 러시아의 영향력 강화 ➔ 고종이 러시아의 힘으로 일본을 견제하고자 함 ➔ 일본이 친러 정책을 주도하던 명성 황후를 시해(을미사변, 1895)

(2) 주요 내용

정치	'건양' 연호 사용, 태양력 사용
사회	종두법 시행, 단발령 실시, 소학교 설립, 우편 사무 재개 등

4. 갑오 · 을미개혁의 평가

(1) 의의

① 우리 민족 최초의 근대적 개혁

② 갑신정변과 동학 농민 운동에서 제기된 개혁안이 일부 반영됨

(2) 한계 : 일본의 간섭

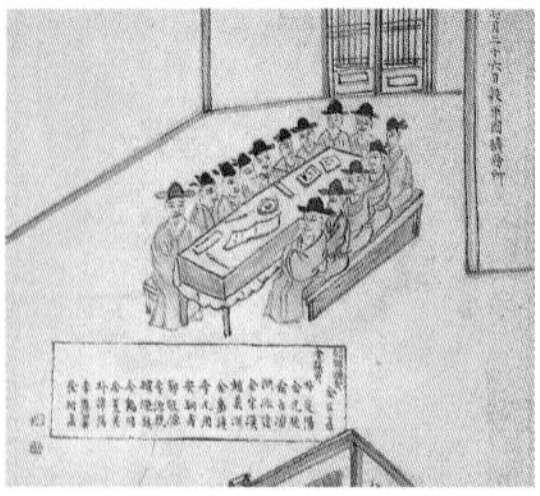

▲**군국기무처** 김홍집, 어윤중 등 온건 개화파가 참여한 군국기무처는 제1차 갑오개혁 당시 초정부적인 최고 정책 결정 기관이었다. 이곳에서 약 4개월 동안 210여 개의 안건을 심의 · 의결하였다.

홍범 14조
우리나라 최초의 근대적 정책 백서이자 최초의 헌법적 성격을 지닌 강령이다. 국왕이 우리나라의 자주독립을 처음으로 내외에 선포한 문서이기도 하다.

교육입국 조서
고종이 '국가의 부강은 국민의 교육에 있다'는 내용을 밝힌 문서이다.

삼국 간섭
청 · 일 전쟁 후 체결된 시모노세키조약에서 일본은 랴오둥반도를 넘겨 받았다. 이에 러시아는 프랑스, 독일을 끌어들여 일본의 랴오둥반도 점령을 저지하였다(1895).

'건양' 연호와 태양력 사용
음력 1895년 11월 17일을 양력으로 환산하여 1896년 1월 1일로 삼고 '건양'이라는 연호를 사용하였다. 건양은 '양력으로 세운다'는 의미이다.

3 독립 협회(1896~1898)

1. 아관 파천(1896)

(1) 경과 : 을미사변으로 고종의 신변 위험이 커지고 일본의 영향력이 확대됨 ➔ 고종이 러시아 공사관으로 거처를 옮김

(2) 결과 : 러시아의 영향력 강화, 서구 열강의 이권 침탈 심화

2. 독립 협회의 창립과 활동

(1) 창립 : 서재필의 독립신문 창간 ➔ 개화파 관료들과 독립 협회 창립

(2) 참여 계층 : 개화 지식인, 학생, 노동자, 농민 등 다양한 계층이 참여

(3) 활동

자주 국권 운동	• 영은문을 허물고 독립문 건립 • 고종의 환궁 요구
자유 민권 운동	• 토론회와 강연회 개최하여 민중 계몽 • 신체의 자유, 언론·출판·집회·결사의 자유 요구 • 국민 참정권 운동 전개
이권 수호 운동	• 러시아의 절영도 조차 요구 저지 • 한러 은행 폐쇄
만민 공동회 개최	• 최초의 근대적 민중 집회 • 정부 대신이 참여하는 관민 공동회 개최 ➔ 헌의 6조 결의 후 고종으로부터 시행 약속을 받아냄 ➔ 의회 기능을 맡은 중추원 관제 반포

C/l/i/c/k 헌의 6조

1. 외국인에게 의지하지 말고 관민이 합심하여 황제권을 공고히 할 것
2. 외국과의 이권에 관한 계약과 조약은 해당 부처의 대신과 중추원 의장이 함께 날인하여 시행할 것
3. 재정은 탁지부에서 전담할 것
4. 중대한 범죄는 공판하고 피고의 인권을 존중할 것
5. 칙임관은 정부에 그 뜻을 물어 과반수가 동의하면 임명할 것

3. 독립 협회의 해산

보수 세력은 독립 협회가 공화정을 추진한다고 모함 ➔ 고종은 황국 협회와 군대를 동원하여 독립 협회를 강제 해산

▲ 러시아 공사관으로 피신한 고종

을미사변과 단발령으로 백성들의 반일 감정이 높아지고 항일 의병 운동이 일어났다. 일본군이 의병 진압에 나선 틈을 이용해 고종은 처소를 러시아 공사관으로 옮겼다.

▲ 독립문

▲ 만민 공동회

황국 협회

황실의 고위 관료들이 지원하여 조직한 보부상 중심의 어용화된 상인 단체로, 독립 협회와 대립하였다.

4 대한 제국(1897~1910)

1. 대한 제국의 수립

(1) 배경 : 고종이 1년 만에 경운궁(덕수궁)으로 환궁

(2) 수립

① 국호를 '대한 제국', 연호를 '광무'로 변경

② 환구단에서 황제 즉위식을 거행한 뒤 대한 제국 수립을 선포

2. 대한 제국의 근대화 추진

(1) 대한국 국제 반포(1899) : 자주독립국 천명, 황제에게 모든 권한 집중(전제 군주국)

(2) 황제권 강화 : 원수부 설치하여 군사 장악, 내장원 설치하여 왕실 재산 관리

(3) 광무개혁 : 구본신참(舊本新參)의 원칙에 따라 점진적 개혁 추진
➜ 자주독립과 근대화 지향

경제	• 양전 사업 실시 후 지계 발급 • 상공업 진흥(식산흥업 정책) : 회사·공장·민간 은행(대한 천일 은행 등) 설립
사회	• 철도·전차 부설, 전화 가설, 우편 제도 정비 • 실업 학교 설립, 해외에 유학생 파견

(4) 광무개혁의 의의 및 한계

① 의의 : 자주독립과 근대화 지향, 단기간에 어느 정도 성과 이룩

② 한계 : 황제권 강화에만 주력하여 민권 보장 소홀, 러·일 전쟁 발발 이후 일본의 간섭으로 개혁이 대부분 중단됨

▲**환구단과 황궁우** 환구단은 황제가 하늘에 제사를 지내는 제단이고, 황궁우는 일월성신 등 모든 신령의 위패를 모신 곳이다. 환구단에서 고종의 황제 즉위식이 거행되었다. 일제는 1913년 환구단을 허물고 그 자리에 호텔을 지어 지금은 황궁우만 남아 있다.

구본신참
옛것을 근본으로 해서 새로운 것을 참조한다는 뜻이다. 여기서 옛것은 갑오개혁과 을미개혁 이전의 우리 것을 뜻한다.

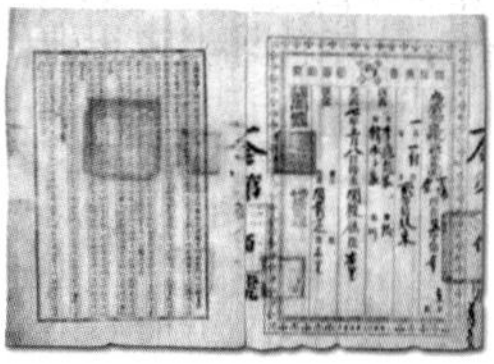

▲**지계** 지계는 토지 소유권을 명시한 근대적 문서이다.

04 일본의 침략 확대와 국권 수호 운동

• 조선에 대한 일본의 침략과 국권을 수호하려는 다양한 운동을 살펴본다.

1 일본의 국권 침탈

1. 한반도 독점을 위한 일본의 도발

(1) 러·일 전쟁(1904~1905) : 일본의 기습 공격으로 시작 ➔ 일본 승리 후 포츠모스 조약 체결

(2) 가쓰라·태프트 비밀 협약(1905) : 미국과 일본 간에 체결, 일본의 한국 지배를 사실상 인정

(3) 제2차 영·일 동맹(1905) : 일본의 한국 지배를 사실상 인정

2. 일본의 국권 침탈 과정

한·일 의정서 (1904.2)	러·일 전쟁 수행에 필요한 경우 일본이 대한 제국의 영토를 마음대로 사용할 수 있게 됨
제1차 한·일 협약 (1904.8)	외교와 재정 분야에 외국인 고문 채용(외교 : 스티븐스, 재정 : 메가타)
을사늑약 (1905.11)	• 시기 : 러·일 전쟁 직후에 체결 • 이토 히로부미가 을사5적을 앞세워 체결을 강요 • 주요 내용 : 외교권 박탈, 통감부 설치
고종의 강제 퇴위 (1907.7)	고종이 을사늑약의 불법성과 부당함을 호소하고자 헤이그에서 열리는 만국 평화 회의에 특사 파견 ➔ 이를 구실로 일본이 고종을 퇴위시킴
한·일 신협약 (정미 7조약, 1907.7)	통감이 내정 전권 장악, 정부 각 부에 일본인 차관을 배치하여 한국의 행정권 장악, 대한 제국의 군대 해산
기유각서(1909.7)	일본이 한국의 사법권 장악 ➔ 이후 경찰권까지 장악
한국 병합 조약 (1910.8)	대한 제국이 일본의 식민지가 됨

3. 의열 투쟁의 전개

① 나철·오기호의 5적 암살단 조직

② 장인환과 전명운의 외교 고문 스티븐스 저격

③ 안중근의 이토 히로부미 처단

④ 이재명의 이완용 습격

을사5적
이완용, 이지용, 박제순, 이근택, 권중현이 있다.

▲**헤이그 특사** 1907년 네덜란드 헤이그에서 열린 제2차 만국 평화 회의에 고종이 을사늑약의 부당함을 알리기 위해 파견한 외교 사절(왼쪽부터 이준, 이상설, 이위종)이다. 일제는 헤이그 특사의 활동을 적극적으로 방해하였으며, 끝내 이를 빌미로 고종을 퇴위시켰다.

▲**안중근 의사** 한·중·일 삼국의 협력과 평화를 구상한 동양 평화론의 주창자로서, 한국을 침략하여 동양 평화를 해치는 대표적 인물인 이토 히로부미를 처단하였다(1909.10).

2 간도와 독도

1. 간도

간도 귀속 문제	조선 숙종 때 청과 조선은 백두산정계비로 간도 지역의 국경 확정 ➔ 19세기 후반 조선인의 간도 이주 증가, 청과 영유권 분쟁 발생, 백두산정계비의 해석 차이 존재 ➔ 대한 제국이 간도 관리사(이범윤)를 임명하여 간도 주민 관리
간도 협약(1909)	일본이 만주의 철도 부설권과 탄광 채굴권 등을 얻는 대가로 청에 간도 지역을 넘김

▲ 백두산정계비

2. 독도

독도의 역사적 연원	• 『삼국사기』에 신라의 이사부가 우산국을 복속한 내용이 있음. • 『세종실록지리지』, 『동국문헌비고』에 독도 관련 기록이 전해짐. • 조선 숙종 때 안용복이 일본에 건너가 울릉도와 독도가 우리 영토임을 확인받음 • 일본 태정관 지령(1877) : 울릉도·독도는 일본과 관계없음을 일본 정부가 인정 • 대한 제국 칙령 제41호(1900) : 울릉도에 군을 설치하여 독도까지 관리하도록 함
일본의 독도 점령(1905)	러·일 전쟁 중 일본이 '무주지 선점'을 주장하여 독도 불법 편입

태정관
1870~1880년대 일본 최고의 행정 기관이다.

신돌석(1878~1908)
평민 출신 의병장으로 강원도, 경상도의 경계 지역과 울진 등 동해안을 근거지로 태백산의 험준한 지형을 이용하여 유격 전술을 펼쳤다.

3 항일 의병 운동

1. 항일 의병 운동의 전개 과정

구분	계기	주도 세력	특징
을미의병(1895)	을미사변, 단발령	유인석, 이소응 등 양반 유생 의병장	단발령 철회와 고종의 해산 권고에 따라 해산
을사의병(1905)	을사늑약 체결 강요	최익현 등 양반 유생 의병장, 신돌석 등 평민 출신 의병장	• 평민 출신 의병장의 등장 및 활약 • 의병의 전국 확산
정미의병(1907)	고종의 강제 퇴위, 군대 해산	양반 유생, 농민, 상인, 학생, 해산 군인, 노동자 등 다양한 계층	• 해산 군인의 가담으로 전투력 상승 • 13도 창의군 결성 ➔ 서울 진공 작전 전개(실패)

▲ 정미의병

▲ 체포된 호남 지역 의병장들

2. 의병 운동의 위축

일본의 '남한 대토벌' 작전(1909)으로 활동 위축 ➔ 국내 활동이 어려워진 의병은 만주나 연해주로 이동, 독립군이 되어 대일 항쟁 전개

4 애국 계몽 운동

1. 애국 계몽 운동의 특징

① 교육과 산업 진흥을 통한 민족의 실력 양성 추구

② 독립 협회의 활동을 계승한 개화파 지식인들이 주도

2. 애국 계몽 운동 단체의 활동

보안회	일본의 황무지 개간권 요구 ➔ 보안회가 반대 운동 전개 ➔ 일본이 요구를 철회함
헌정 연구회	• 입헌 정치 체제 수립 지향 • 일진회의 친일 행위 규탄
대한 자강회	• 전국에 지회 설립, 월보 간행, 강연회 개최 등 • 고종의 강제 퇴위 반대 운동 전개
신민회 (1907~1911)	• 안창호·양기탁 등이 비밀 결사 단체로 조직 • 교육 진흥·국민 계몽·산업 진흥을 통한 국권 회복 시도 • 공화 정체에 바탕을 둔 근대 국민 국가 건설을 목표로 함 • 대성 학교·오산 학교 설립 • 태극 서관(계몽 서적 출판)·자기 회사(민족 산업 육성) 운영 • 남만주 삼원보에 독립운동 기지 건설 : 신흥 강습소 설립, 독립군 양성 • 105인 사건으로 국내 조직 와해

▲ 안창호

▲ 양기탁

▲ 대성 학교

3. 애국 계몽 운동의 의의 및 한계

의의	민족의식·근대 의식 고취, 국권 회복과 근대적 국민 국가 건설을 지향
한계	일부 운동가들이 실력 양성만을 강조하여 일본의 지배 용인, 의병 투쟁을 비판

105인 사건(1911)

일제가 데라우치 총독 암살 미수 사건을 조작해서 수백 명의 애국 지사를 검거하여 그중 105인이 1심에서 유죄 판결을 받은 사건이다. 이는 신민회가 와해되는 계기가 되었다.

05 개항 이후 나타난 경제적 변화

• 개항 이후 조선의 경제적 변화에 대해 살펴본다.

1 개항 이후 열강의 경제 침략

1. 개항 이후의 무역 형태

(1) 거류지 무역 발달 : 강화도 조약으로 부산, 원산 등 개항 ➔ 일본인이 개항장에 머물며 무역에 참여(일본인은 개항장 밖으로 나올 수 없었음) ➔ 조선 상인이 중개업에 참여

(2) 미면 교환 : 일본 상인은 영국산 면제품을 판매하고 조선의 곡물을 대량 구입 ➔ 국내의 식량 부족과 쌀값 폭등, 조선의 면직물 공업이 타격 입음

거류지
조약에 의하여 한 나라가 영토의 일부를 외국인에게 개방한 지역을 말한다.

2. 임오군란 이후 청·일 상인의 상권 경쟁

(1) 조·청 상민 수륙 무역 장정 체결(1882) : 청 상인의 내지 통상 및 한성에서의 점포 개설 허용

(2) 조·일 통상 장정 체결(1883) : 일본 상품에 관세 부과, 방곡령 조항 마련, 일본에 최혜국 대우 인정

(3) 청·일 상인의 경쟁 : 일본 상인과 청 상인이 본국의 지원을 받으며 상권 경쟁 벌임 ➔ 청·일 전쟁에서 일본이 승리하자 청 상인의 세력 약화

▲ 경인선 기관차 도입 기념식 (1899)

3. 아관 파천 이후의 이권 침탈

러시아	압록강·두만강·울릉도 삼림 채벌권 획득
미국	운산 금광 채굴권 획득, 한성 전기 회사를 설립하여 전등·전차 가설
일본	경인선·경부선·경의선 부설권 획득 ➔ 철도 부설 과정에서 엄청난 토지가 철도 부지로 수용되어 민중이 거세게 저항함

▲ **동양 척식 주식회사** 일제가 대영 제국의 동인도 회사를 본떠 만든 회사로 조선의 토지와 자원을 수탈하기 위해 설립한 식민지 착취 기관이다. 토지 조사 사업이 완료된 1920년대 이후 경작지의 3분의 1 이상을 차지하였다.

4. 러·일 전쟁 이후의 경제 침탈

(1) 메가타의 화폐 정리 사업(1905) : 상평통보, 백동화 등을 일본 제일 은행권으로 교환 ➔ 백동화의 교환 거부로 한국인의 재산 피해 발생

(2) 동양 척식 주식회사 설립(1908) : 일본인의 토지 투자 및 농업 이민을 위해 설립

2 경제적 구국 운동

1. 상권 수호 운동

(1) 상회사 설립 : 대동 상회, 장통 상회 등 건립

(2) 시전 상인의 황국 중앙 총상회 조직 : 외국 상인의 불법적인 상업 활동을 규탄함

2. 근대적 산업 자본 육성 노력

근대적 기업 설립(해운, 철도, 상공업 분야), 은행 설립(조선 은행, 한성 은행, 대한 천일 은행 등)

3. 방곡령 실시

일본 상인의 곡물 대량 매입으로 조선의 곡물 가격 폭등 및 식량 사정 악화 ➔ 지방관의 방곡령 선포 ➔ 일본의 항의로 해제, 일본에 배상금 지급

방곡령
곡물 시장을 안정시킬 목적으로 어느 지역의 곡물을 다른 곳으로 옮기지 못하게 막는 조치이다.

4. 국채 보상 운동(1907)

배경	일본의 차관 도입 강요로 경제 예속화 심화
경과	대구에서 서상돈 등이 국채 보상 운동 시작 ➔ 전국에서 모금 운동 전개 ➔ 통감부의 방해로 중단

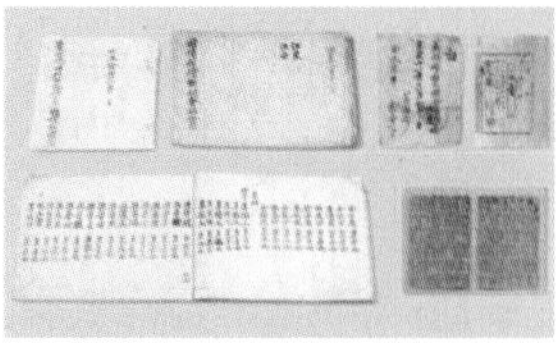
▲ 국채 보상 운동 기록물들

C/l/i/c/k 국채 보상 운동

지금 국채가 1천3백만 원이 있으니, 이것은 우리나라가 존재하고 망하는 것에 관계되는 일입니다. 갚으면 나라가 보존되고, 갚지 못하면 나라가 망할 것은 형세상 틀림없는 일입니다. …… 우리 2천만 동포 중에서 정말 털끝만큼의 애국 사상이라도 있는 자라면 반드시 두말을 하지 않을 것입니다. 저희들이 여기서 감히 발기하여 취지를 알리고 피눈물로 호소합니다.

– 대한매일신보(1907. 2. 21.) –

06 개항 이후 나타난 사회·문화적 변화

• 개항 이후 조선의 사회·문화적 변화에 대해 살펴본다.

1 근대 문물의 수용

1. 의식주 생활의 변화

의	• 서양식 의복인 양복, 양장 착용이 늘어남 • 단발령 실시 이후 성인 남자 머리가 짧게 변함
식	• 커피 등 서양 음식 전래 • '청요릿집'이라는 중국 음식점 등장, 일본의 어묵·초밥 등이 소개됨
주	• 개항장이나 한성의 일본인 거류지에 일본식 건물 등장 • 서양식 건축물 건설 : 명동 성당, 덕수궁 석조전 등

▲ 서양식 의복을 착용한 고종

2. 근대 시설의 도입

교통	• 전차 : 한성 전기 회사가 서대문~청량리 구간 설치 • 철도 : 경인선·경부선·경의선 설치, 일본이 건설을 주도, 경부선과 경의선은 러·일 전쟁 중 설립하여 군사적 목적으로 이용
우편	• 우정총국 설치 ➔ 갑신정변으로 중단 ➔ 을미개혁 때 우편 업무 부활
의료	• 광혜원 : 최초의 서양식 병원, 이후 제중원으로 개칭, 한동안 알렌이 운영 • 지석영의 종두법 도입

광혜원
갑신정변 당시 칼에 맞아 목숨이 위태롭던 민영익을 알렌이 살려낸 일이 있었다. 이 사건을 계기로 정부는 서양식 병원인 광혜원을 세워 알렌에게 운영을 맡겼다.

C/l/i/c/k 개항기의 새로운 건축물

▲ 명동 성당

▲ 정동 제일 교회

▲ 덕수궁 석조전

2 근대 의식의 확대

1. 민권 의식의 성장

(1) 관민 공동회에서 백정 출신이 연설함

(2) 여성의 지위 향상 : 「여권 통문」 발표, 이화 학당 등 여학교 설립

2. 근대적 교육 기관의 설립

1880년대	• 원산 학사 : 최초의 근대식 교육 기관, 함경도 덕원·원산 주민이 설립 • 육영 공원 : 정부가 설립한 근대 교육 기관, 미국인 교사 초빙, 상류층 자제를 대상으로 영어·수학·지리학 등 근대 학문 교육 • 개신교 선교사들이 배재 학당, 이화 학당, 정신 여학교 등 설립
갑오개혁기	고종의 교육입국 조서 반포(1895) ➔ 근대 학교에 관한 법규 제정, 학교 설립
을사늑약 전후 시기	안창호의 대성 학교 설립, 이승훈의 오산 학교 설립

3. 언론의 발달

(1) 주요 신문

한성순보	순 한문	• 박문국에서 발행, 최초의 신문 • 정부의 개화 정책 홍보, 국내외 정세 소개
독립신문	순 한글·영문	• 최초의 순 한글 신문, 영문판 발행 • 민권 의식 향상에 노력, 국내 사정을 외국인에게 전함
제국신문	순 한글	• 서민층과 부녀자 대상
황성신문	국한문 혼용	• 양반 유생층 대상 • 을사늑약이 체결되자 장지연의 「시일야방성대곡」 게재
대한매일신보	순 한글·국한문, 영문	• 양기탁과 영국인 베델 주도 • 국채 보상 운동에 앞장섬, 의병 운동을 호의적으로 보도

(2) 일본의 언론 탄압 : 신문지법을 제정하여 검열 강화

4. 국학의 발달

(1) 한국사 연구 : 박은식과 신채호의 활동

① 역사를 통해 애국심 고취

② 신채호의 「독사신론」 집필 : 민족주의 사학의 연구 방향을 제시함.

③ 외국의 건국·흥망사 소개 : 『미국 독립사』, 『이태리 건국 삼걸전』 등

➋ 여권 통문

"이천만 동포 형제가 …… 개명한 신식을 좇아 행할 사이 …… 어찌하여 우리 여인들은 귀먹고 눈 어두운 병신 모양으로 구규(옛날식 규방)만 지키고 있는지 모를 일이로다. …… 신체와 수족과 이목이 남녀가 다름이 있는가. 어찌하여 병신 모양으로 사나이의 벌어 주는 것만 먹고 평생을 심규에 처하여 그 절제만 받으리오(황성신문)."

▲ 육영 공원

▲ **대한매일신보와 베델** 영국인 베델은 양기탁과 함께 대한매일신보를 창간하고 발행인으로 활동하였다. 을사늑약의 무효를 주장하며 일본의 침략 행위를 폭로하는 항일 언론 활동을 벌였다.

▲ 백암 박은식 (1859~1925)

▲ 단재 신채호 (1880~1936)

(2) 국어 연구
   ① 정부가 국문 연구소 설립
   ② 주시경 등은 국어 문법을 정리함

5. 국외 이주민 증가

(1) 간도 : 19세기 후반부터 생활고와 독립운동을 위해 이주 ➔ 신민회가 남만주 삼원보에 한국인 거주지 개척

(2) 미국 : 하와이 사탕수수 농장 노동자로 이주 ➔ 고된 노동 속에서도 독립운동에 대한 열정을 놓지 않음

▲ 간도의 한국인 마을

▲ 하와이 초기 이민자들과 자녀들

3 문예와 종교의 새 경향

1. 문학과 예술의 변화

문학	신소설(이인직 「혈의 누」 등), 신체시(최남선 「해에게서 소년에게」 등) 등장
예술	• 음악 : 창가 유행 • 연극 : 원각사 설립(서양식 극장) ➔ 「은세계」, 「치악산」 등의 신극 공연 • 미술 : 유화와 같은 서양식 화법 도입

▲ **원각사** 1908년에 건립된 우리나라 최초의 서양식 사설 극장으로, 처음에는 판소리를 주로 공연하다가 나중에는 연극을 상연하는 장소로 고정되었다. 당시 신연극이라는 이름으로 상연된 최초의 신극은 이인직의 소설을 원작으로 한 「은세계」이다.

2. 종교의 변화

천주교	프랑스와 수교 이후 포교의 자유 인정	근대 교육 발전, 서양 의술 보급, 양성 평등 의식 전파 등에 기여
개신교	선교사 입국	
천도교	손병희가 동학을 천도교로 개칭(1905), 『만세보』(1906)를 발행하여 계몽 운동에 참여	
불교	한용운 등이 불교 자주성 회복을 위해 노력	
유교	박은식이 「유교 구신론」 저술 ➔ 유교 개혁 강조	
대종교	나철·오기호 등이 단군 신앙을 바탕으로 하여 창시 ➔ 국권 피탈 이후 만주와 연해주 일대에서 중광단 등을 조직하여 무장 독립 투쟁에 참여	

나철(1863~1916)
독립운동가이자 대종교 초대 교주이다. 1905년 을사늑약이 발표되자 5적 암살단을 조직하였으며, 1909년에 대종교를 창시하였다.

PART Ⅱ

적중 예상 문제

정답 및 해설 별책 18p

01 다음 인물이 실시한 정책에 해당하는 것은?

역사 인물 카드

■흥선 대원군■
- 본명 : 이하응
- 생몰 : 1820년~1898년
  - 조선의 왕족·정치가
  - 아들인 고종의 즉위 후 실권 장악

① 기인 제도　② 국자감 정비
③ 지계 발급　④ 경복궁 중건

02 흥선 대원군의 정책으로 옳은 것을 〈보기〉에서 고른 것은?

보기
ㄱ. 서원 철폐　ㄴ. 호포제 시행
ㄷ. 22담로 설치　ㄹ. 노비안검법 실시

① ㄱ, ㄴ　② ㄱ, ㄹ
③ ㄴ, ㄷ　④ ㄷ, ㄹ

03 ㉠에 들어갈 내용으로 옳은 것은?

〈조선 법전의 변천〉

성종		영조		정조		흥선 대원군
경국대전	→	속대전	→	대전통편	→	㉠

① 대전회통　② 홍범 14조
③ 유신 헌법　④ 대한국 국제

04 다음 질문에 대한 답으로 옳은 것은?

흥선 대원군이 경복궁 중건에 필요한 경비 마련을 위해 발행한 고액 화폐는 무엇일까요?

① 당백전　② 명도전
③ 상평통보　④ 독립 공채

05 ㉠에 들어갈 내용으로 옳은 것은?

- 1866년 프랑스는 병인박해를 구실로 ㉠ 을/를 공격하였다.
- 1871년 미국은 제너럴 셔먼호 사건을 구실로 ㉠ 을/를 침략하였다.

① 독도　② 한양
③ 거문도　④ 강화도

06 다음 자료와 관련된 사건으로 옳은 것은?

> (　　　　) 때 약탈당한 외규장각 도서가 145년 만인 2011년에 임대 방식으로 반환되었다.

① 병인양요　② 병자호란
③ 중일 전쟁　④ 거문도 사건

07 ㉠에 들어갈 내용으로 옳은 것은?

> 병인박해 → 병인양요
> [㉠] → 신미양요

① 서원 철폐　② 을미사변
③ 운요호 사건　④ 제너럴 셔먼호 사건

08 ㉠에 해당하는 사건으로 적절한 것은?

> 〈흥선 대원군 시기의 대외 상황〉
> 병인양요 → [㉠] → 신미양요 → 척화비 건립

① 러·일 전쟁　② 거문도 사건
③ 운요호 사건　④ 오페르트 도굴 사건

09 다음 내용이 새겨진 조선 시대의 비석은?

> "서양 오랑캐가 침범하는 데도 싸우지 않는 것은 화친하자는 것이요, 화친을 주장하는 것은 나라를 파는 것이다."

① 척화비　② 충주 고구려비
③ 북한산 순수비　④ 광개토 대왕릉비

10 다음 강화도 조약의 내용에 대한 설명으로 옳은 것은?

> 〈조약의 일부〉
> 제1관 조선은 자주국이며 일본과 똑같은 권리를 갖는다.
> ⋮
> 제10관 일본국 인민이 조선국이 지정한 항구에서 죄를 범하였을 경우 모두 일본국에 돌려보내 심리하여 판결한다.

① 세도 정치의 원인이 되었다.
② 척화비 건립의 배경이 되었다.
③ 금난전권 폐지의 계기가 되었다.
④ 치외 법권이 포함된 불평등 조약이었다.

11 ㉠에 들어갈 내용으로 옳지 않은 것은?

> 질문: 강화도 조약에 대해 알려 주세요.
> 답변 1: 1876년에 체결되었어요.
> 답변 2: [㉠]

① 일본에 외교권을 빼앗겼어요.
② 일본의 치외 법권을 인정했어요.
③ 일본에게 해안 측량권을 허용했어요.
④ 부산을 포함한 3개 항구를 개항했어요.

12 다음 설명에 해당하는 조약은?

> • 『조선책략』의 영향을 받음.
> • 서구와 맺은 최초의 근대적 조약
> • 관세 조항이 최초로 수록됨.

① 제물포 조약
② 조 · 미 수호 통상 조약
③ 한 · 미 상호 방위 조약
④ 조 · 청 상민 수륙 무역 장정

13 두 학생의 대화 중 ㉠에 해당하는 조직은?

① 보빙사　② 영선사
③ 화랑도　④ 조사 시찰단

14 ㉠에 해당하는 군대의 명칭은?

> 개항 이후 정부는 개화 정책을 추진하면서 신식 군대인 ㉠ 을/를 창설하고, 구식 군대의 규모를 축소하였다. 이런 상황에서 구식 군인들은 밀린 급료로 받은 쌀에 겨와 모래가 섞여 있자 분노하여 봉기하였다.

① 별기군　② 삼별초
③ 화랑도　④ 한국 광복군

15 ㉠에 들어갈 국가로 옳은 것은?

> **수행 평가 계획서**
> 주제 : 임오군란에 따른 결과
> • 1모둠 : ㉠ 의 내정 간섭 심화
> • 2모둠 : ㉠ 상인의 내륙 진출 허용

① 청　② 미국
③ 일본　④ 러시아

16 (가)에 들어갈 인물은?

> **역사 인물 카드**
> 
> • 이름 : (가)
> • 생몰 연도 : 1851년~1894년
> • 주요 활동
> – 정부의 근대 개혁 추진 자금 확보를 위해 일본으로부터 차관 도입을 시도했으나 실패함.
> – 1884년 갑신정변을 주도함.

① 김옥균　② 정약용
③ 최익현　④ 전봉준

17 다음 중 ㉠에 들어갈 사건은?

〈 ㉠ 〉

- 인물 : 김옥균, 박영효, 홍영식, 서광범 등
- 장소 : 우정총국, 경우궁 등
- 내용 : 1884년 급진 개화파들이 일으킨 변란(3일 천하)

① 갑신정변 ② 기묘사화
③ 병자호란 ④ 만적의 난

18 다음 밑줄 친 ㉠에 해당하는 것은?

갑신정변을 주도한 급진 개화파는 ㉠ 14개조 정강을 마련해 국가 체제의 개혁을 모색하였다.

① 문벌 폐지 ② 양력 사용
③ 방곡령 선포 ④ 대통령 직선제 개헌

19 ㉠에 들어갈 내용으로 옳은 것은?

질문 갑신정변에 대해 알려 주세요.
답변 1 1884년에 일어났습니다.
답변 2 문벌 폐지를 주장하였습니다.
답변 3 ㉠

① 독립군 부대를 양성하였습니다.
② 만민 공동회를 개최하였습니다.
③ 근대 국가 수립을 시도하였습니다.
④ 위정척사 사상에 바탕을 두었습니다.

20 다음에서 ㉠에 해당하는 지역은?

갑신정변 이후 청의 내정 간섭이 심해지자 고종은 러시아와의 교섭을 시도하였다. 조선에 대한 러시아의 세력 확장에 불안을 느낀 영국은 1885년 ㉠ 를 불법으로 점령하였다.

① 간도 ② 강화도
③ 거문도 ④ 제주도

21 ㉠에 들어갈 내용으로 옳은 것은?

조선 쌀이 일본으로 대량 유출되자 국내에서는 식량이 부족해지고 쌀값이 폭등하였다. 이에 일부 지방관들은 ㉠ 을 선포하여 쌀의 유출을 금지하였다.

① 단발령 ② 방곡령
③ 회사령 ④ 토지 조사령

22 다음 인물이 주도한 사건은?

역사 인물 카드

- 이름 : 전봉준
- 주요 활동
  - 고부 군수 조병갑의 폭정에 항거
  - 전주성 점령
  - 공주 우금치 전투에서 패배

① 갑신정변 ② 을미사변
③ 정미의병 ④ 동학 농민 운동

23 다음에서 ㉠에 해당하는 것은?

> **〈동학 농민 운동의 전개 과정〉**
> 조병갑의 폭정 → 고부 농민 봉기 → 1차 봉기 → 전주 점령 → [㉠] 체결 → 2차 봉기 → 우금치 전투에서 동학 농민군 패배

① 간도 협약
② 전주 화약
③ 정미 7조약
④ 대한 제국 칙령 제41호

24 ㉠에 해당하는 기구 이름은?

> 1894년 전주성을 함락한 동학 농민군은 외국 군대의 파병 소식을 접한 뒤 정부군과 전주 화약을 체결하고 해산하였다. 이후 전라도 각지에 자치 기구인 [㉠]을/를 설치하여 지역의 치안을 유지하고 개혁을 추진해 나갔다.

① 별기군　② 집강소
③ 총독부　④ 통감부

25 ㉠에 해당하는 사건은?

> **〈 [㉠]의 역사적 의의 〉**
> 양반 중심의 신분 질서를 개혁하려는 반봉건적 성격과 일본을 비롯한 외세의 침략을 물리치려는 반침략적 성격을 띠고 있다.

① 무신 정변　② 나·당 전쟁
③ 동학 농민 운동　④ 민립 대학 설립 운동

26 다음 대화 내용의 배경이 된 사건은?

① 갑오개혁　② 아관 파천
③ 임오군란　④ 강화도 조약

27 (가)에 들어갈 내용으로 옳은 것은?

> **학습 주제 : 제1·2차 갑오개혁의 성과**
> • 최초의 근대적 개혁
> • 신분제 폐지
> • [(가)]

① 농지 개혁　② 양력 사용
③ 호포제 실시　④ 교육입국 조서 반포

28 (가)와 (나)에 들어갈 말을 바르게 짝지은 것은?

> 명성 황후가 러시아와 연결하여 일본을 견제하려 하자 일본은 명성 황후를 시해한 [(가)]을 일으켰다. 이후 개화파 정부는 [(나)]을 포함한 을미개혁을 추진하였는데, 이에 항거하여 전국의 유생들이 대대적으로 의병을 일으켰다.

	(가)	(나)
①	광무개혁	단발령
②	을미사변	아관 파천
③	갑오개혁	아관 파천
④	을미사변	단발령

29 다음에서 설명하는 기관은?

> • 제1차 갑오개혁을 위해 설치되었다.
> • 입법권을 가진 초정부적 개혁 기구이다.

① 비변사 ② 집사부
③ 군국기무처 ④ 통리기무아문

30 두 사람의 대화 내용에 해당하는 사건은?

① 아관 파천 ② 임오군란
③ 고종의 퇴위 ④ 105인 사건

31 밑줄 친 '이 단체'에 해당하는 것은?

> <u>이 단체</u>는 근대적 개혁 사상을 지닌 인사들과 서재필이 결성한 단체이다. 우리나라 최초의 민중 대회인 만민 공동회를 개최하여 국민을 계몽하고, 자주 독립과 자유 민권 사상을 전파하는 데 이바지하였다.

① 보안회 ② 독립 협회
③ 대한 자강회 ④ 헌정 연구회

32 독립 협회의 활동을 〈보기〉에서 고른 것은?

> 보기
> ㄱ. 독립문 건립
> ㄴ. 대성 학교 설립
> ㄷ. 만민 공동회 개최
> ㄹ. 국채 보상 운동

① ㄱ, ㄴ ② ㄱ, ㄷ
③ ㄴ, ㄷ ④ ㄷ, ㄹ

33 다음 설명에 해당하는 사건은?

> • 독립 협회가 주최한 근대적 민중 대회이다.
> • 러시아의 내정 간섭과 이권 요구를 규탄하였다.

① 광무개혁 ② 영남 만인소
③ 만민 공동회 ④ 원산 총파업

34 다음에서 설명하는 '이곳'은 어디인가?

> • 고종은 러시아 공사관에서 나와 이곳에서 머물렀다.
> • 이곳에는 석조전이라는 근대식 건축물이 있다.

① 경복궁 ② 덕수궁
③ 청해진 ④ 육영 공원

35 ㉠, ㉡에 들어갈 말로 바르게 연결된 것은?

> • 대한 제국은 '구본신참'을 기본 방향으로 하는 [㉠]개혁을 추진하였다.
> • 대한 제국은 토지 소유권을 인정하는 [㉡]을/를 발급하였다.

	㉠	㉡		㉠	㉡
①	갑오	지계	②	갑오	당백전
③	광무	지계	④	광무	당백전

36 (가)에 들어갈 내용으로 가장 적절한 것은?

① 군대를 해산했기 때문입니다.
② 단발령을 강요했기 때문입니다.
③ 아관 파천이 일어났기 때문입니다.
④ 을사늑약이 체결되었기 때문입니다.

37 (가)에 해당하는 의병 운동의 배경이 된 사건은?

■ 항일 의병 운동의 전개 ■

1895년	→	1905년	→	1907년
을미의병		(가)		정미의병

① 만주 사변　② 을사조약
③ 청산리 전투　④ 고종 강제 퇴위

38 다음 세력과 관련 있는 사건은?

• 조직 시기 : 1907년
• 특징
– 해산된 군인의 합류로 전투력 강화
– 13도 창의군 조직

① 3·1 운동　② 봉오동 전투
③ 서울 진공 작전　④ 헤이그 특사 파견

39 (가)에 들어갈 내용으로 가장 적절한 것은?

역사 인물 카드

• 이름 : 안중근
• 생몰 : 1879년~1910년
• 주요 활동
– [(가)]
– 동양 평화론 주장

① 일왕 폭살 시도　② 한국 광복군 창설
③ 조선어 학회 결성　④ 이토 히로부미 처단

40 (가)에 들어갈 사건은?

> 대한 제국은 1900년에 칙령 제41호를 반포하여 울도(울릉도) 군수를 통해 독도를 관할하게 하였다. 그러나 일제는 [(가)] 중에 독도를 불법으로 자국 영토에 편입시켰다.

① 만주 사변　② 러·일 전쟁
③ 청·일 전쟁　④ 태평양 전쟁

41 다음 질문에 대한 답으로 옳은 것은?

역사 퀴즈

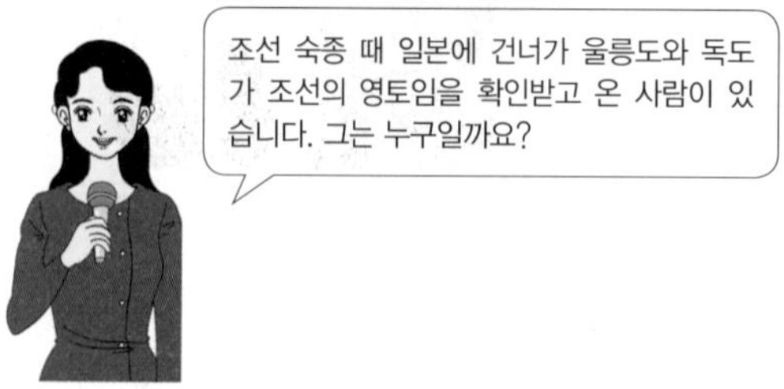

① 나철　② 신돌석
③ 안용복　④ 최익현

42 ㉠에 해당하는 지역은?

> ［　㉠　］는 고구려, 발해 등의 영토였다. 조선과 청은 모호한 영토 경계를 확정하기 위하여 백두산정계비를 세웠다. 1909년 일본은 ［　㉠　］를 청의 영토로 인정한다는 협약을 맺었다.

① 간도　② 독도
③ 거문도　④ 위화도

43 독도와 관련된 내용을 〈보기〉에서 고른 것은?

> 보기
> ㄱ. 북한산비
> ㄴ. 백두산정계비
> ㄷ. 지증왕의 정복 활동
> ㄹ. 대한 제국 칙령 제41호

① ㄱ, ㄴ　② ㄱ, ㄹ
③ ㄴ, ㄷ　④ ㄷ, ㄹ

44 밑줄 친 '이 조약'에 해당하는 것은?

> 일본이 대한 제국의 외교권을 빼앗은 이 조약은 체결 절차의 강제성 때문에 늑약이라 부르기도 한다.

① 을사조약　② 한성 조약
③ 정미 7조약　④ 강화도 조약

45 ㉠에 들어갈 내용으로 옳은 것은?

> **학습 주제 : 을사조약(을사늑약)의 결과**
> • 통감부 설치
> • ［　㉠　］
> • 초대 통감으로 이토 히로부미 부임

① 척화비 건립
② 조선 통신사 파견
③ 관민 공동회 개최
④ 대한 제국의 외교권 박탈

46 다음 사건이 일어난 시기를 연표에서 옳게 고른 것은?

> 고종은 일제의 침략성을 알리고 국제 사회의 지원을 받고자 네덜란드 헤이그에서 열리는 제2차 만국 평화 회의에 이상설, 이준, 이위종을 특사로 파견하였다.

대한 제국 수립	(가)	한·일 의정서 체결	(나)	을사늑약 체결	(다)	고종 퇴위	(라)	한국 병합 조약 체결

① (가)　② (나)
③ (다)　④ (라)

47 (가)에 들어갈 내용으로 가장 적절한 것은?

> **수행 평가 계획서**
>
> 주제 : (가)
> - 1모둠 : 가쓰라·태프트 밀약의 내용
> - 2모둠 : 제2차 영·일 동맹의 내용
> - 3모둠 : 포츠머스 조약의 내용

① 한국의 독립 인정
② 자유 무역 협정(FTA) 체결
③ 대한민국 임시 정부의 외교 활동
④ 한반도에 대한 일본의 지배권 인정

48 다음 내용의 주제로 가장 알맞은 것은?

> - 주도 세력 : 개화 지식인과 개혁적 성향의 유학자
> - 목표 : 교육과 산업의 진흥 추구
> - 대표적인 단체 : 보안회, 대한 자강회, 신민회

① 형평 운동 ② 새마을 운동
③ 위정척사 운동 ④ 애국 계몽 운동

49 다음 설명에 해당하는 조직은?

> - 1904년에 조직됨.
> - 일제의 황무지 개간 요구를 철회시킴.

① 보안회 ② 신민회
③ 의열단 ④ 독립 협회

50 다음 자료에 해당하는 인물은?

> ▶ 이달의 역사 인물 ◀
>
> 
>
> - 생몰 연도 : 1871년~1938년
> - 활동
>   - 1904년 베델과 함께 대한매일신보 창간
>   - 1907년 안창호 등과 신민회 조직

① 안중근 ② 양기탁
③ 이완용 ④ 최익현

51 신민회에 대한 설명으로 옳은 것을 〈보기〉에서 고른 것은?

> 보기
>
> ㄱ. 형평 운동 실시
> ㄴ. 105인 사건으로 해산
> ㄷ. 대성 학교, 오산 학교 설립
> ㄹ. 화폐 정리 사업 추진

① ㄱ, ㄴ ② ㄱ, ㄹ
③ ㄴ, ㄷ ④ ㄷ, ㄹ

52 신민회의 활동으로 옳은 것을 〈보기〉에서 고른 것은?

> 보기
>
> ㄱ. 만민 공동회 개최
> ㄴ. 연통제 실시
> ㄷ. 대성 학교 설립
> ㄹ. 독립군 기지 건설

① ㄱ, ㄴ ② ㄱ, ㄷ
③ ㄴ, ㄹ ④ ㄷ, ㄹ

53 다음 자료와 관련 있는 경제적 구국 운동은?

> 나라 빚 1,300만 원은 우리 대한의 존망에 관계된 것이다. 갚아 버리면 나라가 존재하고 갚지 못하면 나라가 망하게 된다. …… 2천만 인이 3개월을 한정하여 금연하고 그 대금으로 1인마다 20전씩 징수하면 1,300만 원이 될 수 있다.
>
> -대한매일신보, 1907년-

① 방곡령
② 물산 장려 운동
③ 국채 보상 운동
④ 황무지 개간 반대 운동

54 두 사람의 대화 내용에 해당하는 민족 운동은?

① 새마을 운동
② 브나로드 운동
③ 국채 보상 운동
④ 신탁 통치 반대 운동

55 교사의 질문에 대한 학생의 답변으로 적절한 것은?

① 공출
② 토지 조사 사업
③ 화폐 정리 사업
④ 동양 척식 주식회사 설립

56 밑줄 친 '서양식 병원'에 해당하는 것은?

① 광혜원 ② 박문국
③ 전환국 ④ 육영 공원

57 (가), (나)에 해당하는 것을 바르게 연결한 것은?

(가) 영국인 베델이 사장인 덕분에 강력한 항일 언론 활동을 펼칠 수 있었다.
(나) 장지연의 '시일야방성대곡'을 실어 을사조약의 부당성을 알렸다.

	(가)	(나)
①	황성신문	독립신문
②	대한매일신보	독립신문
③	독립신문	황성신문
④	대한매일신보	황성신문

58 다음 설명에 해당하는 신문은?

- 우리나라 최초의 신문이다.
- 정부의 개화 정책을 알리고 국내외 정세를 소개하였다.

① 독립신문 ② 제국신문
③ 한성순보 ④ 조선일보

59 (가), (나)의 내용이 바르게 연결된 것은?

(가) 1883년 덕원 지방민들이 세운 우리나라 최초의 근대식 사립 학교
(나) 1886년 세운 우리나라 최초의 공립 학교

	(가)	(나)
①	원산 학사	동문학
②	육영 공원	원산 학사
③	동문학	배재 학당
④	원산 학사	육영 공원

60 다음 학교들의 공통점은?

- 배재 학당
- 이화 학당
- 경신 학교

① 여학교 ② 유학 교육
③ 선교사가 설립 ④ 신민회가 설립

61 다음 설명에 해당하는 인물은?

- 개화기 때 국문 연구소에 활동하였다.
- 우리말 문법 정리를 위해 노력하였다.

① 세종 ② 신채호
③ 정약용 ④ 주시경

62 다음 설명에 해당하는 종교는?

항일 구국 운동에 앞장섰으며 1909년에 나철, 오기호 등에 의해 창시된 단군 신앙을 기반으로 하는 민족 종교이다.

① 대종교 ② 원불교
③ 천주교 ④ 천도교

EBS 교육방송교재

고졸 검정고시 **한국사**

PART

III

일제 식민지 지배와 민족 운동의 전개

이 단원에서는 일제의 식민지 지배 정책과 경제 구조의 변화를 살펴본 후 3·1 운동의 배경과 전개 과정, 대한민국 임시 정부 수립의 의미를 파악한다. 3·1 운동 이후 나타난 국내외 민족 운동의 흐름을 알아본다.
일제 강점기에 나타난 사회 변화와 다양한 사회 운동을 근대 사상의 확산과 관련지어 살펴본다.
일제의 침략 전쟁 이후 식민지 지배 방식의 변화와 전시 동원 체제로 달라진 민중의 삶을 파악한다.
일제의 침략 전쟁에 맞선 민족 운동과 이 과정에서 나온 신국가 건설에 대한 구상도 알아본다.

01 일제의 식민지 지배 정책

• 일제의 식민지 지배 정책에 대해 살펴본다.

1 제1차 세계 대전과 전후의 세계

1. 제1차 세계 대전(1914~1918)

배경	제국주의 열강의 식민지 쟁탈전 심화
발발	사라예보 사건으로 오스트리아·헝가리 제국의 황태자 부부가 피살됨 ➔ 오스트리아·헝가리 제국이 세르비아에 선전 포고
경과	동맹국(독일, 오스트리아 제국 등)과 연합국(영국, 프랑스, 러시아 등)의 격돌 ➔ 참호전의 전개로 교착 상태 지속 ➔ 미국이 연합국에 참전 ➔ 독일 혁명으로 독일 항복, 연합국의 승리
베르사유 체제	전후 문제 처리를 위해 파리 강화 회의 개최(윌슨의 14개조 평화 원칙에 기초하여 진행) ➔ 베르사유 조약 체결, 국제 연맹 창설

2. 러시아 혁명과 사회주의의 확산

(1) 러시아 혁명 : 제1차 세계 대전에 연합국으로 참전, 전쟁의 장기화로 러시아의 부담 심화 ➔ 노동자와 병사들이 소비에트 결성 ➔ 제정 붕괴, 임시 정부 수립(3월 혁명, 1917) ➔ 임시 정부의 전쟁 지속 ➔ 레닌이 볼셰비키를 중심으로 무장봉기, 소비에트 정부 수립(11월 혁명, 1917) ➔ 사회주의 정책 시행, 소비에트 사회주의 공화국 연방(소련) 수립(1922)

▲ 레닌(1870~1924)

(2) 사회주의의 확산 : 레닌이 각국의 노동 운동과 식민지 해방 운동을 지원하겠다고 선포 ➔ 사회주의 사상 확산

베르사유 체제
베르사유 조약 체결에 따라 형성된 새로운 국제 질서를 가리킨다. 패전국인 독일은 모든 식민지를 상실하고 막대한 배상금을 부담하게 되었다.

▲ 파리 강화 회의(1919)

볼셰비키
다수파라는 뜻으로, 1903년에 제2회 러시아 사회 민주 노동당 대회에서 레닌을 지지한 급진파를 이르던 말이다. 1917년 10월 혁명을 지도하여 정권을 장악한 뒤 1918년에 당명을 러시아 공산당으로 바꾸었다.

2 1910년대의 일제 통치

1. 무단 통치

(1) 조선 총독부 : 식민 통치의 최고 기구, 육·해군 대장 출신 중에서 총독 임명(입법·사법·행정·군사에 관한 모든 권한 행사)

(2) 헌병 경찰 제도
 ① 헌병이 경찰을 지휘하며 한국인을 통제함
 ② 범죄 즉결례, 경찰범 처벌 규칙, 태형령 제정 : 정식 재판 없이도 한국인에게 벌금, 태형을 행사할 수 있게 됨

(3) 제1차 조선 교육령
 ① 식민 통치에 순응하는 한국인 육성에 초점을 둠
 ② 일본인에 비해 한국인의 교육 기간이 짧음 : 보통학교 4년, 고등보통학교 4년

(4) 언론·출판·집회·결사의 자유 박탈
 ① 신문지법으로 각종 신문을 폐간시킴
 ② 보안법으로 각종 정치 단체를 해산시킴

(5) 총독부 관리와 교사가 제복을 입고 칼 착용

C/l/i/c/k 조선 태형령(1912)

▲태형 기구

- 태형은 감옥 또는 즉결 관서에서 비밀리에 행한다.
- 조선인에 한하여 5대 이상의 태형에 처할 수 있다.
- 수형자를 형판 위에 엎드리게 하고 손과 발을 묶은 후 볼기를 노출시켜 태로 친다.

2. 경제 수탈

(1) 토지 조사 사업

전개	• 신고주의 방식으로 진행 → 미신고 토지와 소유권이 불분명한 공유지를 국유화함 → 조선 총독부는 이를 동양 척식 주식회사와 일본인에게 싼값에 넘김. • 지주의 토지 소유권만 인정 • 농민의 관습적인 경작권 부정으로 소작농 지위 약화
결과	조선 총독부의 지세 수입 증가

(2) 회사령

내용	회사 설립 시 총독의 허가 필요
결과	일본 기업의 한국 진출 지원, 한국인의 기업 활동 제한

(3) 자원 침탈 : 삼림령, 어업령, 조선 광업령 제정

범죄 즉결례
한국인에게 태형, 벌금, 구류 등을 행사할 수 있는 즉결 처분권으로 경찰서장과 헌병 분대장에게 부여되었다.

▲제복을 입고 칼을 찬 교사들

▲토지 조사 사업

회사령
- 회사의 설립은 조선 총독의 허가를 받아야 한다.
- 회사가 본령이나 본령에 의거하여 발하는 명령과 허가 조건에 위반하거나 또는 공공질서와 선량한 풍속에 반하는 행위를 할 때, 조선 총독은 회사의 해산을 명할 수 있다.
- 일제는 이와 같은 허가제 회사령을 통해 민족 자본의 성장을 억압하였다.

3 1920년대의 일제 통치

치안 유지법
일제는 1920년대 들어 사회주의 운동이 점차 고조되자 이에 대응하기 위해 치안 유지법을 제정, 공포하였다. 이 법으로 말미암아 사회주의자는 물론 민족주의 계열의 독립운동가까지도 탄압받았다.

1. 민족 분열 통치

일제는 3 · 1 운동을 계기로 무단 통치의 한계를 인식하고 문화 통치 표방

(1) 조선 총독 : 문관 총독 임명 표방 ➔ 문관 총독은 한 명도 임명되지 않음

(2) 경찰 제도 : 보통 경찰제 실시 ➔ 경찰 관서 · 인원 · 비용 증가, 치안 유지법 제정(1925)

(3) 언론 정책 : 조선일보 · 동아일보 창간 허용 ➔ 사전 검열 강화

(4) 교육 정책 : 제2차 조선 교육령 제정 ➔ 보통학교의 교육 연한을 6년으로 늘림, '3면 1교' 정책을 내세워 보통학교 증설 ➔ 학교 수 여전히 부족

(5) 정치적 권리 : 한국인에게도 지방 행정 참여의 기회를 주겠다고 선전 ➔ 도 평의회와 면 협의회는 자문 기능만 있었음, 일정 금액의 세금을 내는 사람만 선거 참여 허용

(6) 친일파 양성 : 민족 분열 통치로 독립운동 세력을 분열시키려 함

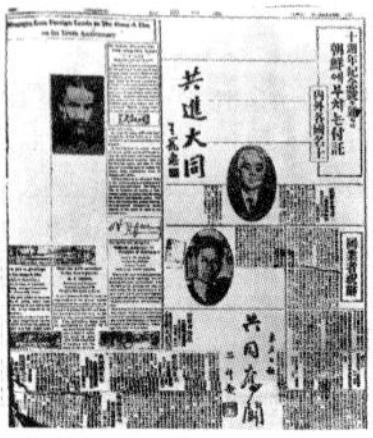
▲ 신문 검열

2. 경제 수탈의 확대

(1) 산미 증식 계획

배경	일본의 쌀 부족 현상 ➔ 부족한 쌀을 한국에서 확보하고자 함
내용	일본 벼 품종 보급, 수리 시설 확충, 화학 비료 사용 등
결과	• 국내의 식량 사정 악화 : 계획만큼 쌀 생산이 늘지 않았으나 반출은 예정대로 진행 • 농민 몰락 가속화 : 수리 조합비 등을 농민에게 부담시킴 ➔ 화전민 · 해외 이주민 증가

▲ 일본으로의 곡물 유출(군산항)

(2) 일본 자본의 침투

① 회사령 철폐 : 회사 설립을 신고제로 변경 ➔ 1920년대 후반 일본 대기업이 한국에 본격적으로 진출

② 일부 일본 상품에 대한 관세 철폐 : 값싼 일본 상품 유입 증가 ➔ 한국인 기업 타격

02 3·1 운동과 대한민국 임시 정부

• 3·1 운동의 역사적 의미와 대한민국 임시 정부의 활동을 살펴본다.

1 1910년대 국내외 독립운동

1. 국내 비밀 결사 운동

(1) 배경 : 1910년대 일제의 무단 통치와 가혹한 탄압

(2) 국내 비밀 결사 단체

독립 의군부	• 임병찬이 고종의 비밀 지령을 받아 조직 • 고종을 황제로 복위시켜야 한다는 복벽주의 추구 • 일본 정부의 총리대신과 조선 총독에게 국권 반환 요구서 제출 계획 ➔ 조직 발각으로 실패
대한 광복회	• 박상진을 총사령으로 하여 조직 • 공화제 정부 수립 시도, 독립군 양성, 의연금 모금

➲복벽주의
나라를 되찾아 황제를 다시 세우겠다는 주장으로 고종의 복위를 통한 조선 왕조의 회복을 추구하는 독립운동 이념이다.

➲공화정
국가의 주권이 국민에게 있는 정치 형태로, 국민에 의해 선출된 대표가 국가를 통치한다.

2. 국외 독립운동 기지 건설

(1) 지역별

남만주 (서간도)	• 신민회의 이회영, 이상룡 주도 • 경학사 조직, 신흥 강습소(이후 신흥 무관 학교로 개편) 설립
동만주 (북간도)	• 김약연·이상설 등이 간민회 조직, 명동 학교 설립 • 대종교의 중광단 설립
연해주	• 블라디보스토크에 신한촌 건설 • 권업회 조직 ➔ 대한 광복군 정부(최초의 임시 정부) 수립 • 1937년 스탈린의 강제 이주 정책으로 중앙아시아로 이동
미주	• 대한인 국민회 조직 • 대조선 국민 군단 조직 : 박용만이 하와이에서 조직, 노동과 군사 훈련 병행하며 인재 양성

(2) 주요 선언

① 대동단결 선언 : 중국 상하이에서 발표, 국민 주권을 공론화, 임시 정부의 필요성을 최초로 제기

② 대한 독립 선언서 : 만주에서 발표, 무장 독립 전쟁을 촉구

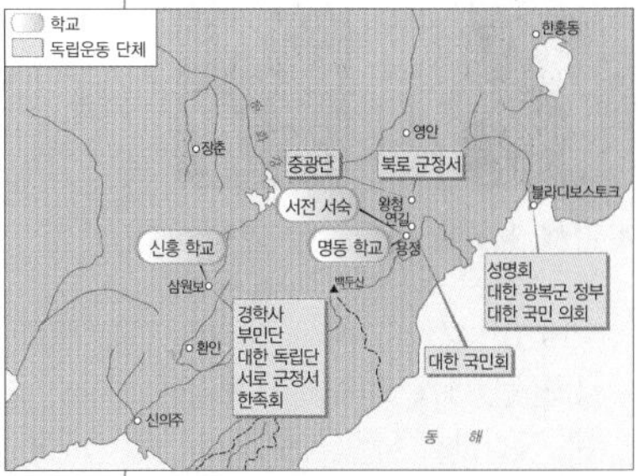

▲ 1910년대 국외 독립운동 기지

▲ **이회영** 이회영의 6형제는 국내의 재산을 처분하여 최소 600억 원 이상의 자금을 마련하였다. 이들은 이 돈으로 삼원보에 한국인 거주지를 건설하고 신흥 강습소를 운영하였다.

2 3·1 운동(1919)

1. 3·1 운동의 배경

국외	• 미국 대통령 윌슨이 파리 강화 회의에서 민족 자결주의 주장 • 상하이의 신한청년당이 파리 강화 회의에 김규식 파견 : 한국의 독립을 청원 • 일본의 조선 청년 독립단이 2·8 독립 선언 발표
국내	민족 대표 33인 구성 ➔ 고종의 장례식을 기회로 만세 시위 계획, 기미 독립 선언서 작성 및 배포(1919)

❯민족 자결주의
자기 민족의 정치적 운명은 민족 스스로 결정할 권리가 있다는 주장이다. 3·1 운동을 비롯한 약소 민족의 독립운동에 영향을 주었으나, 실제로는 독일 등 제1차 세계 대전의 패전국 식민지에만 적용되었다.

2. 3·1 운동의 전개

(1) 도시에서 시작

① 1919년 3월 1일, 민족 대표들이 태화관에서 독립 선언서 낭독 ➔ 일제 경찰에 연행

② 같은 시각 학생과 시민이 탑골 공원에서 독립 선언식 진행, 만세 시위 전개 ➔ 전국 주요 도시에서 만세 시위 전개

▲ 태화관에서의 독립 선언식

(2) 농촌으로 확산 : 유관순을 비롯한 학생들이 고향으로 내려가 만세 시위 주도 ➔ 헌병 경찰과 일본군의 폭력 진압(제암리 학살 사건) ➔ 일부 지역에서 식민 통치 기관 파괴 등 폭력 투쟁 전개 ➔ 만주, 연해주, 미국 필라델피아 등으로 확산

▲ 3·1 운동

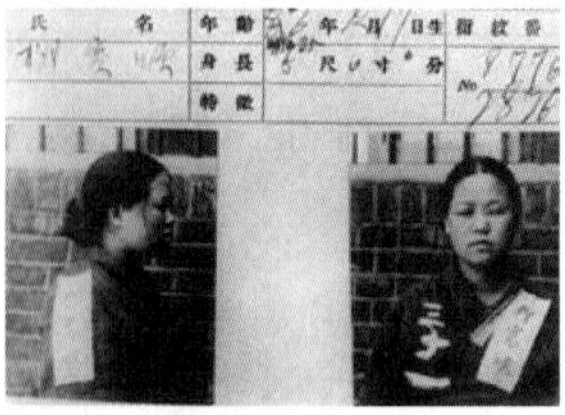

▲ **만세 시위를 주도하다 형무소에 수감된 유관순 열사(1902~1920)** 천안 아우내 장터에서 민중들에게 태극기를 나누어 주는 등 만세 시위를 주도하다가 체포되어 옥사하였다.

❯제암리 학살 사건
일제는 만세 시위를 일으킨 제암리를 찾아가 15세 이상 남자들을 무차별 학살하였다.

3. 3·1 운동의 의의와 영향

(1) 한국인의 독립 의지 천명

(2) 일제의 통치 방식 변화 : 무단 통치 포기, 문화 통치 도입

(3) 대한민국 임시 정부 수립 : 독립운동의 조직적 전개에 대한 공감대가 형성되어 독립운동 세력이 상하이에서 뭉침

(4) 1920년대 노동 운동과 농민 운동의 밑거름이 됨

(5) 중국의 5·4 운동과 인도의 비폭력·불복종 운동에 영향을 줌

3 대한민국 임시 정부(1919~1945)

1. 대한민국 임시 정부의 수립

(1) 임시 정부의 수립과 통합 : 3·1 운동 이후 여러 지역에 임시 정부가 수립

한성 정부	국내에서 수립	➔ 상하이에서 대한민국 임시 정부로 통합(1919.9)
대한민국 임시 정부	상하이에서 임시 의정원 구성	
대한 국민 의회	연해주에서 수립	

(2) 대한민국 임시 정부

① 대한민국 임시 헌법 공포 : 우리 역사상 최초의 민주 공화제 정부, 삼권 분립

② 임시 대통령 이승만, 국무총리 이동휘 선출

2. 대한민국 임시 정부의 활동

국내와 연락	• 연통제(비밀 행정 조직) 조직 ➔ 독립운동 자금과 국내 정보를 수집 • 교통국(통신 기관) 설치 ➔ 국내 인사와의 연락과 이동, 독립운동 자금 모집 등을 담당
문화 활동	• 독립신문 발간 • 한·일 관계 사료집 발행
외교 활동	• 파리 강화 회의에 파견된 김규식을 전권 대사로 임명하여 독립 청원서 제출 • 미국에 구미 위원부를 설치하고 외교 활동 전개
군사 조직	육군 주만 참의부 편성
자금 모금	독립 공채 발행

3. 국민 대표 회의와 임시 정부의 개편

(1) 배경 : 일제의 탄압으로 연통제와 교통국 붕괴, 외교 활동에서 뚜렷한 성과를 거두지 못함, 독립운동의 노선 갈등

(2) 국민 대표 회의(1923) : 임시 정부의 활동 방향과 조직 개편 문제를 두고 격론 ➔ 창조파(임시 정부를 대신할 새로운 정부를 세우자)와 개조파(임시 정부의 잘못된 점만을 고치자)의 대립 ➔ 회의 결렬

(3) 임시 정부의 조직 재정비

① 개헌 : 이승만 탄핵 후 박은식을 제2대 임시 대통령에 선출 ➔ 국무령 중심 지도 체제로 개편 ➔ 국무위원 중심의 집단 지도 체제로 개편

② 김구의 한인 애국단 조직(1931) : 독립운동의 새로운 활로 모색

임시 의정원
대한민국 임시 정부의 입법 기관이다.

▲ 대한민국 임시 정부(초기)

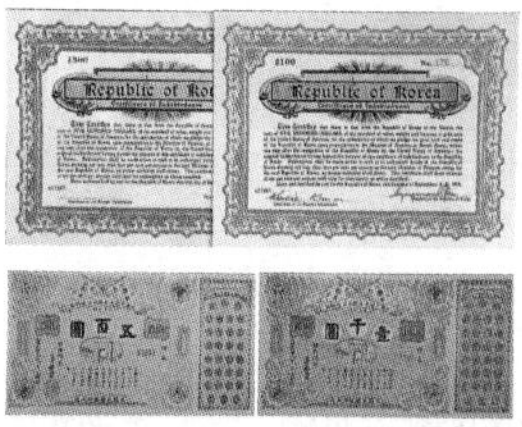

▲ 독립(애국) 공채 임시 정부가 독립운동 자금을 모으기 위해 발행하였으며, 광복 후에 원금과 이자 지급을 약속하였다.

국민 대표 회의
중국 상하이에서 열린 이 회의에서 안창호 등의 개조파와 신채호 등 창조파의 주장이 엇갈렸으며, 이동녕·김구 등은 임시 정부의 현상 유지를 주장하였다. 이처럼 약 6개월간 대립된 주장만 펼치다 끝내 아무런 결론 없이 폐회되고 말았다.

03 다양한 민족 운동의 전개

• 일제에 대항한 국내외 민족 운동의 성장 과정을 알아본다.

1 무장 투쟁과 의열 투쟁

1. 만주에서의 무장 투쟁

(1) 봉오동 전투(1920.6)

배경	3·1 운동 이후 만주의 독립군 부대가 국내에 빈번하게 들어와 일본군을 습격
경과	일본군의 독립군 공격 ➔ 홍범도의 대한 독립군을 비롯한 여러 부대가 연합하여 봉오동에서 일본군을 격퇴

훈춘 사건
일제가 만주의 마적을 매수하여 훈춘의 일본 민가와 영사관을 공격하게 하였다. 일제는 이 사건을 핑계로 대규모 군대를 만주에 파견할 수 있었다.

(2) 청산리 대첩(1920.10)

배경	일본군이 훈춘 사건을 일으켜 만주에 대규모 군대를 파견
경과	김좌진의 북로 군정서군과 홍범도의 대한 독립군 등이 연합하여 백두산 인근으로 이동 ➔ 청산리에서 일본군과 격돌 ➔ 일본군을 상대로 대승을 거둠
의의	독립군 최대의 승리

▲ **청산리 대첩 후의 북로 군정서** 대원들 맨 앞에 앉은 이가 김좌진이다.

(3) 독립군의 시련

간도 참변 (1920~1921)	일본군이 독립군의 근거지를 없앤다는 명분으로 간도의 한인 촌락을 습격하여 한인 학살
자유시 참변 (1921)	만주의 독립군 부대가 대한 독립 군단 결성 ➔ 러시아 혁명 세력의 지원을 기대하고 자유시(스보보드니)로 이동 ➔ 지휘권을 놓고 다툼, 러시아 혁명군의 개입 ➔ 많은 사상자 발생, 이후 일부 독립군은 만주로 귀환

▲ 3부

(4) 3부의 성립(1920년대 중반)

① 자유시에서 돌아와 진용 정비 ➔ 3부(참의부, 정의부, 신민부) 성립

② 군정 조직과 민정 기관의 역할 담당 : 독립군으로 활동하면서 동시에 동포 사회를 이끎

(5) 3부 통합 운동(1920년대 후반)

① 배경 : 일제가 만주 군벌과 미쓰야 협정(1925)을 체결하여 만주 독립군의 활동을 방해함

② 남만주에서 국민부 결성 ➔ 조선 혁명당과 조선 혁명군 조직
③ 북만주에서 혁신 의회 결성 ➔ 한국 독립당과 한국 독립군 조직

2. 의열 투쟁

(1) 의열단

조직	• 만주 지린에서 김원봉이 조직(1919) ➔ 일제의 식민 통치 기관 파괴, 침략 원흉을 응징하는 의열 투쟁 전개 • 기본 정신 : 신채호의 「조선 혁명 선언」(1923) ➔ 폭력 투쟁을 통한 민중의 직접 혁명 추구
활동	• 김익상 : 조선 총독부에 폭탄 투척(1921) • 김상옥 : 종로 경찰서에 폭탄 투척(1923) • 나석주 : 동양 척식 주식회사에 폭탄 투척(1926)
변화	1920년대 중반 이후 의열 투쟁의 한계 인식, 체계적인 혁명 훈련과 간부 조직 착수 ➔ 단원들이 황푸 군관 학교에서 군사 훈련을 받음 ➔ 김원봉이 조선 혁명 간부 학교 설립(1932)

C/l/i/c/k 조선 혁명 선언(1923)

"강도(强盜) 일본을 쫓아내려면 오직 혁명으로만 가능하며, 혁명이 아니고는 강도 일본을 쫓아낼 방법이 없는 바이다. …… 민중은 우리 혁명의 대본영(大本營)이다. 폭력은 우리 혁명의 유일한 무기이다. 우리는 민중 속에 가서 민중과 손을 잡아 끊임없는 폭력, 암살, 파괴, 폭동으로써 강도 일본의 통치를 타도하고 우리 생활에 불합리한 일체 제도를 개조하여 인류로써 인류를 압박하지 못하며 사회로써 사회를 약탈하지 못하는 이상적 조선을 건설할지니라."

(2) 한인 애국단

조직	국민 대표 회의가 별다른 성과 없이 끝난 이후 대한민국 임시 정부 침체 ➔ 이를 극복하기 위해 김구가 조직(1931)
활동	• 이봉창 : 도쿄에서 일왕에게 폭탄 투척(1932) • 윤봉길 : 일왕의 생일과 상하이 사변의 승리를 축하하는 기념식이 열리던 (상하이의) 훙커우 공원에 폭탄 투척(1932) ➔ 일본 고위 관료와 군사 지휘관 다수 살상 ➔ 중국 국민당 정부가 윤봉길의 의거를 높이 평가하여 대한민국 임시 정부의 활동을 지원하는 계기가 됨

미쓰야 협정
일본군이 만주에 들어가지 않는 대신에 독립군을 체포해서 넘겨줄 경우 현상금 지급을 약속하였다.

▲의열단 단장 약산 김원봉 (1898~1958)

▲한인 애국단원 이봉창 의사와 거사 전에 쓴 선서문

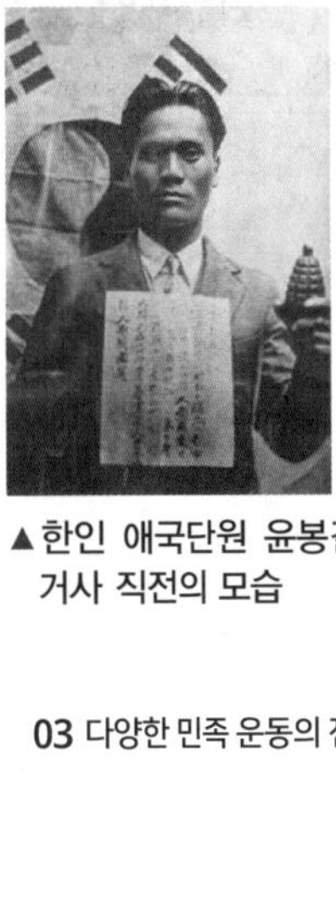
▲한인 애국단원 윤봉길 의사의 거사 직전의 모습

2 민족 운동의 분화와 실력 양성 운동

1. 사회주의 사상의 수용과 민족 운동의 분화

(1) 사회주의 사상의 확산 : 3·1 운동 이후 청년과 지식인들 사이에서 확산 ➔ 박헌영의 조선 공산당 결성(1925)

(2) 민족 운동의 분화

	목표		활동 방향
민족주의계 운동	독립 최우선	사회 진화론 영향	→ 실력 양성 운동 → 농촌 계몽 운동
사회주의계 운동	독립 추구 민중 해방 시도	대중적 사회 운동 전개	→ 소작 쟁의 → 노동 쟁의 → 청년 운동

2. 실력 양성 운동

(1) 민족주의계 주도 : '실력을 키워 독립을 준비하자!'고 주장 ➔ 교육과 산업 분야에서 전개

▲물산 장려 운동

(2) 물산 장려 운동

배경	회사령 폐지를 전후하여 일본 기업의 한국 진출 본격화, 한·일 사이의 관세 철폐 움직임 ➔ 규모가 영세했던 한국인 자본가들이 위기의식 고조
목적	'내 살림 내 것으로', '조선 사람 조선 것으로' 등의 구호를 내세우며 토산품 애용, 근검저축, 금주, 단연 등 주장
전개	조만식 등이 평양에서 조선 물산 장려회 조직 ➔ 서울에서 조선 물산 장려회 조직 ➔ 전국으로 확산 ➔ 물건값이 상승하자 일부 사회주의자들은 자본가와 상인의 이익만을 위한 운동이라고 비난

▲민립 대학 기성회 창립 총회

(3) 민립 대학 설립 운동

배경	제2차 조선 교육령 공포 ➔ 한국인 학생 수에 비해 학교 수 부족, 고등 보통학교는 거의 증설되지 않음
목적	한국인의 힘으로 대학을 세우자고 주장 ➔ 이상재, 이승훈 등이 주도
전개	조선 민립 대학 기성회 조직 ➔ 모금 운동 전개 ➔ 일제가 회유책으로 경성 제국 대학 설립, 가뭄과 홍수로 모금 저조 ➔ 중단

(4) 농촌 계몽 운동
① 조선일보의 문자 보급 운동 : ‘아는 것이 힘, 배워야 산다’ 구호
② 동아일보의 브나로드 운동 : 문맹 퇴치와 미신 타파를 위해 노력

(5) 자치 운동과 참정권 운동의 대두
① 배경 : 물산 장려 운동과 민립 대학 설립 운동의 성과 미흡
② 자치 운동 : 조선 총독부 아래에 자치 정부나 자치 의회를 설립 하자고 주장
③ 참정권 운동 : 일본 의회에 한국인 대표를 참여시키자는 주장
④ 대표적 인물 : 이광수, 최린 등
⑤ 한계 : 민족주의 세력의 분열 초래, 1930년대 이후 친일로 변질

3 학생 운동

1. 6·10 만세 운동(1926)

전개	순종의 사망을 계기로 사회주의 계열(조선 공산당), 민족주의 계열(천도교), 학생 단체가 거족적인 만세 시위 계획 ➔ 천도교 청년회 사전 발각, 조선 공산당 간부들 체포됨 ➔ 학생 조직은 예정대로 시위 준비 ➔ 순종의 장례일인 6월 10일 학생들이 시민들과 함께 만세 시위 전개
의의	• 학생들이 항일 민족 운동의 주체로서 적극적인 역할을 함 • 준비 과정에서 사회주의 계열과 민족주의 계열의 연대 경험을 바탕으로 한 민족 협동 전선 결성의 공감대 형성

2. 광주 학생 항일 운동(1929)

배경	1920년대 중반 이후 학생 운동의 조직화 ➔ 독서회를 비롯한 여러 비밀 결사 조직
전개	1929년 10월 나주역에서 일본인 남학생이 한국인 여학생을 희롱한 사건을 계기로 한·일 학생 간 충돌 ➔ 경찰과 교육 당국이 일본인 학생 두둔 ➔ 11월 3일, 광주 지역 학생들이 대규모 시위 전개 ➔ 시위가 전국으로 확산 ➔ 신간회가 광주에 조사단을 파견하여 진상 파악 노력, 조선 청년 총동맹이 전국 각지 학생들의 시위를 이끌어 냄
의의	3·1 운동 이후 일어난 최대 규모의 항일 민족 운동

▲ **브나로드 운동** 브나로드는 ‘민중 속으로’라는 뜻의 러시아 말로, 러시아 말기에 지식인들이 이상 사회를 건설하려면 민중을 깨우쳐야 한다는 취지로 만든 구호이다.

▲ **이광수(1892~1950)** 춘원 이광수는 「민족개조론」(1922)을 종합지 『개벽』에 발표하여, 우리 민족이 쇠락하게 된 원인을 일제의 식민지 지배가 아니라 우리 민족의 타락한 민족성으로 보았다.

▲ 6·10 만세 운동

4 민족 유일당 운동과 신간회

1. 민족 유일당 운동

(1) 배경 : 일제 타도를 위해 중국의 국민당과 공산당이 연합함(제1차 국공 합작)

(2) 우리 독립운동가의 노력

① 안창호가 민족 유일당 운동을 제창(1926)

② 만주에서 3부 통합 운동 전개(1920년대 중반)

③ 국내에서 정우회 선언 발표(1926) : 사회주의 단체인 정우회가 비타협적인 민족주의 계열과 제휴를 모색하겠다고 선언

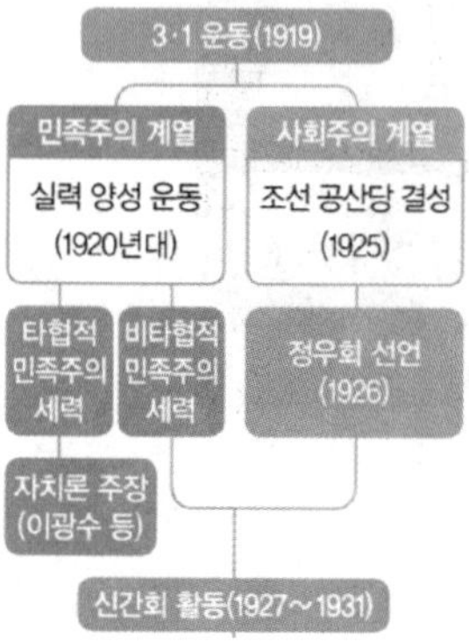

▲ 1920~1930년대 국내 민족 운동의 흐름

2. 신간회

(1) 창립(1927.2)

① 비타협적 민족주의 세력과 사회주의 세력의 결합 : 독립운동의 이념과 방법의 차이를 넘어 민족 협동 전선 결성

② 회장 이상재, 부회장 홍명희 선출

C/l/i/c/k 신간회 강령

1. 우리는 정치적 · 경제적으로 각성을 촉진한다.
2. 우리는 단결을 공고히 한다.
3. 우리는 기회주의를 일체 부인한다.

(2) 활동

① 전국 강연회 개최 ➔ 민중 계몽, 일제의 식민 통치 정책 비판

② 여러 사회 운동 지원 ➔ 원산 총파업 지원

③ 광주 학생 항일 운동이 일어나자 조사단 파견, 민중 대회 계획 ➔ 일본 경찰에 발각되어 간부들 체포 ➔ 새로운 집행부 구성

(3) 해소(1931) : 새 집행부의 타협적 합법 운동 주장, 코민테른의 노선 변화 ➔ 일부 사회주의자들이 신간회 해소 주장 ➔ 신간회 해소

원산 총파업(1929.1~4)
영국인 경영 석유 회사의 일본인 감독이 한국인 노동자를 구타한 사건이 원인이 되었고, 해외 노동 단체들의 격려와 지지를 받는 국제적 연대를 보여 주었다.

코민테른(Comintern)
세계 공산주의자들의 국제적 조직으로서 각국 공산당을 지부로 삼아 각국의 혁명 운동을 지도하고 지원하였다.

5 다양한 대중 운동의 전개

1. 농민 운동

(1) 배경 : 토지 조사 사업, 산미 증식 계획 실시 ➔ 소작농 증가, 높은 소작료와 세금 부담으로 농민층 몰락

(2) 1920년대 : 소작료 인하 등을 요구하며 소작 쟁의 전개

예 암태도 소작 쟁의

(3) 1930년대 : 사회주의자들과 연대하여 혁명적 농민 조합 조직 ➔ 항일 투쟁으로 발전

암태도 소작 쟁의
지주 문재철이 70% 이상의 소작료를 징수하자 이에 맞서 1년여에 걸쳐 투쟁하였다. 이로써 소작료를 40%로 낮출 수 있었다.

2. 노동 운동

(1) 배경 : 1920년 회사령 폐지를 전후하여 기업 설립 증가 ➔ 노동자 수 증가 ➔ 낮은 임금과 가혹한 노동 조건, 사회주의 사상의 확산으로 노동자의 의식 향상

(2) 1920년대

① 조선 노동 총동맹 결성, 노동 쟁의 전개

② **원산 총파업**(1929) : 석유 회사의 일본인 감독관이 한국인 노동자를 자주 구타 ➔ 노동자들이 열악한 노동 조건 개선과 감독 파면을 요구하며 파업을 일으킴 ➔ 원산 지역의 노동자 전체가 참여하여 총파업으로 발전 ➔ 외국의 노동자들이 지지를 보내옴 ➔ 4개월 지속

(3) 1930년대 : 사회주의자들의 혁명적 노동조합 운동과 연계 ➔ 항일 투쟁으로 발전

▲ 원산 총파업에 참여한 사람들

3. 각계각층의 사회 운동

청년 운동	• 전국 각지의 청년회 : 강연회, 토론회 등을 통해 계몽 운동 전개 • 조선 청년 총동맹 결성(1924) : 농민 운동과 노동 운동 지원
여성 운동	신여성 등장, 여성 해방과 여성의 지위 향상 요구 ➔ 신간회 결성을 계기로 여성 운동 통합 단체인 근우회 결성(1927)
소년 운동	방정환을 중심으로 천도교 소년회 조직 ➔ '어린이' 용어 사용, 5월 1일을 '어린이날'로 제정, 잡지 『어린이』 발간
형평 운동	조선 형평사 조직(1923, 진주) ➔ 백정에 대한 차별 철폐 운동 전개

▲ 조선 형평사 포스터

04 사회 변화와 민족 문화 수호를 위한 노력

• 일제 강점기 사회 · 문화의 변화와 다양한 사회 운동에 대해 살펴본다.

▲ 신문에 묘사된 모던 보이와 모던 걸

▲ 일제 강점기의 토막민

1 사회 모습의 변화

1. 근대 의식의 확산과 의식주 생활의 변화

(1) 근대 문물의 유입 : 시계 보급, 철도 등 교통의 발달, 학교·공장·관공서 등이 정해진 시간표에 따라 운영 ➜ 근대적 시간관념 확립

(2) 교통의 발달 : 서울을 중심으로 X자형 간선 철도망 완성(군사 침략, 경제 수탈 목적) ➜ 한국인의 공간 의식 확대

(3) 의식주 생활의 변화

의생활	양복과 양장 보급, '모던 걸'과 '모던 보이' 등장
식생활	일본인과 중국인이 만든 음식의 토착화(우동, 어묵, 짜장면, 호떡 등), 서양 음식 유입(빵, 아이스크림, 과자 등)
주생활	개량 한옥, '문화 주택' 등장

2. 도시와 농촌의 변화

(1) 도시의 발달 : 개항장, 철도역 중심 지역, 공업 중심 지역에 도시 발달 ➜ 신작로 건설, 새로운 시가지 형성, 한국인과 일본인의 거주 지역 구분

(2) 농촌의 변화 : 토지 조사 사업과 산미 증식 계획의 영향으로 농민 몰락 ➜ 도시로 이주하여 빈민촌 형성(토막민)

2 민족 문화를 지키려는 노력

1. 한글 연구

(1) 조선어 연구회 : 주시경의 제자들이 조직, '가갸날' 제정, 잡지『한글』창간

(2) 조선어 학회

① 이윤재, 최현배 등이 주도

② 한글 맞춤법 통일안, 표준어, 외래어 표기법 통일안 제정

③ 우리말 큰사전 편찬 시도 ➜ 조선어 학회 사건으로 강제 해산(1942)

❯조선어 학회 사건(1942)
1942년 10월 일제가 국어를 말살하기 위하여 조선어 학회를 독립 운동 단체로 간주하여 회원들과 관련 인사들을 체포하고, 강제로 해산시킨 사건이다.

2. 한국사 연구

일제가 조선사 편수회를 설치하여 『조선사』 편찬, 식민 사관(타율성론, 정체성론, 당파성론)을 주입시킴 ➜ 우리 역사를 지키기 위한 노력 전개

민족주의 사학	• 한국사의 발전 주체가 우리 민족임을 강조 • 박은식 : 민족의 정신(혼) 강조, 『한국통사』·『한국독립운동지혈사』 집필 • 신채호 : 낭가 사상 강조, 『조선사연구초』·『조선상고사』 집필 • 정인보, 안재홍 등 : '조선학 운동' 제창
사회 경제 사학	• 마르크스의 유물 사관의 입장에서 한국사 연구 • 백남운 : 『조선사회경제사』·『조선봉건사회경제사』 집필 ➜ 한국사가 세계사의 보편적 발전 법칙에 따라 발전하였음을 강조(식민 사관의 정체성론 극복의 이론적 근거 제공)
실증 사학	• 문헌 고증을 통해 우리 역사를 객관적으로 서술 • 이병도, 손진태 등 : 진단 학회 조직, 『진단 학보』 발행

3. 종교계의 민족 운동

대종교	• 국권 피탈 이후 본부를 만주로 옮김 • 중광단을 조직하여 항일 무장 투쟁(➜ 북로 군정서로 개편)
천도교	• 『개벽』, 『신여성』 등의 잡지 발간 • 청년·여성·소년·농민 운동 전개
불교	한용운 등이 사찰령 폐지 운동 전개
원불교	허례허식 폐지와 남녀평등 주장, 개간 사업과 저축 운동 전개
기독교	교육 운동, 신사 참배 거부 운동
천주교	고아원과 양로원 설립 등 사회사업에 주력

4. 문예 활동

문학	• 조선 프롤레타리아 예술가 동맹(KAPF, 카프) 결성 : 사회주의 영향을 받아 형성 • 윤동주, 이육사의 시 : 저항 문학 발표
예술	• 음악 : 안익태의 '애국가' 작곡 • 미술 : 나혜석, 이중섭의 활동 • 연극 : 토월회의 신극 운동 전개 • 영화 : 나운규의 '아리랑' 제작
기타	• 손기정 : 1936년 베를린 올림픽 마라톤 우승 • 전형필 : 사재를 털어 『훈민정음 해례본』 등의 우리 문화재 수집

식민 사관
- 타율성론 : 한국의 역사는 외세의 영향을 받아 타율적으로 전개되었다는 주장
- 정체성론 : 한국의 역사는 발전 없이 정체되었다는 주장
- 당파성론 : 한국인은 잘못된 민족성을 가졌기 때문에 당파를 만들어 싸움을 한다는 주장

조선학 운동
정약용 서거 99주년을 맞이하여 1934년에 『여유당전서』를 발간하였다. 조선의 역사와 문화를 자주적으로 연구하려는 역사 운동으로, 특히 실학에 주목하였다.

▲ 원래 전송받은 손기정(좌)과 동아일보에 보도된 손기정 선수의 사진(우)

05 전시 동원 체제와 광복을 위한 노력

• 일제의 전시 동원 체제와 우리 민족의 광복을 위한 노력에 대해 살펴본다.

▲ 대공황

1 대공황과 제2차 세계 대전

1. 대공황과 전체주의의 등장

(1) 대공황(1929) : 제1차 세계 대전 이후 미국의 경제 호황 ➔ 과잉 투자와 생산이 소비로 이어지지 않음 ➔ 미국 주가 폭락 ➔ 기업과 은행 파산, 대량 실업 ➔ 전 세계로 확산

(2) 각국의 대공황 대응책

미국	뉴딜 정책 실시
영국, 프랑스	본국과 식민지를 묶는 블록 경제 형성
이탈리아, 독일, 일본	• 전체주의(파시즘) 등장, 대외 침략을 통해 대공황 극복 • 이탈리아의 파시스트당, 독일의 나치당, 일본의 군국주의[만주 사변(1931) ➔ 중·일 전쟁(1937)]

➲만주 사변
일제는 만주를 침략해 꼭두각시 국가인 만주국을 수립하였다.

2. 제2차 세계 대전

배경	독일, 이탈리아, 일본이 추축국 형성 ➔ 대외 침략 본격화
전개	독일의 폴란드 침공(1939) ➔ 독일이 유럽 대부분 점령 ➔ 독일의 소련 침공 ➔ 일본의 하와이 진주만 기습(1941, 태평양 전쟁) ➔ 미국의 미드웨이 해전 승리 ➔ 소련의 스탈린그라드 전투 승리 ➔ 연합군의 노르망디 상륙 작전 ➔ 독일 항복 ➔ 일본에 원자 폭탄 투하 ➔ 일본 항복(1945)

2 1930년대 이후 일제의 통치

1. 병참 기지화 정책

전쟁에 필요한 군수 물자와 인력을 수탈

(1) 식민지 공업화 : 북부 지방에 발전소 건설, 군수 산업과 관련 있는 금속·기계·화학 공업 등에 자본 투자 ➔ 산업 간·지역 간 불균형 초래

(2) 남면북양 정책 : 공업 원료 확보를 위해 남부에서 면화 재배, 북부에서 양 사육 강요 ➔ 농촌 경제 피폐

(3) 농촌 진흥 운동 : 농촌의 가난을 농민의 게으름이나 낭비 등 개인 탓으로 돌림 ➔ 자력갱생 주장

➲남면북양 정책
대공황 이후 일제는 공업 원료 부족에 대비하여 한반도 남쪽에서는 목화(면화) 재배를, 북쪽에서는 양을 사육하도록 하는 '남면북양 정책'을 실시하였다.

2. 민족 말살 통치

한국인의 민족의식을 말살하여 전쟁에 동원 시도

(1) 황국 신민화 정책

① '일선동조론'과 '내선일체' 주장

② 황국 신민 서사 암송, 신사 참배, 궁성 요배, 창씨개명 강요, 소학교의 명칭을 '국민학교'로 변경

C/l/i/c/k 황국 신민 서사(아동용)

1. 우리는 대일본 제국의 신민입니다.
2. 우리는 마음을 합하여 천황 폐하에게 충의를 다합니다.
3. 우리는 인고 단련하여 훌륭하고 강한 국민이 되겠습니다.

(2) 교육과 사상 통제

① 한국어·한국사 과목 폐지

② 손기정 사건을 계기로 동아일보를 정간시킴 ➔ 조선일보, 동아일보 폐간(1940)

③ 조선 사상범 보호 관찰령(1936)과 조선 사상범 예방 구금령(1941) 제정

3. 전시 동원 체제와 국가 총동원법 제정(1938)

물적 자원 수탈	금속 공출, 미곡 공출제·식량 배급제 단행, 국방헌금 강요
인적 자원 수탈	• 노동력 동원 : 국민 징용령 ➔ 광산, 공사장 등에 한국인 동원 • 병력 동원 : 육군 특별 지원병제, 징병제, 학도 지원병제 ➔ 청년, 학생들을 강제로 전쟁터에 동원 • 여성 동원 : 여자 근로 정신대(공장에 동원), 일본군 '위안부'(성 노예 ➔ 인권 유린)

3 1930년대의 무장 투쟁

1. 만주에서의 항일 투쟁

만주 사변(1931) ➔ 한·중 연합 작전 전개

한국 독립군	지청천 지휘, 북만주에서 활동, 쌍성보·대전자령 전투 승리
조선 혁명군	양세봉 지휘, 남만주에서 활동, 영릉가·흥경성 전투 승리

2. 중국 관내에서의 항일 투쟁

(1) 민족 혁명당

① 김원봉의 의열단 중심 : 중국에서 활동하던 여러 단체를 규합

② 중·일 전쟁(1937) 직후 조선 민족 전선 연맹으로 전환 ➔ 군사

➲일선동조론
일본인과 조선인이 같은 조상에서 나왔다는 주장이다.

➲내선일체
내지(일본)와 조선이 하나라는 주장이다.

▲조선 신궁에 참배하는 학생들

▲**공출제** 식량과 물자의 자유로운 유통을 통제하고 할당받은 일정량의 식량과 물자를 정부에 강제로 팔도록 한 제도이다.

▲조선 의용대(1938.10)

조직인 조선 의용대 창설(1938)

③ **조선 의용대** : 중국 국민당과 함께 대일 전선에 참여, 포로 심문·후방 교란 등 담당 ➔ 일부 세력이 적극적인 대일 투쟁을 위해 화북 지역으로 이동하여 조선 의용대 화북 지대로 개편

(2) 대한민국 임시 정부

① **한국 국민당 조직** : 김구는 김원봉이 주도한 민족 혁명당에 불참하며 한국 국민당을 조직

② **임시 정부의 이동** : 일제의 상하이 점령 후 항저우, 광저우 등으로 이동 ➔ 충칭에 도착(1940)

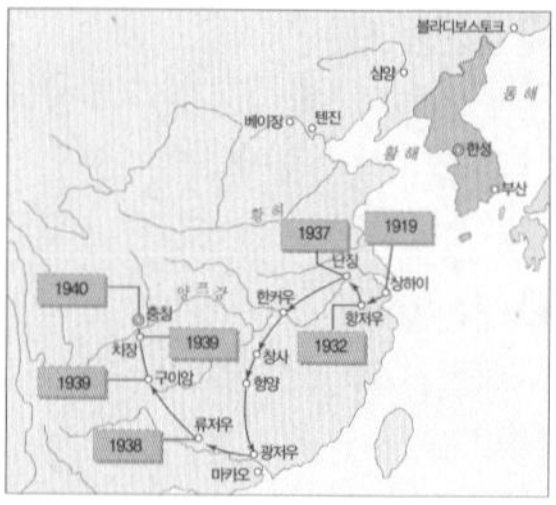

▲ 대한민국 임시 정부의 이동

4 광복을 준비하는 움직임(1940년대 초)

1. 대한민국 임시 정부

(1) **개헌** : 주석제 마련(김구 주석) ➔ 주석·부주석제 마련(김구 주석, 김규식 부주석)

(2) **한국 광복군 창설(1940)**

① 지청천을 총사령으로 임명, 1942년에 김원봉과 조선 의용대 일부 합류

② **대일 항전 활동** : 태평양 전쟁 발발 후 대일 선전 포고 ➔ 영국군의 요청에 따라 인도·미얀마 전선에 파병

③ **국내 진공 작전 준비(1945)** : 미국 전략 정보국(OSS)의 특수 훈련을 받은 국내 정진군 조직 ➔ 일제의 항복으로 작전을 실현하지 못함

▲ 연합군의 일원으로 참가한 한국 광복군의 모습

(3) **건국 강령 발표(1941)**

① 조소앙의 삼균주의 바탕

② 보통 선거에 기초한 민주 공화국 건설, 토지와 주요 산업의 국유화, 무상 교육 등 명시

삼균주의
정치 · 경제 · 교육에서의 균등을 바탕으로 개인과 개인, 민족과 민족, 국가와 국가 간의 균등을 이루는 것을 의미한다.

2. 조선 독립 동맹

(1) 사회주의자들이 중국 옌안에서 조직

(2) **조선 의용군 창설(1942)** : 조선 의용대 화북 지대를 개편

(3) **건국 강령 발표(1942)** : 민주 공화국 건설, 대기업 국유화, 토지 분배 등

3. 한국의 독립을 약속하는 국제 사회

(1) **카이로 회담(1943)** : 미국, 영국, 중국 대표가 만나 한국의 독립을 최초로 약속

(2) **포츠담 회담(1945)** : 한국의 독립에 대한 기존의 약속을 재확인

▲ 카이로 회담의 3국 수뇌

PART Ⅲ 적중 예상 문제

정답 및 해설 별책 27p

01 ㉠, ㉡에 들어갈 용어를 바르게 연결한 것은?

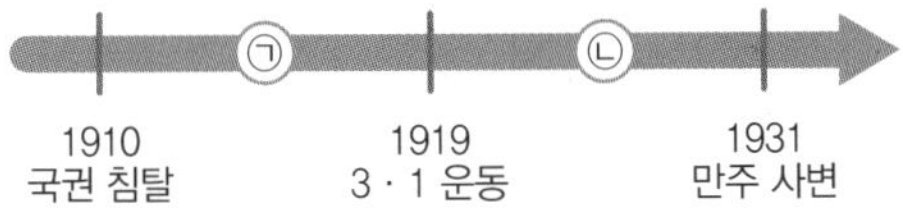

	㉠	㉡
①	무단 통치	문화 통치
②	무단 통치	민족 말살 통치
③	문화 통치	무단 통치
④	문화 통치	민족 말살 통치

02 1910년대 일제가 시행한 식민 정책이 <u>아닌</u> 것은?

① 조선 태형령 ② 헌병 경찰제
③ 국가 총동원법 ④ 토지 조사 사업

03 (가)에 들어갈 내용으로 옳은 것은?

■ 수행 평가 보고서 ■

- 주제 : 1910년대 일제의 식민지 지배 정책
- 조사 내용
  - 헌병 경찰 제도
  - (가)

① 방곡령 ② 국채 보상 운동
③ 토지 조사 사업 ④ 물산 장려 운동

04 제복을 입고 칼을 찬 교사들의 모습을 볼 수 있었던 시기에 대한 설명으로 옳지 <u>않은</u> 것은?

① 태형령이 부활하였다.
② 집회와 결사의 자유가 박탈당하였다.
③ 일제가 황국 신민 서사를 암송하도록 하였다.
④ 헌병이 경찰 업무를 대행하였으며, 즉결 처분권을 부여받았다.

05 문화 통치 시기에 있었던 사실을 〈보기〉에서 고른 것은?

보기
ㄱ. 토지 조사 사업
ㄴ. 산미 증식 계획 시행
ㄷ. 창씨개명, 신사 참배 강요
ㄹ. 보통 경찰제 실시

① ㄱ, ㄴ ② ㄴ, ㄹ
③ ㄷ, ㄹ ④ ㄱ, ㄷ

06 다음에서 설명하는 일제 식민 정책은?

1910년대 일제가 시행한 경제 정책으로, 토지 소유권자가 정해진 기간 내에 직접 신고하여 소유지로 인정받는 신고주의 원칙에 따라 진행되었다.

① 균역법 ② 노비안검법
③ 토지 조사 사업 ④ 남면북양 정책

07 (가)에 들어갈 말로 적절한 것은?

① 한·일 협정을 체결하였습니다.
② 조선 총독부를 설치하였습니다.
③ 민족 분열 정책을 실시하였습니다.
④ 헌병 경찰 제도를 도입하였습니다.

08 다음에서 설명하는 일제의 식민지 지배 정책은?

- 배경 : 제1차 세계 대전 이후 일본에서 쌀값이 폭등함.
- 전개 : 일제가 한국을 식량 공급지화함.
- 결과 : 한국의 식량 사정이 악화되고 농민의 부담이 증가함.

① 대동법 ② 국채 보상 운동
③ 방곡령 ④ 산미 증식 계획

09 1920년대에 다음 정책을 시행한 원인은?

- 벼 품종 교체
- 화학 비료 사용
- 수리 시설 확대
- 쌀 수출량 증대

① 물산 장려 운동
② 산미 증식 계획
③ 화폐 정리 사업
④ 민립 대학 설립 운동

10 (가)에 들어갈 내용으로 옳은 것은?

학습 주제 : 1920년대 일제의 식민 정책
- 소위 '문화 통치' 표방
- 민족 분열 정책 도입
- (가)

① 회사령 제정
② 국가 총동원법 제정
③ 산미 증식 계획 시행
④ 황국 신민화 정책 강화

11 교사가 말한 '이 법'은 무엇인가?

① 태형령 ② 치안 유지법
③ 국가 총동원법 ④ 반민족 행위 처벌법

12 (가)에 들어갈 내용으로 적절하지 <u>않은</u> 것은?

조사 보고서
- 주제 : 일제가 우리 민족을 수탈한 사례
- 사례 : (가)

① 미곡 공출제 시행
② 징용·징병제 실시
③ 조선 물산 장려회 조직
④ 일본군 '위안부' 강제 동원

13 다음 설명에 해당하는 일제의 식민 정책은?

- 내선일체 강조
- 황국 신민 서사 암송
- 신사 참배 강요
- 일본식 성명 강요

① 회사령　② 문화 통치
③ 헌병 경찰제　④ 민족 말살 통치

14 다음에서 일제 강점기 국가 총동원법이 적용된 시기의 상황으로 옳은 것은?

① 공출 제도가 실시되었다.
② 강화도 조약이 체결되었다.
③ 토지 조사 사업을 실시하였다.
④ 삼정이정청을 설치하였다.

15 다음에서 설명하는 일제의 식민지 지배 정책은?

- 한국인을 일본 '천황'에게 충성하는 백성으로 동화시키려 하였다.
- 소학교의 명칭을 국민학교로 바꿨다.

① 남진 정책　② 화폐 정리 사업
③ 토지 조사 사업　④ 황국 신민화 정책

16 (가)에 들어갈 말로 옳은 것은?

① 치안 유지법을 제정했어요.
② 조선 총독부를 설치했어요.
③ 일본식 성명을 강요했어요.
④ 동양 척식 주식회사를 설립했어요.

17 (가)에 들어갈 내용으로 옳은 것은?

질문	3·1 운동의 배경은 무엇인가요?
답변 1	(가)
답변 2	도쿄 유학생들의 2·8 독립 선언

① 카이로 선언
② 민족 자결주의
③ 인천 상륙 작전
④ 헤이그 특사 파견

18 (가)에 해당하는 사건은?

> (가) 은 모든 계층이 참여한 우리 역사상 최대 규모의 민족 운동으로, 대한민국 임시 정부가 수립되는 계기가 되었다.

① 3·1 운동　② 브나로드 운동
③ 물산 장려 운동　④ 6·10 만세 운동

19 3·1 운동 이후의 상황으로 옳지 않은 것은?

① 대한민국 임시 정부가 수립되었다.
② 조선 총독부가 설치되었다.
③ 일제의 식민 정책이 문화 통치로 전환되었다.
④ 국외에서 무장 투쟁이 활발하게 전개되었다.

20 다음 설명에 해당하는 것은?

> • 3·1 운동 이후 여러 지역의 독립운동 단체가 통합되어 수립됨.
> • 삼권 분립에 기초한 민주 공화제를 채택함.
> • 연통제와 교통국을 조직하여 독립운동을 전개함.

① 집강소 ② 독립 협회
③ 조선어 연구회 ④ 대한민국 임시 정부

21 대한민국 임시 정부에 대한 설명으로 옳은 것을 〈보기〉에서 고른 것은?

> 보기
> ㄱ. 의열단을 조직하였다.
> ㄴ. 신흥 무관 학교를 설립하였다.
> ㄷ. 비밀 행정 조직인 연통제를 운영하였다.
> ㄹ. 미국에 구미 위원부를 설치하였다.

① ㄱ, ㄴ ② ㄱ, ㄷ
③ ㄴ, ㄷ ④ ㄷ, ㄹ

22 대한민국 임시 정부의 활동이 아닌 것은?

① 광무개혁 추진
② 독립 공채 발행
③ 한국 광복군 창설
④ 연통제 조직

23 ㉠에 들어갈 내용으로 적절한 것은?

> 1923년 대한민국 임시 정부는 독립운동의 새로운 방향을 모색하기 위해 [㉠]를 개최하였으나 창조파와 개조파의 대립으로 별다른 성과를 거두지 못하였다.

① 만민 공동회
② 정사암 회의
③ 국민 대표 회의
④ 모스크바 3국 외상 회의

24 다음 사건들을 일어난 순서대로 바르게 나열한 것은?

> ㄱ. 청산리 전투 ㄴ. 봉오동 전투
> ㄷ. 자유시 참변

① ㄱ – ㄴ – ㄷ ② ㄴ – ㄱ – ㄷ
③ ㄴ – ㄷ – ㄱ ④ ㄱ – ㄷ – ㄴ

25 다음 자료에 해당하는 인물은?

■ 이달의 역사 인물 ■

- 생몰 연도 : 1868년~1943년
- 활동 : 대한 독립군 총사령관으로 봉오동 전투를 승리로 이끌었다. …… 이후 중앙아시아로 강제 이주되어 사망하였다.

① 김구 ② 김옥균
③ 홍범도 ④ 서재필

26 ㉠에 해당하는 사건으로 적절한 것은?

〈1920년대 만주에서의 항일 투쟁〉

봉오동 전투 ➔ [㉠] ➔ 간도 참변 ➔ 자유시 참변 ➔ 3부 수립

① 베트남 파병 ② 황토현 전투
③ 청산리 전투 ④ 국내 진공 작전

27 두 사람의 대화를 통해 알 수 있는 역사적 사건은?

① 행주 대첩 ② 살수 대첩
③ 명량 대첩 ④ 청산리 대첩

28 다음 자료에 해당하는 인물은?

■ 이달의 역사 인물 ■

- 생몰 연도 : 1889년~1930년
- 활동 : 북로 군정서 사령관으로서 청산리 대첩을 주도하여 일본군을 상대로 큰 승리를 거둠.

① 김구 ② 김좌진
③ 윤봉길 ④ 최익현

29 (가)에 들어갈 인물은?

제○○호 **역사 신문** ○○○○년 ○○월 ○○일

의열단이 결성되다!

1919년 만주 지린에서 [(가)]의 주도로 의열단이 조직되었다. 의열단은 일제 고위 관리나 친일파 거두를 처단하고, 식민 통치 기관을 파괴하고자 하는 활동을 전개하였다.

① 김원봉 ② 최익현
③ 박은식 ④ 홍범도

30 다음 설명에 해당하는 사건은?

독립군 근거지를 없앤다는 명분으로 일본군은 1920년에서 1921년 봄까지 만주 일대의 한인 동포들을 학살하는 만행을 저질렀다.

① 을미사변 ② 간도 참변
③ 상하이 사변 ④ 제암리 사건

31 의열단에 대한 설명으로 옳지 않은 것은?

① 1919년 만주에서 김원봉이 주도하여 조직하였다.

② 조선 총독부, 종로 경찰서 등에 폭탄을 투척하였다.

③ 신채호의 「조선 혁명 선언」을 행동 강령으로 삼았다.

④ 쌍성총관부를 공격하여 철령 이북의 땅을 회복하였다.

32 ㉠에 들어갈 내용으로 옳은 것은?

■ 이달의 독립운동가 김구 ■

- 생몰 연도 : 1876년~1949년
- 주요 활동
  - ㉠
  - 대한민국 임시 정부 주석 역임
  - 남북 협상 참여

① 대종교 창시

② 『열하일기』 저술

③ 유신 헌법 제정

④ 한인 애국단 조직

33 다음 자료에 해당하는 인물은?

이달의 역사 인물

- 생몰 연도 : 1908년~1932년
- 활동 : 1932년 상하이 훙커우 공원에서 폭탄을 던져 일본인 고관을 살상함. 이 의거를 계기로 중국 정부가 대한민국 임시 정부를 후원

① 김상옥 ② 김원봉

③ 윤봉길 ④ 이봉창

34 다음에서 설명하는 독립군 부대는?

- 1938년 중국 관내의 독립군 조직을 재정비하여 조직되었다.
- 중국 국민당과 함께 일본군에 대한 정보 수집, 포로 심문, 후방 교란 등을 펼쳤다.
- 일부는 조선 의용군으로 개편되고, 일부는 한국 광복군에 합류하였다.

① 을사의병 ② 삼별초

③ 조선 의용대 ④ 북로 군정서군

35 (가)에 해당하는 독립군 단체는?

> **역사 신문**
>
> "연합군의 일원으로 제2차 세계 대전 참전"
>
> 
>
> (가) 은 영국군의 요청으로 미얀마 전선에 파견되어 합동 작전을 수행하기로 하였으며, 이들은 주로 포로 심문이나 정보 수집 등의 역할을 맡을 것으로 보인다. 또한 미국군과 연합하여 국내 진공 작전을 계획하였다. 인도 · 미얀마 전선에서 영국군과 공동 작전을 전개하였다.

① 의열단 ② 조선 혁명군
③ 한국 광복군 ④ 한인 애국단

36 다음 중 한국 광복군의 활동으로 옳지 않은 것은?

① 국내 진공 작전을 준비하였다.
② 청산리 전투에서 일본군을 격파하였다.
③ 태평양 전쟁 때 일본에 선전 포고를 하였다.
④ 인도 · 미얀마 전선에서 영국군과 공동 작전을 전개하였다.

37 (가)에 들어갈 내용으로 옳은 것은?

> 대한민국 임시 정부는 1941년 조소앙의 (가) 에 기초한 건국 강령을 발표하여 일제로부터 독립을 달성한 이후에 세우고자 하는 국가의 이념과 체제를 밝혔다.

① 삼균주의 ② 인내천 사상
③ 시무 28조 ④ 민족 자결주의

38 다음 자료에 해당하는 민족 운동은?

> 
>
>
> 민족 산업의 보호와 육성을 위해 토산품 애용, 근검절약, 금주 · 단연 등을 주장하였다.

① 형평 운동 ② 브나로드 운동
③ 물산 장려 운동 ④ 민립 대학 설립 운동

39 다음에서 설명하는 민족 운동은?

> - 조만식을 중심으로 평안도 사람들이 '내 살림 내 것으로'라는 구호를 내걸고 민족 운동을 전개하였다.
> - 자작회, 토산 애용 부인회 등의 단체들이 활발하게 참여하면서 전국적으로 확산되었다.

① 형평 운동
② 문맹 퇴치 운동
③ 물산 장려 운동
④ 민립 대학 설립 운동

40 다음 포스터와 관련된 운동에 대해 옳게 설명한 것은?

① 민립 대학 설립을 시도하였다.
② 언론 기관이 중심이 되어 전개한 운동이다.
③ 독립군 양성을 위해 군자금을 모집하였다.
④ 대한 제국의 국채를 갚기 위해 모금 활동을 전개하였다.

41 다음에서 설명하는 사회 운동은?

> 갑오개혁으로 법적인 신분제는 없어졌지만, 사회적 차별은 여전히 남아 있었다. 이에 백정들이 1923년에 진주에서 단체를 조직하여 백정에 대한 차별 철폐 등을 주장하며 활동하였다.

① 형평 운동　② 브나로드 운동
③ 국채 보상 운동　④ 물산 장려 운동

42 ㉠에 들어갈 말로 알맞은 것은?

> [　㉠　]은/는 갑오개혁 이후 법적으로 해방되었지만, 여전히 사회적인 편견이나 차별을 받고 있었다. [　㉠　]은/는 이와 같은 차별 대우에 항의하여 형평 운동을 전개하였다.

① 서얼　② 백정
③ 여성　④ 향리

43 (가)에 들어갈 단체로 옳은 것은?

> **■ 수행 평가 보고서 ■**
> • 주제 : [　(가)　]
> • 목적 : 고등 교육 기관 설립을 통한 실력 양성
> • 인물 : 이상재, 이승훈 등
> • 활동 : '한민족 1천만이 한 사람이 1원씩'이라는 구호로 모금 운동 전개

① 조선어 학회
② 신흥 강습소
③ 대한인 국민회
④ 조선 민립 대학 기성회

44 다음에서 설명하는 민족 운동은?

> 한국사 사건 카드 　일제 강점기
> 사진은 순종의 장례 행렬이다. 이날 학생들의 주도로 서울 곳곳에서 만세 시위가 벌어졌다.

① 3·1 운동
② 국채 보상 운동
③ 6·10 만세 운동
④ 광주 학생 항일 운동

45 다음 가상 일기의 내용에 해당하는 민족 운동은?

> 1929년 11월 ○일
> 얼마 전 조선인 여학생을 희롱한 일본인 남학생들과 이를 말리던 조선인 남학생들 간에 싸움이 있었다. 경찰이 일본 학생들에게 유리하게 사건을 처리하자 분노한 조선 학생들이 시위를 벌였고, 많은 학생들이 검거되었다. 검거된 학생들이 걱정스럽다.

① 3·1 운동
② 문맹 퇴치 운동
③ 물산 장려 운동
④ 광주 학생 항일 운동

46 다음 설명에 해당하는 단체는?

> **■ 민족 유일당 운동이 전개되다 ■**
> 1927년 비타협적 민족주의자들과 사회주의자들이 협력하여 창립한 단체로, 광주 학생 항일 운동이 일어나자 민중 대회를 열어 전국적인 항일 운동으로 확산시키려 하였다.

① 신간회 ② 북로 군정서
③ 조선어 학회 ④ 구미 위원부

47 다음에서 설명하는 단체는?

> • 1927년에 비타협적 민족주의자들과 사회주의자들이 협력하여 조직하였다.
> • 광주 학생 항일 운동이 일어나자 진상 조사단을 파견하였다.

① 신간회 ② 황국 협회
③ 헌정 연구회 ④ 조선어 학회

48 다음의 강령과 관련 있는 단체에 대한 설명으로 옳지 <u>않은</u> 것은?

> 1. 우리는 정치적·경제적으로 각성을 촉진한다.
> 2. 우리는 단결을 공고히 한다.
> 3. 우리는 기회주의를 일체 부인한다.

① 민족 유일당 운동이다.
② 신흥 무관 학교를 설립하였다.
③ 민족주의계와 사회주의계가 합작하였다.
④ 광주 학생 항일 운동에 조사단을 파견하였다.

49 다음에서 설명하는 사건은?

> 함경남도 덕원군 원산에 위치한 석유 회사에서 일본인 감독관이 한국인 노동자를 구타한 사건이 발생하였다. 이에 120여 명의 노동자가 파업을 시작하였고, 이 지역 노동자들의 총파업으로 이어졌다. 이는 일제 강점기 최대 규모의 노동 운동이다.

① 원산 총파업 ② 암태도 소작 쟁의
③ 자유시 참변 ④ 제암리 학살 사건

50 다음 자료에 해당하는 인물은?

이달의 역사 인물

- 생몰 연도 : 1879년~1944년
- 직업 : 독립운동가 겸 시인
- 활동 : 시집『님의 침묵』을 출판하여 저항 문학에 앞장섬, 불교계의 혁신 운동을 이끎.

① 손기정 ② 이회영
③ 전형필 ④ 한용운

51 ㉠에 들어갈 내용으로 옳은 것은?

■ 이달의 독립운동가 ■

- 생몰 연도 : 1894년~1979년
- 주요 활동
  - 『조선사회경제사』 저술
  - ㉠

① 대종교 창시
② 영남 만인소 작성
③ 조선사 편수회에서 활동
④ 식민 사관의 정체성론 반박

52 다음 자료에 해당하는 인물은?

- 민족주의 사학자로서 민족의 혼(魂)을 강조
- 『한국통사』, 『한국독립운동지혈사』 저술

① 박은식 ② 백남운
③ 한용운 ④ 신채호

53 다음에서 설명하는 역사서와 그 저자는?

유물 사관의 입장에서 한국의 역사가 세계의 여러 나라와 마찬가지로 보편적인 법칙에 따라 발전하였다고 보았으며 식민 사관의 정체성론을 비판하였다.

① 박제가의 『북학의』
② 박은식의 『한국통사』
③ 안정복의 『동사강목』
④ 백남운의 『조선사회경제사』

54 ㉠에 해당하는 인물은?

역사 통합 검색

질문 (㉠)에 대해 알려 주세요.

답변 (㉠)은/는 「독사신론」을 통해 민족주의 사학의 연구 방향을 제시했어요. 그리고 일제의 역사 왜곡이 심한 고대사 연구에 주력하여 『조선상고사』 등을 저술했어요.

① 백남운 ② 신채호
③ 이상설 ④ 장지연

55 ㉠에 들어갈 단체는?

> 〈 ㉠ 〉
> • 설립 배경 : 당시 결혼한 여성은 남편의 동의가 있어야만 취업할 수 있었고, 여성의 노동 임금은 남성의 절반 수준이었음.
> • 주요 활동 : 강연회, 부인 강좌, 야학 등을 통해 여성 계몽에 앞장섬.
> • 특징 : 신간회의 여성 자매단체

① 근우회　　② 보안회
③ 토월회　　④ 조선 물산 장려회

56 ㉠에 들어갈 내용으로 옳은 것은?

◈ 역사 인물 카드 ◈

방정환

• 생몰 연도 : 1899년~1931년
• 주요 활동
– 천도교 소년회를 조직함.
– ㉠

① 현량과를 시행함.
② 『삼국사기』를 저술함.
③ 어린이날 제정을 주도함.
④ 이토 히로부미를 처단함.

57 ㉠, ㉡에 들어갈 종교로 옳은 것은?

> 〈일제 강점기 종교계의 활동〉
> • ㉠ : 만주에서 중광단 조직
> • 개신교 : 신사 참배 거부 운동 전개
> • 불교 : 한용운의 사찰령 폐지 운동
> • ㉡ : 새 생활 운동 전개

	㉠	㉡
①	천주교	원불교
②	천주교	대종교
③	대종교	원불교
④	대종교	천주교

58 다음에서 설명하는 단체는?

> • 일제 강점기에 한글을 지키려는 노력을 전개하여 한글 맞춤법 통일안을 제정하였다.
> • '우리말 큰사전' 편찬을 시도하였으나 일제의 방해로 성공하지 못하였다.

① 황국 협회
② 한국 광복군
③ 한인 애국단
④ 조선어 학회

EBS 교육방송교재

고졸 검정고시 **한국사**

PART

IV

대한민국의 발전

01 8·15 광복과 통일 정부 수립을 위한 노력

02 대한민국 정부의 수립과 6·25 전쟁

03 4·19 혁명과 민주화를 위한 노력

04 경제 성장과 사회·문화의 변화

05 6월 민주 항쟁과 민주주의의 발전

06 외환 위기와 사회·경제적 변화

07 남북 화해와 동아시아 평화를 위한 노력

이 단원에서는 8·15 광복 이후의 정치 상황과 통일 정부 수립을 위한 노력을 살펴본다.
대한민국 정부의 수립 과정과 의의를 파악하고, 6·25 전쟁의 배경과 전개 과정을 알아본다.
나아가 4·19 혁명과 그 이후 독재에 맞선 민주화 운동과 그 의미를 살펴본다.
경제 성장의 성과와 문제점, 이에 따른 사회·문화적 변화, 6월 민주 항쟁 이후의 시민 사회의 성장 과정, 외환 위기를 극복하기 위한 노력과 당면한 사회적 과제를 차례로 파악한다. 마지막으로 남북 화해의 과정과 동아시아 평화를 위한 방안을 알아본다.

01 8 · 15 광복과 통일 정부 수립을 위한 노력

• 8 · 15 광복 직후 통일 정부 수립을 위한 여러 세력의 노력에 대해 살펴본다.

1 8 · 15 광복과 국토의 분단

▲8 · 15 해방

1. 8 · 15 광복(1945) 이후 국내 정세

(1) 8 · 15 광복 : 연합국의 승리, 한국 민족이 독립운동을 통해 쟁취한 성과

(2) 조선 건국 준비 위원회(건준)

조직	조선 건국 동맹을 바탕으로 하여 여운형, 안재홍 등이 좌우를 망라하여 조직
활동	• 전국 각지에 지부 조직 ➔ 치안 유지와 행정 업무 담당 • 조선 인민 공화국으로 개편 • 좌우 세력을 망라하는 모습을 보였으나, 민족주의 세력의 일부가 사회주의 세력의 주도에 반발하여 이탈

▲여운형

(3) 각종 정치 단체 결성

① 우익 : 김성수의 한국 민주당, 이승만의 독립 촉성 중앙 협의회, 김구와 임시정부의 한국 독립당

② 좌익 : 박헌영의 조선 공산당

2. 국토의 분단

▲38도선 분할

(1) 38도선 분할 : 일본군 무장 해제를 명분으로 소련군의 한반도 진주 ➔ 미군의 진주로 38도선 설정

(2) 상황

남한	• 미국의 직접 통치 : 이를 위해 미군정청을 설치, 대한민국 임시 정부와 조선 인민 공화국을 인정하지 않음 • 미국의 현상 유지 정책 : 총독부 관료와 경찰 등을 유임시킴
북한	• 소련의 간접 통치 : 김일성을 앞세워 좌익 세력이 정권을 장악할 수 있도록 지원 • 민족주의자 조만식 연금 • 북조선 임시 인민 위원회 조직 ➔ 토지 개혁, 주요 산업의 국유화

2 새로운 국가 건설을 둘러싼 갈등

1. 모스크바 3국 외상 회의(1945.12)

(1) 결정 내용

① 미·소 공동 위원회 설치

② 한국인들로 구성되는 조선 임시 정부 수립

③ 미·소·영·중 4개국에 의한 최장 5년간의 신탁 통치 실시

(2) 국내 반응 : 신탁 통치 '찬·반'을 둘러싼 좌·우익 간의 대립 심화

우익 세력	김구, 이승만 등이 신탁 통치 반대 운동 전개
좌익 세력	처음에는 신탁 통치에 반대 ➔ 모스크바 3국 외상 회의 결정의 총체적 지지로 입장 변경

2. 미·소 공동 위원회와 좌우 합작 운동

(1) 제1차 미·소 공동 위원회(1946.3~5)

① 임시 정부 수립에 참여할 단체 구성을 둘러싸고 미·소 간 대립 ➔ 협상 결렬

② 미국 측 주장 : 모든 정치 단체를 참여시키자!

③ 소련 측 주장 : 모스크바 3국 외상 회의의 결정에 찬성하는 세력만 참여시키자!

(2) 정읍 발언(1946.6) : 이승만이 남한만의 단독 정부 수립 주장

(3) 좌우 합작 운동(1946~1947)

배경	• 제1차 미·소 공동 위원회의 무기한 휴회 • 단독 정부 수립론의 제기로 인해 분단 우려가 커짐
전개	여운형(중도 좌익)과 김규식(중도 우익)이 중심이 되어 좌우 합작 운동 전개 ➔ 대중의 지지와 미군정의 지원 ➔ 좌우 합작 위원회 구성 ➔ 좌우 합작 7원칙 발표
중단 이유	• 친일파 처벌과 토지 개혁을 둘러싸고 좌익과 우익이 첨예하게 대립 • 냉전 격화로 미군정이 지지를 철회 • 여운형 암살

(4) 제2차 미·소 공동 위원회(1947.5~10) : 미·소의 대립이 해소되지 않아 결렬 ➔ 미국이 한반도 문제를 유엔(국제 연합)에 이관

신탁 통치
국제 연합(UN)의 위임을 받은 나라가 자치 능력이 없다고 판단한 지역을 일정 기간 통치하는 것을 말한다.

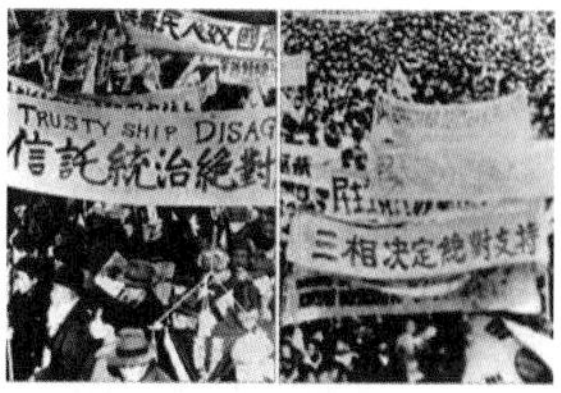

▲좌·우익의 신탁 통치 '찬·반' 시위

정읍 발언
1946년 6월 3일, 지방 순시 중이던 이승만은 전라도 정읍에서 남쪽만이라도 임시 정부 혹은 위원회 같은 것을 조직해야 한다고 하였다. 단독 정부 수립론의 단초가 되었다.

▲좌우 합작 운동

▲미·소 공동 위원회 덕수궁 석조전에서 1946년과 1947년 두 차례 열렸다.

3 분단과 통일의 갈림길

1. 냉전과 한국 문제 유엔 이관

(1) 냉전 체제의 형성

자본주의 진영(미국 중심)		사회주의 진영(소련 중심)
트루먼 독트린(1947), 마셜 계획(1947), 북대서양 조약 기구(NATO, 1949)	↔	공산권 경제 상호 원조 회의(COMECON, 1949), 바르샤바 조약 기구(WTO, 1955)

트루먼 독트린
미국 대통령 트루먼이 1947년에 선언한 대외 정책의 원칙으로, 소련과 공산주의로부터 위협을 받는 나라에게 군사적·경제적 원조를 제공한다는 내용이다.

(2) 동아시아에서의 냉전
① 미국이 일본을 반공 기지로 만들기 위해 재무장화
② 중국의 국·공 내전 ➔ 공산당의 승리 ➔ 중화 인민 공화국 수립(1949)

(3) 한국 문제의 유엔 이관 : 유엔 총회에서 유엔 감시하의 (인구 비례에 따른) 남북한 총선거 실시안 결정(1947.11) ➔ 유엔 한국 임시 위원단 파견 ➔ 소련의 유엔 한국 임시 위원단 입북 거부 ➔ 유엔 소총회에서 선거 가능한 지역(38도선 이남 지역)의 총선거 결정(1948.2)

▲ 남북 협상을 위해 방북 중인 김구 일행

2. 단독 정부 수립 반대 움직임

(1) 남북 협상(1948.4) : 김구·김규식은 단독 선거 저지를 위해 남북 협상 추진 ➔ 평양에서 회의 개최 ➔ 공동 성명서 발표(외국 군대 즉시 철수와 통일 정부 수립 등) ➔ 김구 암살(1949.6) ➔ 중단

▲ **김규식** 조국의 분단을 막기 위해 여운형과 좌우 합작 운동을, 김구와 남북 협상 운동을 전개하였다.

C/l/i/c/k 김구의 '삼천만 동포에게 읍고함'

현시(現時)에 있어서 나의 유일한 염원은 3천만 동포와 손을 잡고 통일된 조국의 달성을 위하여 공동 분투하는 것뿐이다. …… 나는 통일된 조국을 건설하려다 38도선을 베고 쓰러질지언정 일신에 구차한 안일을 취하여 단독 정부를 세우는 데는 협력하지 아니하겠다.

(2) 제주 4·3 사건과 여수·순천 10·19 사건 : 단독 선거 저지를 위해 제주도 남로당 세력이 무장봉기(1948.4.3) ➔ 미군정이 군경을 동원하여 강경 진압 ➔ 제주도에 파견될 예정이었던 여수 주둔 국군 부대가 출동 명령을 거부하고 봉기 ➔ 여수, 순천 일대에서 군경과의 유혈 충돌(여수·순천 10·19 사건) ➔ 정부 수립 이후에도 제주도 등지에서 탄압 지속 ➔ 수많은 민간인 희생

▲ 여수·순천 10·19 사건

제주 4·3 사건
1948년 남한의 단독 선거에 반대하는 제주도 내의 좌익 세력이 경찰 및 우익 세력과 충돌한 사건이다. 수많은 민간인들이 좌익으로 몰려 희생되었다. 2000년에 「제주 4·3 사건 진상 규명 및 희생자 명예 회복에 관한 특별법」이 제정되었다.

02 대한민국 정부의 수립과 6 · 25 전쟁

• 대한민국 정부의 수립과 6 · 25 전쟁에 대해 살펴본다.

1 대한민국 정부의 수립

1. 대한민국 정부 수립

(1) 5·10 총선거(1948.5.10)

① 유엔 한국 임시 위원단의 감시 아래 38도선 이남 지역에서 실시

② 직접·평등·비밀·보통 원칙에 따른 우리나라 최초의 민주 선거 ➔ 제헌 국회 의원 선출

③ 단, 김구·김규식 등 남북 협상파 불참, 제주도는 4·3 사건으로 일부 선거구에서 투표가 이루어지지 못함

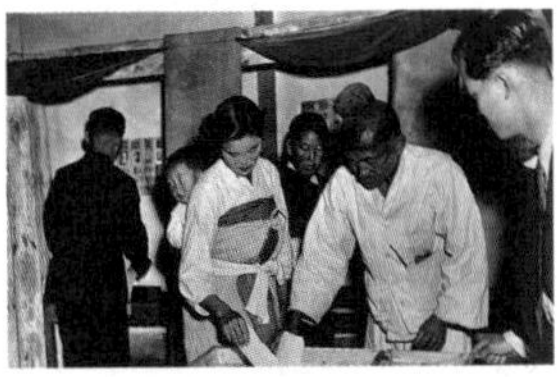
▲ 5·10 총선거

(2) 제헌 헌법 공포(1948.7.17)

① 주요 내용 : 민주 공화정 체제, 삼권 분립, 대통령 중심제(임기 4년, 중임), 대통령 간선제

② 제헌 국회에서 대통령 이승만과 부통령 이시영 선출

(3) 정부 수립(1948.8.15)

① 이승만 대통령의 정부 수립 선포

② 유엔 총회에서 유일한 합법 정부임을 승인

▲ 대한민국 정부 수립 축하 기념식(1948.8.15)

2. 친일파 청산 시도

(1) 제헌 국회에서 반민족 행위 처벌법 제정(1948.9)

(2) 경과 : 반민족 행위 특별 조사 위원회(반민 특위) 구성 ➔ 박흥식, 노덕술, 최린, 이광수 등 친일 협의자 체포 및 기소 ➔ 1년 만에 활동 중단

(3) 한계

① 이승만 정부의 소극적 태도와 비협조

② 친일파의 노골적 방해

③ 국회 프락치 사건(1949) : 반민 특위 소속 국회 의원 중 일부가 간첩 혐의로 구속

④ 경찰의 반민 특위 습격(1949) : 친일 경찰 노덕술 체포에 반발하여 반민 특위 사무실을 급습

▲ 체포된 친일 혐의자들

3. 농지 개혁

(1) 배경 : 대다수 국민이 소작농이었음, 광복 이후 농지 개혁에 대한 요구 증가

(2) 경과 : 제헌 국회에서 농지 개혁법 제정(1949) ➔ 농지 개혁 추진(1950~1957)

(3) 특징

① 가구당 3정보의 토지 소유 상한선 설정

② 그 이상의 토지는 유상 매입(정부가 지가 증권을 발급하여 매입), 유상 분배(농민은 평균 수확량의 30%씩 5년 동안 정부에 지급) 방식으로 거래

(4) 결과 : 지주제 해체, 소작농 비율 감소, 자영농 증가

▲ 지가 증권

▲ **애치슨 선언** 미국 국무 장관 애치슨은 태평양 방위선을 '알류샨 열도 – 일본과 오키나와 – 필리핀 군도'로 이어지는 선으로 발표하였다. 이는 한국과 타이완을 미국의 극동 방위선에서 제외함을 의미하였다.

2 6·25 전쟁

1. 배경

소련과 중국의 대북 군사 지원 약속, 미국의 애치슨 선언 발표

2. 경과

북한군 남침	북한군의 기습 남침(1950.6.25) ➔ 서울 함락 ➔ 낙동강 유역까지 후퇴
유엔군 참전	인천 상륙 작전(1950.9.15) ➔ 서울 수복 ➔ 압록강 유역까지 진격
중국군 개입	중국군 개입(1950.10) ➔ 1·4 후퇴(1951) ➔ 38도선 부근에서 전선 교착
정전 협정	휴전 협상 시작(1951.7) ➔ 정전 협정 체결(1953.7.27)

▲인천 상륙 작전

▲ 6·25 전쟁의 참상

3. 전쟁의 피해와 영향

(1) 인적·물적 피해 : 산업 시설 및 주택, 건물, 도로 등 사회 기반 시설 파괴, 수백만 명의 사상자 발생, 전쟁고아 및 이산가족 발생

(2) 전쟁의 영향

① 남북 분단의 고착화 및 이념 대립 심화

② 남북한에서의 독재 체제 강화

③ 한·미 상호 방위 조약 체결(1953.10)

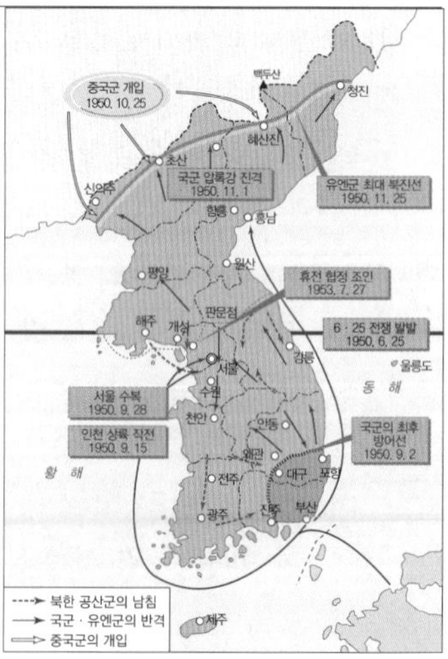

▲6·25 전쟁의 전개

3 남한의 반공 독재와 북한의 사회주의 독재

1. 전후 남한의 정치·경제 변화

(1) 장기 집권을 위한 이승만 정부의 개헌

발췌 개헌 (1952)	제2대 국회 의원 선거 결과 이승만 지지 세력 급감 ➔ 대통령 직선제 개헌 추진 ➔ 부산 정치 파동으로 야당 인사 탄압 ➔ 개헌안 가결, 이승만 재선(1952)
사사오입 개헌(1954)	개헌 당시 대통령(이승만)에 한해 중임 제한 철폐 추진 ➔ 1표 차이로 개헌안 부결 ➔ 사사오입 논리를 내세워 개헌안 통과 선포 ➔ 이승만 3선(1956)

(2) 반공주의 강화와 이승만의 독재 : 진보당 사건, 국가 보안법 개정, 정부에 비판적인 언론 억압

(3) 원조 경제

① 미국의 원조 : 농산물과 소비재 산업의 원료를 중심으로 원조 ➔ 식량 문제 해결, 국내 농산물 가격 폭락으로 농가 소득 감소, 삼백 산업 발달, 미국에 대한 경제 의존도 증가, 정경 유착

② 1950년대 말 원조 방식 변화 : 기존의 무상 원조에서 유상 차관으로 변화 ➔ 경제 불안

2. 전후 북한의 정치·경제 변화

(1) 사회주의 경제 강화

① 협동 농장화 추진 : 농지를 협동조합 소유로 전환하고 농민을 조합원으로 삼음

② 천리마 운동 전개 : '하루에 천 리를 달리는 천리마와 같은 속도로 사회주의 경제를 건설하자'는 의미

(2) 김일성 1인 독재 체제 성립 : 박헌영 등 남로당 세력 숙청(1953) ➔ 연안파 등 김일성 비판 세력 제거(8월 종파 사건, 1956) ➔ 김일성 권력 독점, 1인 독재에 입각한 사회주의화 강화

부산 정치 파동(1952)
6·25 전쟁 중 임시 수도였던 부산에서 일어난 사건으로, 야당 의원 50여 명을 간첩 혐의를 씌워 검박하였다.

▲ 제3대 대통령 선거(1956.5)

진보당 사건
평화 통일론을 주장하였던 조봉암을 간첩죄로 몰아 제거하였다.

삼백 산업
밀(가루), 사탕수수(설탕), 면화를 원료로 이용하는 산업으로, 이 원료들이 모두 흰색(백색)이어서 붙여진 이름이다.

정경 유착
정치인과 기업가 사이에 이루어지는 부도덕한 밀착 관계를 일컫는다.

▲ 북한의 천리마 운동 선전화

03 4 · 19 혁명과 민주화를 위한 노력

• 4 · 19 혁명 이후 우리 사회의 민주화를 위한 노력들을 살펴본다.

1 4 · 19 혁명

1. 4 · 19 혁명(1960)

(1) 배경 : 이승만 정부의 독재와 부정부패, 3 · 15 부정 선거

(2) 전개 과정 : 여러 도시에서 부정 선거 규탄 시위 ➔ 마산 앞바다에서 김주열의 시신 발견(4.11) ➔ 마산 시민과 학생의 시위 ➔ 전국으로 시위 확산 ➔ 경찰의 발포, 비상계엄 선포 ➔ 대학교수단의 시국 선언(4.25) ➔ 이승만 퇴진(4.26)

(3) 의의 : 학생과 시민이 주도한 민주 혁명, 한국 민주주의 발전의 새로운 계기 마련

3 · 15 부정 선거 사례
• 40% 사전 투표
• 투표함 바꿔치기
• 야당 참관인 배제
• 3인조 또는 5인조 공개 투표

▲ 4 · 19 혁명

2. 장면 내각(1960~1961)

(1) 수립 : 4 · 19 혁명 직후 내각 책임제와 양원제 국회를 핵심으로 한 헌법 개정(3차 개헌) ➔ 총선거에서 민주당 승리 ➔ 국회에서 대통령 윤보선 선출, 장면 국무총리에 취임

(2) 정책 : 지방 자치제 확대 · 시행, 경제 개발 계획안 마련

(3) 한계

① 민주당 내부의 파벌 대립으로 지도력 부족

② 부정 선거 책임자와 부정 축재자 처벌에 소극적

③ 민간 차원의 통일 운동 반대

양원제와 내각 책임제
양원제란 입법부가 독립적인 활동을 하는 두 개의 의회로 구성된 제도이다. 또 내각 책임제란 국회의 다수당이 행정부를 구성하는 정치 형태이다.

2 5 · 16 군사 정변과 민주주의의 시련

1. 5 · 16 군사 정변과 박정희 정부 출범

(1) 박정희의 5 · 16 군사 정변(1961) : 반공과 경제 재건을 내건 '혁명 공약' 발표 ➔ 국가 재건 최고 회의를 통해 군정 실시

(2) 박정희 정부 출범 : 대통령 직선제로의 헌법 개정(5차 개헌) ➔ 박정희 대통령 당선(1963)

▲ 5 · 16 군사 정변을 일으킨 박정희(가운데)의 모습(1961)

2. 박정희 정부의 주요 활동

(1) 한·일 국교 재개

① 배경 : 미국의 한·일 국교 정상화 요구, 경제 발전 자금 부족

② 과정 및 결과 : 한·일 국교 정상화 회담 시작 ➔ 굴욕 외교에 반대하는 학생과 시민의 6·3 시위 발생(1964) ➔ 비상계엄 선포, 시위 진압 ➔ 한·일 기본 조약 체결(1965)

③ 의의 : 경제 개발에 필요한 자금 마련

④ 한계 : 식민 지배에 대한 일본의 사죄와 배상을 받아내지 못함

(2) 베트남 파병(1965~1973)

① 배경 : 미국의 파병 요청 ➔ 1965년부터 전투 부대 파병

② 브라운 각서 체결(1966) : 파병 대가로 한국군의 현대화와 경제 지원을 약속 받음

③ 베트남 특수 : 미국과 베트남에 대한 수출 증가로 경제 성장을 위한 발판 마련

④ 문제점 : 고엽제 후유증, 베트남 민간인들 희생, '라이따이한' 문제 등

(3) 3선 개헌(1969)

① 배경 : 북한 게릴라의 청와대 습격 사건, 푸에블로호 나포 사건 발생(1968)

② 6차 개헌 : 경제 발전과 국가 안보 강화를 명분으로 대통령 3선 개헌안 통과시킴

▲ 한·일 회담 반대 '6·3 시위'(1964)

▲ 베트남 파병

➋ 라이따이한
베트남 전쟁에 참전했던 한국인 병사와 베트남 여성 사이에서 태어난 자녀들을 가리키는 말이다(한국계 혼혈아).

➋ 닉슨 독트린
미국 닉슨 대통령이 1969년에 밝힌 아시아 안보에 관한 새로운 외교 전략이다. 베트남에서의 철수, 아시아 각국의 자주적인 방위 노력 촉구 등이 주요 내용이다.

3 유신 체제의 성립과 붕괴

1. 유신 체제의 성립(1972)

(1) 배경 : 닉슨 독트린 등 냉전 완화의 분위기, 주한 미군 일부 철수, 경제 성장률 하락

(2) 과정 : 국가 안보 위기를 구실로 국가 비상사태 선언 ➔ 유신 헌법 제정(1972.10)

(3) 유신 헌법의 주요 내용

① 장기 독재 : 대통령 임기 6년, 중임 횟수 제한 철폐, 통일 주체 국민 회의에서 간접 선거로 대통령 선출 ➔ 박정희 영구 집권 가능

② 대통령이 국회 의원의 3분의 1 추천

③ 대통령이 대법원장과 대법관 임명

④ 긴급 조치권 발동 : 국민의 기본권 제한, 각종 법률의 효력을 대통령이 임의로 정지시킬 수 있었음

▲ **통일 주체 국민 회의** 유신 헌법에 따라 만들어진 기관으로 대통령과 국회 의원의 3분의 1을 선출하였다. 박정희 대통령의 친위·관제 기구였다.

2. 유신 체제에 대한 저항

(1) 유신 반대 운동

① 야당 정치인 김대중 납치

② 장준하 등의 개헌 청원 1백만 인 서명 운동 전개

③ 3·1 민주 구국 선언

(2) 유신 체제 붕괴 : YH 무역 사건 ➔ 김영삼을 국회 의원직에서 제명 ➔ 부·마 민주화 운동 ➔ 시위 진압 대책을 두고 정권 내부에서 대립 발생 ➔ 박정희 피살(10·26 사태, 1979)

▲YH 무역 사건(1979) 박정희 정부는 당시 야당인 신민당사에서 농성 중인 YH 무역 여공들을 강제로 해산하였다. 이때 여공 한 명이 추락사하였다.

부·마 민주 항쟁
1979년 박정희 정부의 유신 독재에 대한 사회적 불만이 쌓여 가던 중 야당인 신민당 대표 김영삼이 국회에서 제명되는 일을 계기로 부산과 마산에서 대학생 주도의 광범위한 반유신 민주화 시위가 일어났다.

4 신군부의 등장과 5·18 민주화 운동

1. 신군부의 등장과 서울의 봄

(1) 12·12 사태(1979) : 10·26 사태 직후 비상계엄 선포 ➔ 전두환과 노태우를 비롯한 신군부 세력의 쿠데타

(2) '서울의 봄'(1980) : 학생과 시민들이 비상계엄 해제, 신군부 퇴진, 민주화 이행을 요구하며 시위

▲1980년 '서울의 봄' 1979년 가을부터 1980년 5월까지 대한민국에서 일어난 민주화 운동을 일컫는다. 1968년에 일어난 체코의 민주화 운동인 '프라하의 봄'에 비유한 표현이다.

2. 5·18 민주화 운동(1980)

(1) 배경 : 신군부의 비상계엄 전국 확대(1980.5.17)

(2) 과정 : 광주 학생들의 비상계엄 확대와 휴교령 반대 시위(5.18) ➔ 신군부의 공수 부대 투입, 무자비하게 진압 ➔ 시민의 합류로 시위 확산 ➔ 계엄군의 무차별 발포(5.21) ➔ 시위대는 시민군을 조직하여 계엄군에 맞섬 ➔ 시민군의 평화 협상 요구 ➔ 계엄군이 시민군과 협상 거부, 무력 진압(5.27)

(3) 의의

① 1980년대 이후 전개된 민주화 운동의 밑거름이 됨

② 필리핀, 타이완 등 아시아 국가의 민주화 운동에 영향

③ 5·18 민주화 운동 기록물의 유네스코 세계 기록 유산 등재(2011)

▲ 5·18 민주화 운동

04 경제 성장과 사회 · 문화의 변화

• 대한민국의 경제 성장과 사회 · 문화적 변화에 대해 살펴본다.

1 산업화의 길

1. 박정희 정부의 제1·2차 경제 개발 5개년 계획 추진

(1) 제1차 경제 개발 5개년 계획(1962~1966)

① 해외에서 경제 개발 자금 확보 : 해외 차관, 한·일 협정, 베트남 파병, 파독 근로자 등

② 노동 집약적 경공업 육성 : 섬유·가발 등 ➔ 세계 경제 성장에 힘입어 수출 증가

(2) 제2차 경제 개발 5개년 계획(1967~1971)

① 경공업 위주의 성장 계획 유지

② 도로, 항만 등 사회 간접 자본 확충 : 경부 고속 국도 개통(1970)

③ 철강, 화학 산업 육성 시도

④ 베트남 특수에 힘입어 경제 급성장

(3) 문제점

① 세계 경제에 대한 한국 경제의 의존성 심화, 정경 유착, 재벌 중심의 경제 구조 발생

② 1960년대 말 세계 경제 침체 ➔ 경공업 수출 부진, 외채 상환 부담 가중

박정희 정부의 경제 정책 특징
- 국가 주도적 경제 개발 추진
- 수출 확대에 집중
- 선성장 후분배 전략

2. 박정희 정부의 제3·4차 경제 개발 5개년 계획 추진

(1) 배경 : 경공업 중심 경제 성장의 한계 직면

(2) 개발 과정 : 석유 화학, 조선, 철강, 비철 금속, 전자를 포함한 기계 산업 투자 증가, 경상도 해안 지역에 대규모 공업 단지 조성

(3) 결과

① 중화학 공업 성장 : 중화학 공업 생산액 > 경공업 생산액

② 수출액 100억 달러 달성(1977), 높은 경제 성장률 기록

③ 중화학 공업에 과잉 투자 ➔ 외화 낭비 초래, 재정 적자 심화

▲ 한강의 기적(서울 한강)

▲100억 불 수출 기념 아치(1977)

➲ 석유 파동
원유 가격이 큰 폭으로 상승하면서 나타난 세계 경제의 혼란을 일컫는 말이다. 중동 전쟁으로 시작된 제1차 석유 파동과 이란의 원유 수출 중단으로 시작된 제2차 석유 파동이 있었다.

(4) 석유 파동
① 제1차 석유 파동(1973) : 중동의 건설 사업에 투자하여 극복
② 제2차 석유 파동(1979) : 기업 도산, 실업률 증가, 경제 성장률 감소

3. 전두환 정부의 경제 상황(1980년대)

(1) 중화학 중복 투자 조정 : 동일 산업에 중복 투자한 기업을 통합
(2) 3저 호황 : 1980년대 중반 이후 저유가, 저달러, 저금리 상황을 배경으로 경제 성장 ➔ 무역 수지 흑자 최초 달성(1986)
(3) 자동차, 반도체 등 기술 집약적 산업 육성

2 산업화에 따른 변화와 문제점

1. 산업화와 도시화

(1) 배경 : 경제 성장으로 인한 산업 구조 변화 ➔ 농촌 인구가 일자리를 찾아 도시로 이동 ➔ 1970년대 중반 이후 도시 인구가 농촌 인구를 추월
(2) 문제점 : 주거 문제, 빈민촌 형성, 교통 문제 등 도시 문제 발생 ➔ 광주 대단지 사건, 땅값 상승, 부동산 투기 붐 발생

➲ 광주 대단지 사건
1971년 8월 경기도 광주 대단지(지금의 경기도 성남시) 주민 수만여 명이 정부의 무계획적인 도시 정책과 졸속 행정에 반발하며 도시를 점거하며 시위를 일으켰다.

2. 새마을 운동

(1) 배경 : 산업화로 인한 도시와 농촌 간의 소득 격차 심화, 농촌 인구 감소
(2) 전개 : 박정희 정부가 1970년부터 시작, 근면·자조·협동 정신 강조, 농가 소득 증대와 농촌 환경 개선에 역점
(3) 의의 : 농어촌 근대화에 기여
(4) 한계 : 유신 체제 유지에 이용

▲새마을 운동

3. 농민 운동의 성장

1970년대	저임금을 위한 저곡가 정책 지속 ➔ 농민의 경제적 어려움 가중 ➔ 농민 운동 전개(함평 고구마 사건 등)
1980년대 이후	외국 농산물 수입 개방 반대 운동 전개

➲ 함평 고구마 사건
함평 농협이 고구마 전량 수매 약속을 지키지 않자, 농민들은 3년간 투쟁을 전개하여 피해를 보상받았다.

4. 노동 운동의 성장

(1) 배경 : 산업화로 도시 노동자 수 급증, 정부의 저임금 정책 지속 ➔ 저임금, 열악한 작업 환경, 장시간 노동 등으로 노동자의 생존권 위협

(2) 전개

① 전태일 분신 사건(1970) : 전태일은 근로 기준법 준수를 요구 ➔ 이후 노동 운동 확산

② YH 무역 사건(1979) : 박정희 유신 체제 붕괴에 결정적 계기가 됨

▲전태일 열사 서울 평화 시장 여성 노동자들의 열악한 근로 환경을 고발하고자 평화 시장의 재단사 전태일(1948~1970)이 1970년 11월 '근로 기준법을 준수하라!'는 구호와 함께 분신하였다.

3 다양한 대중문화의 발달

1. 대중문화의 발달과 다양화

(1) 1960년대 : 가요와 영화 등 대중문화 확산, TV 방송국 개국

(2) 1970년대

① 정부의 검열 강화 : 정부가 금서와 금지곡을 지정

② 청년 문화 유행 : 장발·청바지·통기타 등이 청년들 사이에 유행 ➔ 정부는 청년 문화를 탄압

(3) 1980년대 대중문화의 다양화

① 민중 문화 운동 : 탈춤·사물놀이 등 우리 전통에 토대, 민주화 운동의 일환

② 국제 스포츠 행사 개최 : 서울 아시안 게임(1986), 서울 올림픽(1988)

③ 여가 문화 확대 : 컬러텔레비전 보급, 프로 스포츠 출범

▲1970년대 텔레비전(위)과 통기타 문화(아래)

▲88 서울 올림픽

2. 언론 탄압

(1) 이승만 정부 : 경향신문 폐간

(2) 박정희 정부 : 유신 체제에 비판적인 언론인을 구속·해직

(3) 전두환 정부 : 언론사 통폐합으로 다수의 해직 기자 발생

05 6월 민주 항쟁과 민주주의의 발전

• 1987년의 6월 민주 항쟁과 이후 대한민국의 민주주의 발전사를 살펴본다.

1 6월 민주 항쟁

1. 전두환 정부

(1) 집권 과정 : 5·18 민주화 운동 무력 진압(1980) ➔ 국가 보위 비상 대책 위원회 구성 ➔ 8차 개헌(대통령 7년 단임제, 대통령 선거인단에 의한 간선제) ➔ 전두환의 대통령 취임

(2) 유화 조치 : 교복·두발 자유화, 야간 통행금지 해제, 해외여행 자유화, 프로 스포츠 도입

(3) 강압 통치 : 언론사 통폐합, 삼청 교육대 설치

삼청 교육대
신군부가 사회 정화를 명분으로 설치한 특수 교육 기관이다. 신군부는 검거한 시민들을 순화, 근로 교육이라는 명분으로 가혹한 훈련을 시켰다.

2. 6월 민주 항쟁(1987)

(1) 전개 : 시민의 대통령 직선제 개헌 요구 ➔ 박종철 고문치사 사건 축소·은폐 시도 ➔ 정부의 4·13 호헌 조치 ➔ 이한열 최루탄 피격 ➔ 시민과 학생의 6·10 국민 대회 개최

(2) 결과 : 6·29 민주화 선언(노태우) ➔ 5년 단임의 대통령 직선제로 개헌(9차 개헌)

(3) 의의 : 각계각층의 시민 참여, 오랜 독재 정치를 끝내고 우리 사회의 민주화가 진전되는 토대 마련

4·13 호헌 조치
전두환 정부는 1987년 4월 13일에 담화문을 발표하여 개헌에 대한 합의가 이루어지지 않았다는 구실로 대통령 직선제 개헌과 민주화 요구를 거부하고, 사회 혼란을 구실로 대통령 간선제의 헌법을 고수하려 하였다.

▲6·29 민주화 선언 당시 여당(민정당) 대표인 노태우가 대통령 직선제 개헌 요구 수용과 김대중 사면 복권 등 민주화 조치를 약속하는 선언을 발표하였다.

2 평화적 정권 교체와 민주주의의 진전

노태우 정부 (1988.2~1993.2)	• 전두환 비리와 5·18 민주화 운동 진상 규명 청문회 개최 • 3당 합당으로 여소 야대 국면에서 벗어남 • 서울 올림픽 개최(1988) • 북방 외교 추진 ➔ 공산주의 국가들과 수교 • 남북 관계 개선 시도 ➔ 남북한 유엔 동시 가입(1991), 남북 기본 합의서 채택(1991)

3당 합당
여당인 민주 정의당, 김영삼의 통일 민주당, 김종필의 신민주 공화당이 합당하였다.

김영삼 정부 (1993.2~ 1998.2)	• 금융 실명제(1993), 공직자 재산 공개 • 지방 자치제 전면 실시 • 역사 바로 세우기 추진 : 조선 총독부 건물 철거, 국민학교를 초등학교로 개칭, 전두환·노태우 구속 • 경제 협력 개발 기구(OECD) 가입(1996) ➔ 외환 위기로 국제 통화 기금(IMF)에 구제 금융 지원 요청(1997)
김대중 정부 (1998.2~ 2003.2)	• 분단 이후 처음으로 선거를 통한 평화적인 여야 정권 교체 • 외환 위기 극복에 주력 ➔ 금 모으기 운동 ➔ 국제 통화 기금의 구제 금융 조기 상환(2001) • 대북 화해 협력 정책 추진(햇볕 정책), 제1차 남북 정상 회담 개최(2000)
노무현 정부 (2003.2~ 2008.2)	• 정경 유착 단절과 권위주의 청산 추구, 과거사 정리 작업 추진 • 김대중 정부의 대북 정책 계승 ➔ 개성 공단 가동, 제2차 남북 정상 회담(2007) • 이라크 파병, 한·미 자유 무역 협정(FTA) 체결
이명박 정부 (2008.2~ 2013.2)	• 두 번째 여야 정권 교체 • 기업 활동 규제 완화와 감세 정책 추진, 4대강 살리기 사업 추진 • 미국산 쇠고기 수입 반대 촛불 시위, 복지 정책 경시, 남북 관계 경색
박근혜 정부 (2013.2~ 2017.5)	• 최초의 여성 대통령 • 세월호 침몰에 대응 부족, 민간인에 의한 국정 농단 의혹 사건 제기(2016) ➔ 시민들의 촛불 집회 ➔ 국회의 대통령 탄핵 ➔ 헌법 재판소의 대통령 파면 결정(2017.3)
문재인 정부 (2017.5~ 2022.5)	• 세 번째 여야 정권 교체 • 사회 문제의 해결, 한반도 평화 정착 등을 국정 과제로 제시

3 다양한 사회 운동과 시민 사회의 성장

1. 노동 운동의 활성화

6월 민주 항쟁 이후	노동자의 사회의식 성장 ➔ 노동 쟁의 증가(노동자 대투쟁, 1987) ➔ 전국적인 노동조합 결성, 임금 및 노동 환경 개선
외환 위기 이후	노동 시장 유연화 ➔ 비정규직 증가, 노동 환경 악화, 소득 양극화 심화 ➔ 노사정 위원회 설치(1998)

금융 실명제
은행이나 금융 기관과 거래할 때 가명이나 차명이 아닌 본인의 실제 명의로 하도록 한 것으로, 이를 통해 금융 거래 정상화와 합리적 과세의 기반을 마련하였다.

▲**역사 바로 세우기** 법정에 선 전두환, 노태우 전 대통령

외환 위기의 발생
김영삼 정부 시기인 1997년 말 국제 경제 여건의 악화와 외환 보유고의 부족으로 국제 통화 기금(IMF)의 지원을 받게 되었다.

▲**노사정 위원회 출범** 노동 정책과 이와 관련된 경제·사회 정책 등을 협의하는 대통령 직속 정책 자문 기구이다.

2. 농민 운동의 성장

1990년대	전국 농민회 총연맹 조직(1990) ➔ 노태우·김영삼 정부 시기 쌀 시장 개방 반대 운동 ➔ 우루과이 라운드 협상 발효(1995), 농산물 시장 개방
2000년대 이후	세계 각국과 자유 무역 협정 체결 ➔ 시장 개방 가속화 ➔ 농민들은 영농 기술 개선 등을 위해 노력

3. 지방 자치제의 발전

(1) 시행 : 최초로 지방 자치제 선거 실시(1952), 장면 내각 때 지방 자치 단체장 선거 실시

(2) 억압 : 5·16 군사 정변 이후 미실시, 유신 헌법에 지방 의회 구성 유보 조항 삽입

(3) 재개 : 6월 민주 항쟁 이후 지방 자치제가 헌법에 다시 명시 ➔ 지방 의회 선거 실시(1991)

(4) 확대 : 지방 자치 단체장 선거 실시(1995), 교육감 선거 실시(2007)

4. 언론의 자유 확대 – 민주 언론 협의회

박정희 정부와 전두환 정부 시기 해직 언론인 중심으로 결성 ➔ 부천 경찰서 성 고문 사건 당시 보도 지침 폭로(1986)

5. 인권과 복지의 발달

(1) 국가 인권 위원회 출범(2001) : 인권 보호·증진, 인간의 존엄과 가치 실현 목표

(2) 여성 인권 : 여성 가족부 조직, 호주제 폐지(2005), 미투 운동

(3) 학생 인권 : 학생 인권 조례 제정

(4) 사상, 집회 자유 : 야간 옥외 집회 금지 위헌 판결, 양심적 병역 거부자 무죄 선고

(5) 소수자 인권 : 교통 약자의 이동 편의 증진, 장애인 권리 구제

(6) 외국인 노동자 인권 : 외국인 노동자 인권 대책 기구 결성

6. 시민운동의 활성화

(1) 주요 단체 : 경제 정의 실천 시민 연합, 참여 연대, 민주 사회를 위한 변호사 모임, 환경 운동 연합, 녹색 연합 등

(2) 활동 : 낙선 운동, 5·18 특별법 및 기초 생활 보장법 제정에 영향, 시국 사건 피의자 변호, 태안 기름 유출 사건 수습 등

우루과이 라운드(UR)
1986년 9월 우루과이에서 개최한 관세 및 무역에 관한 일반 협정(GATT)의 제8차 '다자간 무역 협상 개시를 위한 각료 선언'을 말한다. 주로 농산물과 섬유류 교역을 다루었는데, 1993년에 타결된 이후에 세계 무역 기구(WTO)가 출범하게 되었다.

김영삼 정부 시기의 지방 자치제 전면 실시
지방 자치제가 전면 실시된 것은 김영삼 정부 시기인 1995년 6월의 일이다. 이때 법 개정(제9차 개정 지방자치법과 지방의회의원선거법)에 따라 지방 자치 단체장 선거가 (다시) 실시되어 35여 년 만에 광역 및 기초 단체장을 새로 뽑았다(6·27 지방 선거). 광역 및 기초 의회의원 선거도 이때 실시하였다(이때가 두 번째로, 이미 노태우 정부 시기인 1991년 3월에 기초 의회의원 선거 실시).

호주제
한 집안의 가장을 중심으로 가족 구성원의 출생, 혼인, 사망 등을 기록하는 제도이다. 호주는 가족 내 남성이 우선적으로 승계하였기 때문에 여성 차별적 요소가 있었다.

▲교통 약자인 장애인 이동권 (투쟁) 운동

06 외환 위기와 사회 · 경제적 변화

• 1997년의 외환 위기와 이후 대한민국의 사회 · 경제적 변화에 대해 살펴본다.

1 외환 위기의 극복과 경제 환경의 변화

1. 세계 경제 환경의 변화

(1) 세계화의 가속 : 1980년대 이후 신자유주의 정책과 자유 무역 강조 ➔ 우루과이 라운드 등 다자간 무역 협상 개최 ➔ 세계 무역 기구(WTO) 출범(1995)

(2) 한국의 상황 : 1990년대 전반까지 성장 지속 ➔ 경제 협력 개발 기구(OECD)에 가입(1996) ➔ 노동 시장 유연화, 농산물 시장 개방, 외환 거래 자유화 등의 정책 시행

경제 협력 개발 기구(OECD) 정책 협력을 통해 회원 각국의 경제 · 사회 발전을 공동으로 모색하고 나아가 세계 경제 문제에 공동으로 대처하기 위해 1961년 9월 30일 파리에서 발족한 국제기구이다. 우리나라는 김영삼 정부 시기인 1996년 12월에 가입하였다.

2. 외환 위기의 발생(1997)

(1) 배경 : 급속한 시장 개방으로 정부의 시장 감독 기능 미비, 일부 기업의 무분별한 사업 확장, 금융권의 부실 ➔ 무역 수지 적자, 단기 외채 급증

(2) 과정 : 세계 경기의 불황 ➔ 한보 철강 등 대기업들의 부도 ➔ 중소기업의 파산, 금융 기관의 손실 증가 및 도산 ➔ 한국의 국가 신용도 하락, 동남아시아에서 외환 위기 발생 ➔ 외국 투자자들의 자본 회수 ➔ 환율 급등, 외환 보유고 고갈 ➔ 기업들의 연쇄 부도 ➔ 국제 통화 기금(IMF)에 구제 금융 신청(1997.12)

(3) 외환 위기의 극복 노력과 영향

극복 노력	• 은행과 기업의 강도 높은 구조 조정 추진 ➔ 일부 대기업 · 은행을 해외에 매각 • 파견 근로제 도입, 회계 기준 강화, 사외 이사 제도 도입, 대규모 공적 자금 투입, 노사정 위원회 설치(1998) 등 • 기업의 사업 구조 재편, 금융권 금리 인상 • '금 모으기 운동' 전개(1998)
영향	• 대량 해고 사태로 인한 실업자 급증, 노동 유연화 정책으로 인한 비정규직 노동자의 증가 ➔ 고용 안정성 하락 • 중소기업 · 자영업자 도산 증가 ➔ 재벌에 경제력 집중 • 소득의 양극화로 인한 빈부 격차 심화 등 사회 문제 확산

▲IMF 구제 금융 요청 약정식

▲**금 모으기 운동** 전 국민이 호응하였다. 일부에서는 '달러 모으기 운동'도 전개되었다.

3. 외환 위기 이후 경제 환경의 변화와 과제

(1) 2000년대 이후 경제 환경의 변화

① 자유 무역 협정(FTA) 체결 ➔ 공산품 판매 시장 확대, 농·축·수산업의 타격

② 첨단 기술·정보 산업을 바탕으로 하여 성장, 개발 도상국들과 적극적으로 교역 ➔ 수출입 교역량 증가, 1인당 국민 소득 증가 추세

③ 미국발 금융 위기(2008)로 인한 수출 악화 ➔ 반도체와 액정 화면(LCD) 등에 주력 ➔ 1인당 국민 소득 3만 달러 돌파(2018) ➔ 인공 지능(AI) 기술을 활용한 4차 산업 육성

(2) 한국 경제의 과제

① **지속 가능한 성장** : 공정한 분배 구조 형성, 경제 민주화, 산업 간 불균형 해결 등 요구

② **정부·시민 사회의 협력** : 4차 산업 혁명에 따른 변화에 대응할 수 있는 정부와 시민 사회의 협력 요구

▲반도체 산업의 약진

❯최저 임금제
근로자 임금의 최저 수준을 보장하여 근로자의 생활 안정과 노동력의 질적 향상을 기하기 위해 제정된 법률이다(1986.12). 최저 임금심의 위원회가 매년 노동자의 생계비, 유사 노동자의 임금 및 노동 생산성 등을 고려, 사업의 종류별로 구분하여 심의하고, 이를 거쳐 고용노동부 장관이 최종 결정하도록 규정하고 있다.

❯사회 보장 제도의 도입

국민연금 제도 시행(1988.1)
특수직 종사자를 제외한 전 국민을 대상으로 실시되는 공적 연금 제도, 가입이 법적으로 의무화
고용 보험 제도 시행(1995.7)
사회 보험의 하나로 실직한 근로자에게 실업 급여와 능력 개발 비용 지급, 사업주에게는 고용 유지와 교육 훈련 비용 지원
국민 기초 생활 보장법 시행(2000.10)
빈곤층을 대상으로 국민의 최저 생활 보장

2 현대 사회의 과제와 해결 노력

1. 사회 양극화

(1) **사회 양극화 현상** : 대기업과 중소 하청업체 간 격차 심화, 비정규직 급증 ➔ 소득 격차 심화 ➔ 교육 및 문화 격차 심화 ➔ 계층 및 세대 간 사회 양극화 심화

(2) **해결 노력** : 복지 제도 확대 ➔ 국민 기초 생활 보장법 제정(1999), 최저 임금 제도 및 고용 보험 제도 확대, 근로 장려 세제 도입, 기초 연금 제도 시행 등

2. 다문화 사회

다문화 가정	1990년대 말부터 결혼 이민자 증가로 급증 ➔ 언어 교육, 문화 체험 프로그램 시행
외국인 이주 노동자	• 1990년대 외국인 산업 연수생 제도 도입 ➔ 외국인 이주 노동자 증가 ➔ 외국인 고용 허가제(2004) 시행 • 임금 체불, 인권 차별 등 문제 ➔ 이주 노동자 인권 보호 운동 전개
북한 이탈 주민	1990년대 중반 이후 북한 이탈 주민 증가 ➔ 북한 이탈 주민의 보호 및 정착 지원에 관한 법률 제정(1997), 직업 훈련, 초기 정착금 지원

3. 고령화와 저출산

(1) 고령화 : 의료 기술의 발달로 기대 수명이 늘어나 인구에서 고령자가 차지하는 비율이 높아짐 ➔ 노인 복지 제도 확충

(2) 저출산 : 청년 실업 등의 문제로 결혼 및 출산 기피 ➔ 다양한 출산 장려 정책 시행

3 북한 사회의 변화

1. 3대 세습

(1) 주체사상의 등장 : 중·소 분쟁 발생 ➔ 북한의 독자 노선 추구 과정에서 주체사상 수립 ➔ 김일성 1인 독재 체제를 사상적으로 뒷받침

(2) 사회주의 헌법 제정(1972) : 주체사상을 사회 이념으로 공식화, 김일성 권력 절대화로 이어짐

(3) 후계 체제와 3대 세습

김정일	• 3대 혁명 소조 운동 등 국가 주요 사업 주도로 입지 강화 • 김일성 사망(1994) 후 권력 승계 : '선군 정치' 표방, 핵 개발 추진
김정은	• 김정일 사후 국방 위원회 제1위원장 취임(2012) ➔ 3대 세습 • 시장 경제 요소 도입, 핵 실험 강행으로 국제적 고립 심화

2. 북한의 사회·경제적 변화

1960~1970년대	• 경제 개발 계획 추진 ➔ 공산품 생산량 증가, 국민 소득 증가 • 소련의 원조 중단, 군사비 부담 증가, 생산성 저하 등의 문제 발생
1980~1990년대	• 합작 회사 경영법(합영법) 제정(1984) ➔ 성과를 거두지 못함 • 1980년대 말 사회주의권 붕괴 후 고립 심화, 연이은 자연재해 ➔ '고난의 대행군', 경제 위기 심화 ➔ 장마당(시장) 등장, 개인 간 상거래 활발
2000년대	• 시장 경제 요소를 제한적으로 도입, 대외 개방 제한적 추진 • 화폐 개혁(2009) ➔ 북한 화폐 가치 하락, 경제 위축

심각한 저출산 문제
우리 사회는 현재 극심한 고령화, 저출산 문제를 안고 있다. 특히 저출산 문제가 심각한 사회 문제로 대두되고 있는데, 1990년대 이전까지는 가족 계획 사업과 같은 출산 억제책을 적극적으로 실시하였으나 출산률이 지속적으로 감소하여 1990년대 이후에는 반대로 출산 장려 정책을 펼치고 있다.

주체사상
북한의 최고 통치 이념으로, 다른 어떤 이데올로기나 사상보다도 최우위에 있다. 북한의 정치, 외교, 사회, 군사, 문화 등의 모든 분야에서 유일한 지도 이념으로 되어 있다. 김일성이 1967년 12월 최고 인민 회의에서 발표한 내외 정책의 기본 방침이기도 하다.

▲북한의 3대 세습

선군 정치
군대가 국가의 기본이라는 북한의 정치사상으로, 김정일이 주장하였다.

07 남북 화해와 동아시아 평화를 위한 노력

• 남북 간 추진된 화해와 동아시아 갈등을 해결하기 위한 노력들을 살펴본다.

1 남북 화해를 위한 노력

1. 정부 차원의 노력

7·4 남북 공동 성명 (1972)	• 박정희 정부 • 자주·평화·민족 대단결의 통일 원칙에 최초로 합의
이산가족 상봉 (1985)	• 전두환 정부 • 서울과 평양에서 최초로 이산가족 상봉 성사
남북 기본 합의서 (1991)	• 노태우 정부 • 남북 불가침, 남북의 교류와 협력 등을 확인
6·15 남북 공동 선언 (2000)	• 최초의 남북 정상 회담에서 합의(김대중 정부) • 통일 문제의 자주적 해결 노력, 경제·사회·문화 협력 강조 ➔ 금강산 관광 확대, 개성 공단 조성
10·4 남북 공동 선언 (2007)	• 2차 남북 정상 회담에서 합의(노무현 정부) • 남북 경제의 균형적 발전과 공동 번영을 위해 경제 협력 사업을 발전시켜 나가기로 합의
4·27 판문점 선언 (2018)	• 3차 남북 정상 회담에서 합의(문재인 정부) • 남북이 비정상적인 정전 체제를 종식하고, 한반도의 항구적이며 공고한 평화 체제 구축을 위해 적극 협력해 나갈 것을 합의

▲7·4 남북 공동 성명 발표

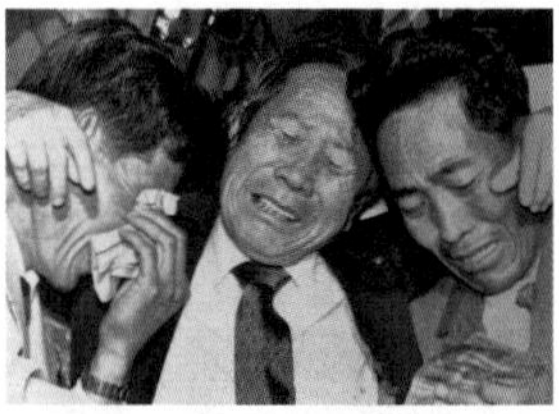
▲최초의 이산가족 고향 방문단 (1985)

▲6·15 남북 공동 선언에 서명한 남북 정상

➲ 개성 공단
2000년 남북 정상 회담 이후 남북 교류 협력 사업의 하나로 북한의 개성에 조성한 공단이다. 남한 측의 자본과 기술, 북한 측의 토지와 인력(노동력)이 결합하여 운영되었다. 박근혜 정부 시기에 중단되었다(2016.2).

C/l/i/c/k 7·4 남북 공동 성명(1972)

첫째, 통일은 외세에 의존하거나 외세의 간섭을 받음이 없이 자주적으로 해결하여야 한다.
둘째, 통일은 상대방을 반대하는 무력행사에 의거하지 않고 평화적 방법으로 실현하여야 한다.
셋째, 사상과 이념, 제도의 차이를 초월하여 우선 하나의 민족으로서 민족적 대단결을 도모하여야 한다.

C/l/i/c/k 6·15 남북 공동 선언(2000)

1. 남과 북은 나라의 통일 문제를 그 주인인 우리 민족끼리 서로 힘을 합쳐 자주적으로 해결해 나가기로 하였다.
2. 남과 북은 나라의 통일을 위한 남측의 연합제 안과 북측의 낮은 단계의 연방제 안이 서로 공통성이 있다고 인정하고 앞으로 이 방향에서 통일을 지향시켜 나가기로 하였다.

2. 국제 사회의 노력

북한의 핵 확산 금지 조약(NPT) 탈퇴 선언(1993) ➔ 제네바 기본 합의서를 채택(1994)하여 경수로 건설 사업 추진

3. 시민 사회의 노력

정주영 현대 그룹 명예 회장 소 떼 방북(1998), 금강산 관광(1998), 개성 만월대 터 남북 공동 발굴 조사(2007~2018), 남북 동해선 철도·도로 연결 및 현대화 착공(2018)

▲정주영 현대 그룹 명예 회장의 소 떼 방북(두 차례)

2 명백한 대한민국의 영토, 독도

1. 연합국 최고 사령관 각서 제677호(1946)

제2차 세계 대전 이후 연합국은 제주도, 울릉도, 독도를 일본으로부터 분리하여 한국에 반환한다고 명시

2. 샌프란시스코 강화 조약(1951)

제주도, 거문도, 울릉도를 포함하는 한국에 대한 모든 권리와 청구권을 일본이 포기한다고 명문화함 ➔ 조약문에 독도가 언급되지 않은 것은 한국의 모든 도서를 포함시킬 수 없었기 때문

3. 이승만 정부의 '인접 해양에 대한 주권'에 관한 대통령 선언(1952)

이른바 '평화선'을 설정하여 독도가 한국 영토임을 국제적으로 선포

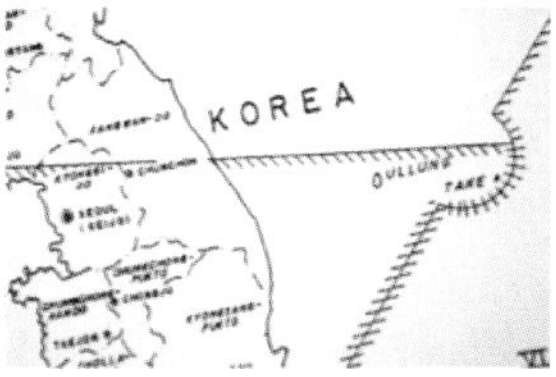

▲연합군 최고 사령관 각서 제677호의 부속 지도 독도(TAKE)가 일본에서 분리되어 한국 영토 안에 포함되어 있다.

3 동아시아 갈등과 이를 해결하기 위한 노력

1. 동아시아의 주요 갈등

(1) 일본과의 갈등 : 침략 전쟁과 식민 지배 미화, 야스쿠니 신사 참배, 강제 징용 피해자들의 손해 배상과 진상 규명 거부, 일본군 '위안부' 동원에 대한 책임 회피 등

(2) 중국과의 갈등 : 동북공정 진행 ➔ 우리의 역사인 고조선, 부여, 고구려, 발해의 역사를 중국사로 편입 시도

동북공정
중국은 2002년부터 5년 동안 동북 지역인 랴오닝성, 지린성, 헤이룽장성의 역사와 현재 상황을 연구하는 프로젝트를 진행하였다.

2. 해결 노력

일본군 '위안부' 문제 해결을 위한 아시아 연대 회의 개최, 역사 엔지오(NGO) 세계 대회 개최, 동아시아 공동 역사 교재 출간, 동아시아 청소년 역사 체험 캠프, 한·일 시민 단체의 일본 전범 기업 규탄 시위 등

▲'위안부' 피해자 수요 집회

PART IV

적중 예상 문제

정답 및 해설 별책 36p

01 다음 설명에 해당하는 것은?

> 1943년 미국, 영국, 중국의 정상들이 모여 제2차 세계 대전 전후 처리 문제를 논의하였다. 여기서 처음으로 한국의 독립 문제가 거론되었다.

① 톈진 조약 ② 남북 협상
③ 카이로 회담 ④ 국민 대표 회의

02 다음 설명에 해당하는 것은?

> 1945년 12월에 제2차 세계 대전의 전후 처리 문제를 협의하기 위한 회의가 열렸다. 이 결과 한반도에 민주주의 임시 정부를 수립하고, 이를 지원할 미·소 공동 위원회를 설치하며, 최고 5년간 미·영·중·소의 신탁 통치를 실시한다는 결정안이 채택되었다.

① 을사늑약
② 톈진 조약
③ 국민 대표 회의
④ 모스크바 3국 외상 회의

03 다음 사건을 발생한 순서대로 바르게 나열한 것은?

> ㄱ. 5·10 총선거
> ㄴ. 조선 건국 준비 위원회 결성
> ㄷ. 모스크바 3국 외상 회의 개최
> ㄹ. 제1차 미·소 공동 위원회 개최

① ㄱ－ㄴ－ㄷ－ㄹ
② ㄴ－ㄷ－ㄹ－ㄱ
③ ㄱ－ㄴ－ㄹ－ㄷ
④ ㄴ－ㄱ－ㄷ－ㄹ

04 밑줄 친 '그'에 해당하는 인물은?

> '<u>그</u>'는 대한민국 임시 정부의 주석을 역임하였으며, 광복 후 남한만의 단독 정부 수립에 반대하고, 남북 협상을 추진하였다.

① 김구 ② 나철
③ 이승만 ④ 서재필

05 (가)에 해당하는 사건은?

> 〈 (가) 〉
> 1948년 제주도에서 남조선 노동당과 일부 주민들이 단독 선거 저지와 단독 정부 수립 반대를 내세우며 봉기하였다. 군대, 경찰, 우익 청년단이 이를 진압하는 과정에서 수많은 민간인 피해가 발생하였다.

① 제주 4·3 사건 ② YH 무역 사건
③ 좌우 합작 운동 ④ 4·13 호헌 조치

06 (가)에 들어갈 내용으로 옳은 것은?

〈대한민국 정부 수립 과정〉

8·15 광복 ➡ 미·소 공동 위원회 결렬 ➡ 한국 문제의 UN 이관 ➡ (가) ➡ 제헌 국회 구성 ➡ 대한민국 정부 수립

① 6·25 전쟁
② 5·10 총선거
③ 모스크바 3국 외상 회의
④ 한·미 상호 방위 조약 체결

07 ㉠에 들어갈 기관은?

제헌 국회는 광복 이후 친일파 청산이라는 국민의 열망에 따라 [㉠]을/를 설치하였다. 그러나 반공 우선의 정책을 추구하던 이승만 정부의 비협조로 친일파 청산이 제대로 이루어지지 못하였다.

① 비변사
② 조선 총독부
③ 통리기무아문
④ 반민족 행위 특별 조사 위원회

08 (가)에 들어갈 주제는?

주제 : [(가)]

• 주요 내용
- 관련 법령 공포 : 1949년 6월
- 토지 분배 방식 : 유상 매수, 유상 분배
- 1가구당 토지 소유 한도 : 3정보
- 의의 : 지주 중심의 토지 소유가 폐지되었고, 농민들은 자기 소유의 토지를 갖게 됨.

① 농지 개혁
② 금융 실명제
③ 새마을 운동
④ 경제 개발 5개년 계획

09 1948년 제정된 '반민족 행위 처벌법'의 목적으로 옳은 것은?

① 친일파 청산 ② 신분제 폐지
③ 삼정 문란 해결 ④ 외환 위기 극복

10 (가)와 (나) 사이에 있었던 역사적 사건으로 옳은 것은?

(가) 북한군이 남침 개시 3일 만에 서울을 점령하였다.
(나) 국군과 유엔군이 38도선을 넘어 평양을 점령하였다.

① 베트남 파병 ② 애치슨 선언
③ 사사오입 개헌 ④ 인천 상륙 작전

11 (가)에 들어갈 내용으로 옳은 것은?

〈 6·25 전쟁의 전개 과정 〉

북한의 남침 → 인천 상륙 작전 → 서울 수복 → (가) → 1·4 후퇴 → 서울 재수복 → 정전 협정 체결

① 봉오동 전투
② 카이로 회담
③ 중국군의 개입
④ 모스크바 3국 외상 회의

12 6·25 전쟁에 대한 설명으로 옳지 않은 것은?

① 북한군의 기습 남침으로 시작되었다.
② 국군과 유엔군은 인천 상륙 작전에 성공하였다.
③ 중국군과 소련군은 개입하지 않고 중립을 지켰다.
④ 수많은 사상자와 전쟁고아, 이산가족이 생겨났다.

13 이승만 정부 시기에 있었던 사실이 아닌 것은?

① 학생과 시민의 주도로 4·19 혁명이 일어났다.
② 북한의 기습 남침으로 6·25 전쟁이 발발하였다.
③ 농촌의 환경 개선을 위해 새마을 운동을 추진하였다.
④ 농민의 토지 소유 실현을 위해 농지 개혁법을 제정하였다.

14 다음 개헌이 이루어진 시기는?

개헌 당시의 대통령에 한해서 연임 횟수 제한을 없앤다는 내용의 개헌안이 1표 차이로 부결되었다. 이후 사사오입(반올림) 논리를 내세워 개헌안이 통과되었다.

① 이승만 정부 ② 장면 정부
③ 박정희 정부 ④ 전두환 정부

15 ㉠에 들어갈 사건은?

〈이승만 정부의 붕괴 과정〉

3·15 부정 선거 → ㉠ → 이승만 대통령 하야

① 10월 유신 ② 4·19 혁명
③ 6월 민주 항쟁 ④ 5·18 민주화 운동

16 두 학생의 대화와 관련된 사건의 결과로 옳은 것은?

① 반민 특위 조직
② 이승만 대통령의 하야
③ 3·1 민주 구국 선언 발표
④ 미·소 공동 위원회 개최

17 밑줄 친 ㉠에 해당하는 정부 형태는?

> 4·19 혁명으로 이승만 자유당 정권이 붕괴된 후, 새 헌법에 따라 ㉠ 새로운 정부 형태가 만들어졌다.

① 내각 책임제　② 입헌 군주제
③ 대통령 중심제　④ 국무령 체제

18 다음 정책을 실시한 정부는?

> • 베트남 파병
> • 외국 차관 도입
> • 한·일 국교 정상화
> • 경제 개발 5개년 계획 실시

① 이승만 정부　② 박정희 정부
③ 김대중 정부　④ 노무현 정부

19 다음 사건들을 일어난 순서대로 바르게 배열한 것은?

> ㄱ. 10월 유신
> ㄴ. 4·19 혁명
> ㄷ. 5·18 민주화 운동

① ㄱ－ㄴ－ㄷ　② ㄱ－ㄷ－ㄴ
③ ㄴ－ㄱ－ㄷ　④ ㄷ－ㄱ－ㄴ

20 ㉠에 들어갈 내용으로 옳은 것은?

> 〈유신 헌법의 주요 내용〉
> • 통일 주체 국민 회의에서 대통령 선출
> • 대통령 6년제, 중임 제한 없음.
> • [㉠]

① 신탁 통치 실시　② 긴급 조치권 행사
③ 삼청 교육대 설치　④ 헌병 경찰제 실시

21 시기적으로 (가)에 들어갈 내용으로 옳은 것은?

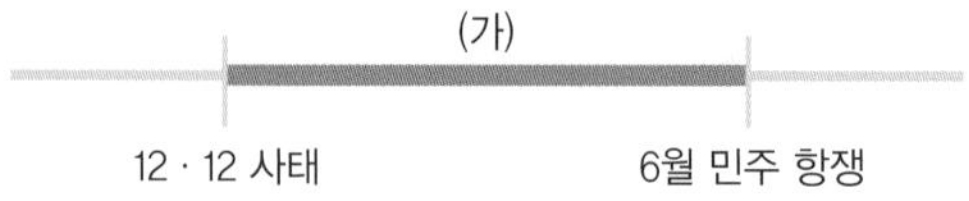

① 부·마 항쟁
② 10월 유신
③ 5·18 민주화 운동
④ 3·15 부정 선거

22 다음 설명에 해당하는 민주화 운동은?

> 1980년 비상계엄을 전국으로 확대한 신군부는 광주의 민주화 시위를 무자비하게 진압하였다. 이에 분노한 시민들이 시민군을 결성하여 저항하였으나, 계엄군의 무력 진압으로 수많은 사상자를 낸 채 끝나고 말았다.

① 4·19 혁명　② 12·12 사태
③ 새마을 운동　④ 5·18 민주화 운동

23 ㉠에 들어갈 사건은?

> **〈6월 민주 항쟁의 순서〉**
> 박종철 고문치사 사건 → [㉠] → 이한열 사건 → 6 · 10 민중 대회 개최 → 6 · 29 민주화 선언 → 9차 개헌

① 발췌 개헌　② 부·마 항쟁
③ 제암리 사건　④ 4·13 호헌 조치

24 (가)에 해당하는 사건은?

> **〈 [(가)] 이 일어나다 〉**
> • 배경 : 4 · 13 호헌 조치 발표
> • 과정 : 호헌 철폐, 독재 타도를 주장하는 민주화 시위 전개
> • 결과 : 6 · 29 민주화 선언으로 대통령 직선제 수용

① 4·19 혁명　② 새마을 운동
③ 6월 민주 항쟁　④ 6·10 만세 운동

25 다음 내용에 영향을 주었던 사건은?

> 5년 단임의 대통령 직선제를 내용으로 하는 개헌안이 국민 투표를 거쳐 확정되었다.

① 4·19 혁명　② 6월 민주 항쟁
③ 사사오입 개헌　④ 유신 헌법 제정

26 밑줄 친 '선언'에 해당하는 것은?

> 박종철의 고문치사 등을 배경으로 직선제 개헌을 요구하는 시위가 전국에서 일어났다. 결국 전두환 정부는 조속한 대통령 직선제 개헌을 약속하는 <u>선언</u>을 발표하였다.

① 정우회 선언
② 6·29 민주화 선언
③ 3·1 민주 구국 선언
④ 6·15 남북 공동 선언

27 이승만 정부 시기의 경제 상황으로 옳은 것은?

① OECD 가입
② 삼백 산업 발달
③ 금융 실명제 실시
④ 경부 고속 국도 개통

28 (가)에 들어갈 내용으로 가장 적절한 것은?

〈대한민국의 경제 발전 과정〉

1960년대		1970년대		1980년대
노동 집약적 경공업 육성	➡	(가)	➡	3저 호황, 고도 성장

① 여러 국가와 자유 무역 협정 체결
② 경제 협력 개발 기구(OECD) 가입
③ 수출 주도형 중화학 공업화 정책 추진
④ 국제 통화 기금(IMF)으로부터 긴급 자금 지원

29 다음과 같은 정책을 실시한 정부는?

- 금융 실명제 시행
- 지방 자치제 전면 실시
- 경제 협력 개발 기구(OECD) 가입

① 박정희 정부 ② 노태우 정부
③ 김대중 정부 ④ 김영삼 정부

30 정부와 해당 시기의 내용을 옳게 연결한 것은?

① 전두환 정부 – 6·15 남북 공동 선언 발표
② 노태우 정부 – 국제 통화 기금(IMF)의 구제 금융 신청
③ 김영삼 정부 – 금융 실명제 실시
④ 김대중 정부 – 경제 협력 개발 기구(OECD) 가입

31 ㉠에 들어갈 내용으로 옳은 것은?

> 외환 위기를 극복하는 과정에서 강도 높은 구조 조정이 시행되고, [㉠]이/가 전개되었다.

① 방곡령 ② 석유 파동
③ 식량 공출제 ④ 금 모으기 운동

32 (가)에 들어갈 내용으로 가장 적절한 것은?

수행 평가 보고서

- 주제 : [(가)]에 대하여
- 목차
  1. 소녀상 건립의 목적과 의의
  2. 일본 대사관 앞 수요 집회 조사

① 동북공정 ② 간도 문제
③ 남북 협상 ④ 일본군 '위안부'

33 다음 편지를 작성한 인물은?

> 존경하는 대통령 각하! …… 저희들은 근로 기준법의 혜택을 조금도 못 받으며 더구나 2만 명이 넘는 종업원의 90% 이상이 평균 연령 18세의 여성입니다. …… 1일 15시간의 작업 시간을 1일 10~12시간으로 단축해 주십시오.

① 만적 ② 박종철
③ 전봉준 ④ 전태일

34 다음 설명에 해당하는 것은?

- 냉전 체제가 완화되고 남북 대화가 시작된 후 1972년에 남북한이 동시에 발표
- 자주·평화·민족 대단결의 통일 원칙 제시

① 동북공정
② 햇볕 정책
③ 애치슨 선언
④ 7·4 남북 공동 성명

35 ㉠ 정부 시기에 해당하는 사건은?

〈 ㉠ 정부의 통일 노력 〉

- 적십자 회담 최초 개최
- 자주·평화·민족 대단결의 통일 원칙 제시

① 회사령 제정
② 수출 100억 달러 달성
③ 국채 보상 운동
④ 최초 남북 정상 회담 실시

36 다음에서 ㉠에 들어갈 내용으로 옳은 것은?

〈노태우 정부의 정책〉

- 북방 외교 추진
- 남북한 유엔 동시 가입
- ㉠

① 교정도감 설치
② 관수관급제 실시
③ 개성 공단 건설
④ 남북 기본 합의서 채택

37 ㉠에 들어갈 내용으로 옳지 않은 것은?

수행 평가 계획서

- 주제 : 통일을 위한 남과 북의 협력 과정
- 조사할 내용 : 남북 기본 합의서, ㉠

① 방곡령
② 금강산 관광 사업
③ 남북한 UN 동시 가입
④ 6·15 남북 공동 선언

38 다음 사실이 있었던 정부로 옳은 것은?

한국사 신문

제○○호 ○○○○년○○월○○일

남과 북의 정상이 만나다!!

햇볕 정책이 추진된 이후 남북 교류가 확대되고 상호 협력 사업이 더욱 활성화되었다. 그 결과 분단 이후 최초로 남북 정상 회담이 개최되었다.

① 장면 정부 ② 박정희 정부
③ 노태우 정부 ④ 김대중 정부

39 다음과 같은 대북 정책을 실시한 정부와 이와 관련된 선언문은?

- 금강산 관광
- 경의선 연결
- 남북 정상 회담 개최(2000년)

① 이승만 정부, 6·15 남북 공동 선언
② 박정희 정부, 7·4 남북 공동 성명
③ 노태우 정부, 10·4 남북 공동 선언
④ 김대중 정부, 6·15 남북 공동 선언

40 김대중 정부 시기에 있었던 사실로 옳은 것은?

① 남북한이 유엔에 동시 가입하였다.
② 제24회 서울 올림픽이 개최되었다.
③ 7·4 남북 공동 성명을 발표하였다.
④ 6·15 남북 공동 선언을 발표하였다.

41 다음과 관련된 지역은?

- 연합국 최고 사령관 각서 제677호
- 샌프란시스코 강화 조약
- 이승만 정부의 평화선 설정

① 간도 ② 독도
③ 위화도 ④ 38도선

EBS 교육방송교재

고졸 검정고시 **한국사**

PART V

실전 모의고사

제 1 회 실전 모의고사

정답 및 해설 별책 42p

01 다음 유물이 사용된 시대의 생활 모습과 관계 깊은 것은?

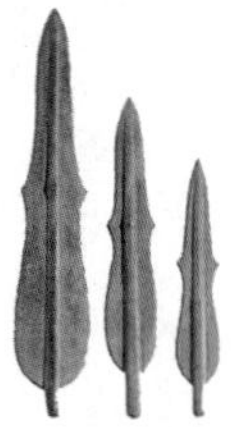
비파형 동검

반달 돌칼

① 농경 생활이 시작되었다.
② 뗀석기를 사용하여 사냥하였다.
③ 동굴이나 바위 그늘에서 살았다.
④ 사유 재산과 계급의 분화가 나타났다.

02 백제와 왜의 교류 관계를 보여 주는 것으로, 일본의 이소노카미 신궁에 보관되어 있는 유물은?

①

칠지도

②

호우명 그릇

③

백제 금동 대향로

④

직지심체요절

03 밑줄 친 '그'의 통치와 관련된 것은?

> 고려의 4대 국왕으로 즉위한 그는 노비를 조사해서 옳고 그름을 분명히 밝히도록 명령하였다. 이 때문에 주인을 배반하는 노비들을 도저히 억누를 수 없었으므로, 주인을 업신여기는 풍속이 크게 유행하였다. 사람들이 다 수치스럽게 여기고 원망하였다. 왕비도 간절히 말렸지만 받아들이지 않았다.
>
> -『고려사』-

① 과거제 실시 ② 대동법 실시
③ 김흠돌 반란 진압 ④ 천리장성 축조

04 고려 시대에 '정혜쌍수(定慧雙修)', '돈오점수(頓悟漸修)'를 주장하며 수선사 결사를 주도한 승려는?

① 의천 ② 원효
③ 혜초 ④ 지눌

05 조선 시대 각 왕과 업적이 바르게 연결된 것을 〈보기〉에서 고른 것은?

보기
ㄱ. 태종 – 호패법 실시
ㄴ. 세종 – 6조 직계제 실시
ㄷ. 세조 – 집현전 설치
ㄹ. 성종 –『경국대전』완성

① ㄱ, ㄴ ② ㄱ, ㄹ
③ ㄴ, ㄷ ④ ㄷ, ㄹ

06 조선 후기의 수취 체제에 대한 설명으로 옳은 것은?

① 영정법으로 방납의 폐단이 해결되었다.
② 대동법은 토산물을 집집마다 부과하는 것이었다.
③ 균역법으로 농민은 1년에 군포 1필을 납부하였다.
④ 대동법의 시행은 지주들의 적극적인 지지를 받았다.

07 다음 인물이 실시한 정책이 <u>아닌</u> 것은?

역사 인물 카드

■흥선 대원군■
• 본명 : 이하응
• 생몰 : 1820년~1898년
 – 조선의 왕족·정치가
 – 아들인 고종의 즉위 후 실권 장악

① 서원 정리
② 강화도 조약 체결
③ 호포제 실시
④ 의정부와 삼군부의 기능 회복

08 다음 내용과 관계 깊은 것은?

• 신분제 폐지	• 조혼 금지
• 조세 금납화	• 과부의 재혼 허용

① 임오군란 ② 갑신정변
③ 독립 협회 ④ 갑오개혁

09 다음 설명에 해당하는 역사적 사건은?

• 프랑스군의 강화도 침략
• 조선군이 문수산성, 정족산성에서 항전
• 프랑스군이 외규장각 의궤 등 각종 문화재 약탈

① 을미사변 ② 병인양요
③ 아관 파천 ④ 간도 참변

10 다음에서 설명하는 조약은?

• 운요호 사건을 계기로 1876년 조선이 일본과 맺은 우리나라 최초의 근대적 조약
• 해안 측량권과 치외 법권을 내준 불평등 조약

① 을사늑약
② 강화도 조약
③ 브라운 각서
④ 한·미 상호 방위 조약

11 다음은 개화파의 분화를 정리한 것이다. ㉠에 들어갈 인물로 옳은 것은?

구분	온건 개화파	급진 개화파
중심 인물	김윤식, 김홍집	㉠
개화 본보기	양무운동	메이지 유신
개화 정책	서양의 과학 기술만 수용	서양의 정치사상과 제도 수용

① 김옥균 ② 신돌석
③ 안창호 ④ 지청천

12 (가)에 해당하는 내용은?

> 제목 : (가)
> • 주요 단체
> – 헌정 연구회 : 입헌 정치 체제 수립 추구
> – 대한 자강회 : 고종 강제 퇴위 반대 운동
> – 신민회 : 국권 회복과 공화정 추구

① 갑신정변 ② 임오군란
③ 애국 계몽 운동 ④ 항일 의병 전쟁

13 일제 강점기 사회적 차별과 냉대에 저항하여 백정 출신들이 일으킨 차별 철폐 운동은?

① 형평 운동
② 물산 장려 운동
③ 국채 보상 운동
④ 민립 대학 설립 운동

14 1930년대 이후 실시한 일제 식민 정책이 아닌 것은?

① 신사 참배
② 일본식 성명 강요
③ 경성 제국 대학 설립
④ 황국 신민 서사 암송

15 다음에서 설명하는 일제의 정책은?

> • 1920년대 더 많은 쌀을 일본으로 가져가기 위해 추진
> • 늘어난 생산량보다 더 많은 양의 쌀이 일본으로 실려 나감.

① 회사령
② 산미 증식 계획
③ 토지 조사 사업
④ 병참 기지화 정책

16 다음은 어떤 역사적 사건을 검색한 결과이다. ㉠에 들어갈 용어는?

> 〈 ㉠ 〉
> • 배경 : 민족 자결주의, 2·8 독립 선언
> • 전개 : 민족 대표 33인의 독립 선언문 발표
> • 결과 : 대한민국 임시 정부 수립의 계기 마련

① 3·1 운동
② 물산 장려 운동
③ 6·10 만세 운동
④ 광주 학생 항일 운동

17 광주 학생 항일 운동에 대한 설명으로 옳은 것은?

① 신간회가 설립되는 계기가 되었다.
② 일제의 식민 통치 방식을 변화시켰다.
③ 3·1 운동 이후 일어난 최대 규모의 항일 민족 운동이다.
④ 중국 국민당 정부가 대한민국 임시 정부를 적극 지원하는 계기가 되었다.

18 다음 내용에 해당하는 독립군 단체는?

- 대한민국 임시 정부가 충칭에서 창설하였다.
- 미국군과 연합하여 국내 진공 작전을 계획하였다.
- 인도·미얀마 전선에서 영국군과 공동 작전을 전개하였다.

① 의열단
② 조선 혁명군
③ 한국 광복군
④ 한인 애국단

19 다음에서 설명하는 일제 강점기 한국사 연구 방법은?

- 한국사의 발전 주체가 우리 민족임을 강조하면서 식민주의 사학의 허구성을 밝히는 데 힘을 기울였다.
- 대표 사학자로는 민족의 '혼'을 강조한 박은식과, '낭가 사상'을 강조한 신채호가 있었다.

① 식민 사학 ② 실증주의 사학
③ 민족주의 사학 ④ 사회 경제 사학

20 남한의 단독 정부 수립에 반대하여 일어난 사건을 〈보기〉에서 고른 것은?

보기
ㄱ. 6월 민주 항쟁
ㄴ. 제주 4·3 사건
ㄷ. 5·18 민주화 운동
ㄹ. 김구와 김규식의 남북 협상

① ㄱ, ㄴ ② ㄱ, ㄷ
③ ㄴ, ㄹ ④ ㄷ, ㄹ

21 ㉠에 들어갈 내용으로 옳은 것은?

〈 제헌 국회의 활동 〉
- 활동 시기 : 1948년~1950년
- 주요 활동 : 대한민국 초대 헌법 제정, ㉠ 제정, 농지 개혁법 제정

① 전주 화약 ② 대한국 국제
③ 치안 유지법 ④ 반민족 행위 처벌법

22 다음에서 (가) 시기에 있었던 사실로 옳은 것은?

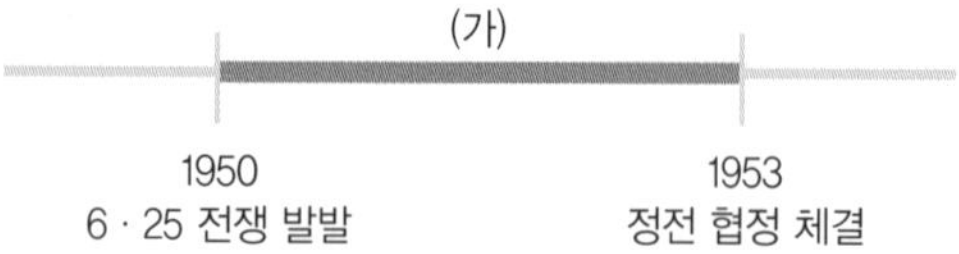

① 국회에서 발췌 개헌안이 통과되었다.
② 미 · 소 공동 위원회가 열렸다.
③ 여수 · 순천 사건이 발생하였다.
④ 5 · 10 총선거가 실시되었다.

23 다음 설명에 해당하는 사건은?

- **원인** : 3·15 부정 선거(1960년)
- **결과** : 허정 과도 정부, 내각 책임제, 양원제 국회

① 4 · 19 혁명
② 10 · 26 사태
③ 5 · 18 민주화 운동
④ 6월 민주 항쟁

24 다음과 같은 정책을 추진한 정부는?

- 베트남 파병
- 한·일 협정 체결
- 새마을 운동
- 10월 유신

① 이승만 정부　　② 장면 정부
③ 박정희 정부　　④ 김영삼 정부

25 다음 사건들을 시기순으로 바르게 배열한 것은?

ㄱ. 남북 기본 합의서
ㄴ. 7·4 남북 공동 성명
ㄷ. 6·15 남북 공동 선언

① ㄱ → ㄴ → ㄷ
② ㄴ → ㄱ → ㄷ
③ ㄴ → ㄷ → ㄱ
④ ㄷ → ㄴ → ㄱ

제 2 회 실전 모의고사

정답 및 해설 별책 46p

01 발해가 고구려를 계승하였다고 볼 수 있는 근거는?

① 수도 상경에 주작대로를 만들었다.
② 중앙 정치 조직을 3성 6부로 정비하였다.
③ 말갈인이 발해 주민의 다수를 차지하였다.
④ 일본에 보낸 국서에서 고려 국왕으로 칭하였다.

02 다음 고대 문화유산에 반영된 공통적인 사상은?

고구려의 사신도

백제 금동 대향로

백제 산수무늬 벽돌

① 유교　② 불교
③ 도교　④ 천도교

03 다음 제도들을 실시한 가장 궁극적인 목적은?

- 고구려의 진대법
- 고려의 의창
- 조선의 환곡

① 농업 장려　② 왕권 강화
③ 호구 파악　④ 빈민 구제

04 다음 내용과 관련 있는 사건은?

- 금국 정벌 주장
- 풍수지리설 바탕
- 고구려 계승 의식

① 제주 4·3 사건
② 묘청의 서경 천도 운동
③ 홍경래의 난
④ 삼별초의 대몽 항쟁

05 (가)에 해당하는 외교 사절은?

역사 통합 검색

검색어 | (가) | 검색

ㄴ 검색 결과

- 1607년부터 1811년까지 총 12회 파견되었습니다.
- 막부의 권위를 인정받기 위해 일본이 요청하였습니다.
- 조선의 선진 문화를 일본에 전파하는 역할을 담당하였습니다.

① 신민회 ② 통신사
③ 영선사 ④ 의열단

06 다음 설명에 해당하는 실학자는?

- 상공업 진흥과 기술 혁신 주장
- 「양반전」, 「허생전」, 『열하일기』 저술
- 수레와 선박의 이용, 화폐 유통의 필요성 주장

① 박지원 ② 정약용
③ 홍대용 ④ 박제가

07 밑줄 친 부분에 해당하는 조약의 내용으로 옳은 것은?

> 강화도 조약은 우리나라가 외국과 맺은 최초의 근대적 조약이었으나, 불평등 조약이었다.

① 통감부를 설치하였다.
② 치외 법권을 인정하였다.
③ 간도를 청에 넘겨주었다.
④ 신탁 통치를 명시하였다.

08 단발령과 함께 유생 중심의 최초 항일 의병이 일어나게 된 계기는?

① 아관 파천 ② 을미사변
③ 을사조약 ④ 정미조약

09 개항 이후 다음과 같은 경제 침략과 관계가 깊은 나라는?

- 대륙 침략을 위해 한반도의 남북을 연결할 철도 부설에 주력함.
- 서울과 부산, 서울과 의주, 서울과 인천을 잇는 철도 부설권을 차지함.

① 미국 ② 프랑스
③ 일본 ④ 러시아

10 근대 사회의 전개 과정에서 다음의 주장이 제기된 사건은?

- 노비 문서를 소각한다.
- 왜와 통하는 자는 엄징한다.
- 토지는 균등하게 나누어 경작한다.

① 갑신정변　　② 갑오개혁
③ 광무개혁　　④ 동학 농민 운동

11 다음 설명에 해당하는 사건은?

- 전봉준을 중심으로 농민 봉기
- 농민 자치 기구인 집강소 설치
- 우금치 전투 패배로 실패

① 갑신정변
② 을미사변
③ 임오군란
④ 동학 농민 운동

12 다음에서 설명하는 곳은?

- 삼국 시대 이래로 우리 민족의 영토
- 일제가 러·일 전쟁 중 시마네현에 불법 편입했음.
- 현재 우리나라 영토임.

① 독도　　② 대마도
③ 흑산도　　④ 진도

13 1920년대에 다음과 같은 강령을 내세우며 이념을 초월하여 조직된 독립운동 단체는?

- 민족의 단결을 공고히 할 것
- 민족의 정치적·경제적 각성을 촉구할 것
- 기회주의자를 배격할 것

① 보안회　　② 신간회
③ 비변사　　④ 한인 애국단

14 일제의 통치 방식을 표로 나타낸 것이다. (가) 시기의 식민지 수탈 정책은?

① 토지 조사 사업　　② 산미 증식 계획
③ 징용제 실시　　④ 학도 지원병제 실시

15 대한민국 임시 정부의 활동이 아닌 것은?

① 갑오개혁 추진
② 독립 공채 발행
③ 한국 광복군 창설
④ 연통제와 교통국 조직

16 다음에서 설명하는 단체는?

> 김구가 조직한 항일 단체로 식민 통치 기관을 파괴하거나 친일 인사를 처단하였다. 대표적인 활동으로 이봉창과 윤봉길의 의거가 있다.

① 신간회
② 독립 협회
③ 한인 애국단
④ 조선 건국 동맹

17 다음 내용에 해당하는 민족 운동은?

> 1920년대 후반부터 농촌 계몽의 일환으로 언론 기관이 중심이 되어 한글을 보급하였다. 조선일보는 문자 보급 운동을, 동아일보는 브나로드 운동을 전개하였다.

① 형평 운동
② 국채 보상 운동
③ 문맹 퇴치 운동
④ 6 · 10 만세 운동

18 다음과 같은 활동을 했던 단체는?

> • 1933년에 '한글 맞춤법 통일안'을 발표하였다.
> • '우리말 큰사전' 편찬 작업을 준비하였다.

① 신민회 ② 조선사 편수회
③ 조선어 학회 ④ 진단 학회

19 다음 구호와 관련된 운동은 무엇인가?

> • 내 살림 내 것으로
> • 조선 사람 조선 것
> • 조선 물산을 먹고 입고 쓰자.

① 형평 운동
② 국채 보상 운동
③ 물산 장려 운동
④ 암태도 소작 쟁의

20 다음에서 설명하는 회의는?

> 모스크바 3국 외상 회의의 결정에 따라 1946년 3월에 개최되었다. 임시 정부 수립 협의 단체의 자격 문제를 놓고 소련은 모스크바 3국 외상 회의 결정을 지지하는 단체만 참여시킬 것을 주장하였고, 미국은 모든 단체를 포함할 것을 주장하였다.

① 유엔 총회 ② 카이로 회담
③ 포츠담 회담 ④ 미 · 소 공동 위원회

21 6 · 25 전쟁 중 다음 노래와 관련된 사실로 옳은 것은?

> 눈보라가 휘날리는 바람찬 흥남 부두에
> 목을 놓아 불러봤다 찾아를 봤다
> 금순아 어디로 가고
> 길을 잃고 헤매였더냐

① 1 · 4 후퇴 ② 휴전 협상
③ 북한군의 남침 ④ 인천 상륙 작전

22 다음 사건들을 시대순으로 바르게 나열한 것은?

> ㄱ. 4·19 혁명
> ㄴ. 6·15 남북 공동 선언
> ㄷ. 5·18 민주화 운동
> ㄹ. 6·29 민주화 선언

① ㄱ－ㄷ－ㄹ－ㄴ　② ㄹ－ㄴ－ㄱ－ㄷ
③ ㄱ－ㄹ－ㄴ－ㄷ　④ ㄴ－ㄹ－ㄱ－ㄷ

23 다음과 관련이 깊은 사건은?

> • 브라운 각서
> • 라이따이한
> • 국군의 전력 증강
> • 경제 성장의 발판

① 베트남 파병
② 윤봉길 의거
③ 국내 진공 작전
④ 한 · 미 상호 방위 조약 체결

24 다음 중 대한민국 역대 정부와 관련된 내용으로 옳게 연결된 것은?

① 이명박 정부 – 금융 실명제 실시
② 김대중 정부 – 4대강 정비 사업
③ 노무현 정부 – 제2차 남북 정상 회담 개최
④ 김영삼 정부 – 선거를 통한 최초의 여야 정권 교체

25 다음 내용에서 말하는 '이 선언'의 결과로 옳은 것은?

> • 분단 이후 최초의 남북 정상 회담에서 발표되었다.
> • 이 선언을 통하여 남북 이산가족 상봉이 이루어졌다.

① 서울 올림픽을 개최하였다.
② 교조 신원 운동을 전개하였다.
③ 개성 공단 건설이 추진되었다.
④ 남북한이 유엔에 동시 가입하였다.

EBS 교육방송교재

고졸 검정고시 **한국사**

PART
Ⅵ

2024년 기출문제

2024 제 1 회

한국사

기출을 보면 합격이 보인다!

정답 및 해설 별책 50p

01 다음에서 설명하는 유물은?

> 경기 연천 전곡리에서 발견된 구석기 시대의 대표적인 유물로 주로 사냥을 하거나 가죽을 벗기는 등의 용도로 사용하였다.

① 해국도지 ② 주먹 도끼
③ 수월관음도 ④ 임신서기석

02 ㉠에 들어갈 내용으로 옳은 것은?

① 거란 ② 미국
③ 영국 ④ 일본

03 ㉠에 해당하는 인물은?

> 고려 무신 집권기 보조 국사 ㉠ 은/는 세속화된 불교를 개혁하기 위해 정혜쌍수와 돈오점수를 내세우며 수선사를 중심으로 결사 운동을 펼쳤다.

① 지눌 ② 원효
③ 이순신 ④ 장수왕

04 ㉠에 들어갈 내용으로 옳은 것은?

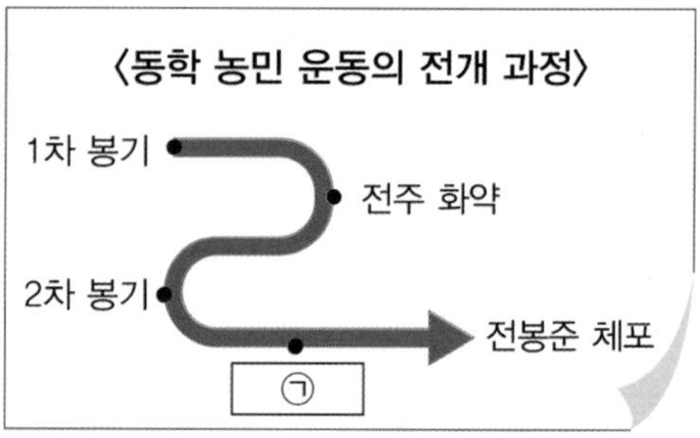

① 국학 설치 ② 사비 천도
③ 우금치 전투 ④ 고구려 멸망

05 ㉠에 들어갈 내용으로 옳은 것은?

> 〈세도 정치 시기의 ㉠ 〉
> - 원인 : 정치 기강이 문란해져 관원의 부패가 심해짐.
> - 결과 : 전정 · 군정 · 환곡의 부담으로 백성들의 삶이 매우 힘들어짐.

① 회사령 ② 삼정 문란
③ 발췌 개헌 ④ 정읍 발언

06 자료와 관련한 정책으로 옳은 것은?

> 유생들이 반발하자 흥선 대원군이 크게 노하여 "이곳은 존경받는 선현을 제사하는 곳인데 지금은 붕당의 근거지로 도둑의 소굴이 되지 않았더냐."라고 말하였다.

① 서원 철폐
② 녹읍 설치
③ 교정도감 폐지
④ 동·서 대비원 설치

07 다음에서 설명하는 정치 세력은?

> • 인물 : 김옥균, 박영효, 김윤식, 김홍집
> • 특징 : 서양의 근대적 제도와 과학 기술을 수용하고자 함.

① 호족　　② 무신
③ 개화파　　④ 오경박사

08 다음에서 설명하는 유물은?

> ■ 역사 유물 카드 ■
>
> 
>
> • 출토지 : 충남 부여 능산리
> • 용도 : 종교 행사 등에서 향을 피움.
> • 특징 : 불교와 도교 세계를 함께 표현함.

① 택리지　　② 상평통보
③ 곤여만국전도　　④ 백제 금동 대향로

09 다음 정책을 펼친 조선의 국왕은?

> • 임진왜란 이후 피해 극복을 위해 노력함.
> • 명과 후금의 싸움에 말려들지 않고 실리를 취하려 함.

① 광해군　　② 혜공왕
③ 법흥왕　　④ 고국천왕

10 다음 질문에 대한 답으로 옳은 것은?

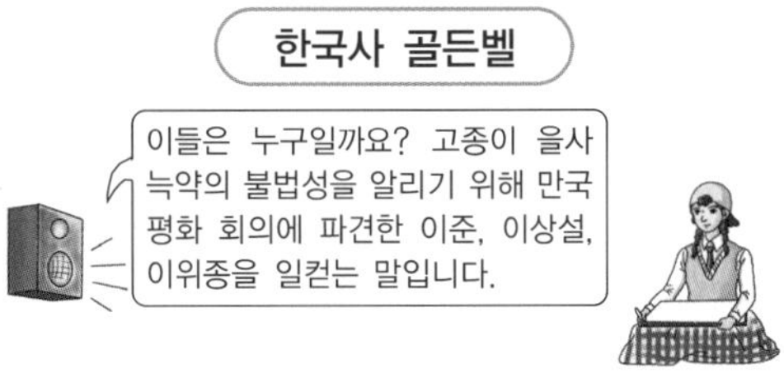

① 중추원　　② 도병마사
③ 중서문하성　　④ 헤이그 특사

11 ㉠에 들어갈 내용으로 옳은 것은?

> 1920년대 농민들은 소작료 인하, 소작권 이동 반대 등을 요구하는 쟁의를 벌였다. 특히 [㉠]은/는 소작료를 낮추는 데 성공하여 전국의 농민 운동을 자극하였다.

① 6·3 시위　　② 이자겸의 난
③ 강조의 정변　　④ 암태도 소작 쟁의

12 다음에서 설명하는 신문은?

> • 순 한글, 국한문, 영문 세 종류로 발행
> • 영국인 베델이 발행인으로 참여한 일간 신문

① 독사신론 ② 동경대전
③ 대한매일신보 ④ 조선왕조실록

13 다음 설명에 해당하는 일제의 식민 지배 방식은?

> 3·1 운동을 계기로 일제는 무단 통치로는 한국을 지배하기 어렵다고 판단하여 한글 신문의 발행을 허용하는 등 문화적 제도의 혁신을 내세웠다.

① 기인 제도 ② 문화 통치
③ 대통령 중심제 ④ 친명 배금 정책

14 다음에서 설명하는 인물은?

출생	1902. 3. 15.
직업	이화 학당 학생
활동	3·1 운동이 일어나자 천안에서 만세 운동 주도
특징	서대문 형무소에서 사망

① 김흠돌 ② 나운규
③ 유관순 ④ 윤원형

15 ㉠에 들어갈 내용으로 옳은 것은?

> 개항 이후 일본으로 곡물 수출이 늘어나자 곡물 가격이 오르고 사람들의 피해가 커졌다. 이에 일부 지방관들은 [㉠]을/를 선포하여 곡물 유출을 막고자 하였다.

① 방곡령 ② 봉사 10조
③ 교육 입국 조서 ④ 좌우 합작 7원칙

16 다음 설명에 해당하는 활동으로 옳은 것은?

> • 파견 목적 : 독립 투쟁을 위한 국내 침투
> • 파견 요원 : 미국 전략 정보국(OSS)의 훈련을 마친 한국 광복군

① 위화도 회군 ② YH 무역 사건
③ 국내 진공 작전 ④ 서경 천도 운동

17 ㉠에 들어갈 내용으로 옳은 것은?

> **한국사 묻고 답하기**
>
> 질문 모스크바 3국 외상 회의에서 결정된 내용에 대해 알려 주세요.
>
> ↳ 답변 임시 민주 정부의 수립과 이를 위한 미·소 공동 위원회 설치, 최대 5년간의 [㉠] 실시 등이 결정되었어요.

① 신탁 통치 ② 제가 회의
③ 나·제 동맹 ④ 독서삼품과

18 다음에서 설명하는 기구는?

- 1948년 10월에 설치
- 반민족 행위자 조사 및 처벌을 위한 기구

① 정당성
② 식목도감
③ 건국 준비 위원회
④ 반민족 행위 특별 조사 위원회

19 ㉠에 들어갈 내용으로 옳은 것은?

〈역사의 한 장면〉

이 사진은 1920년대 조선 물산 장려회의 거리 행진 모습입니다. 행진에 참여한 사람들은 '[㉠]'라는/이라는 구호를 외쳤습니다.

① 선 건설 후 통일
② 유신 헌법 철폐하라
③ 조선 사람 조선 것
④ 근로 기준법 준수하라

20 ㉠에 들어갈 내용으로 옳은 것은?

【수행 평가 보고서】

- 주제 : 4・19 혁명
- 조사 내용
  - 배경 : 3・15 부정 선거
  - 전개 : 전국적으로 시위 발생, [㉠]

① 집강소 설치
② 기묘사화 발생
③ 노비안검법 실시
④ 이승만 대통령의 하야

21 ㉠에 들어갈 내용으로 옳은 것은?

〈6・25 전쟁의 전개 과정〉

[㉠] → 인천 상륙 작전 → 1・4 후퇴 → 정전 협정

① 자유시 참변
② 미쓰야 협정
③ 별기군 창설
④ 북한군의 남침

22 다음에서 설명하는 정부는?

- 대북 화해 협력 정책(햇볕 정책) 추진
- 남북 정상 회담 개최와 6・15 남북 공동 선언 발표

① 장면 내각
② 김대중 정부
③ 노태우 정부
④ 이명박 정부

23 다음에서 설명하는 사건은?

> 전두환 등 신군부 세력이 불법적으로 병력을 동원하여 계엄 사령관을 비롯한 군의 주요 지휘관들을 몰아내고 군권을 장악하였다.

① 3포 왜란
② 거문도 사건
③ 12·12 군사 반란
④ 임술 농민 봉기

24 밑줄 친 ㉠에 해당하는 운동은?

① 형평 운동
② 금 모으기 운동
③ 교조 신원 운동
④ 문자 보급 운동

25 ㉠에 들어갈 내용으로 옳은 것은?

> **〈박정희 정부 시기의 경제 상황〉**
> - 경제 개발 5개년 계획 추진
> - ㉠

① 원산 총파업
② 상평창 설치
③ 당백전 발행
④ 경부 고속 국도 건설

2024 제2회 한국사

정답 및 해설 별책 55p

01 다음 설명에 해당하는 시대는?

> • 농경과 목축을 시작하여 식량을 생산함.
> • 대표적인 유물은 빗살무늬 토기임.

① 구석기 시대 ② 신석기 시대
③ 청동기 시대 ④ 철기 시대

02 ㉠에 들어갈 국왕으로 옳은 것은?

① 세종 ② 공민왕
③ 광해군 ④ 진흥왕

03 다음에서 설명하는 불교의 종파는?

> • 경전 공부보다 참선 수행을 강조함.
> • 호족 세력의 적극적인 후원을 받음.
> • 대표적인 사원으로 '9산선문'이 있음.

① 서학 ② 선종
③ 대종교 ④ 천도교

04 ㉠에 들어갈 내용으로 옳은 것은?

> 인종은 묘청, 정지상 등 서경 세력을 등용하였다. 이들은 칭제 건원과 금국 정벌, [㉠] 등을 주장하였다. 이들의 주장이 좌절되자 묘청은 반란을 일으켰다.

① 개항 반대
② 녹읍 폐지
③ 서경 천도
④ 반민족 행위자 처벌

05 다음 질문에 대한 답으로 옳은 것은?

① 택리지 ② 삼국유사
③ 홍길동전 ④ 대동여지도

06 ㉠에 들어갈 내용으로 옳은 것은?

> **【수행 평가 계획서】**
> 주제 : 정조의 개혁 정치
> • 1모둠 : 영조의 탕평책 계승
> • 2모둠 : (㉠)

① 규장각 설치
② 유신 헌법 제정
③ 수선사 결사 결성
④ 통리기무아문 설치

07 다음에서 설명하는 정책은?

> • 배경 : 방납의 폐단
> • 내용 : 공납을 토산물 대신 쌀, 옷감, 동전 등으로 납부
> • 결과 : 공인의 등장, 상품 화폐 경제의 발달

① 대동법 ② 양천제
③ 전시과 ④ 호포제

08 다음에서 설명하는 나라는?

> • 제너럴 셔먼호 사건을 구실로 신미양요를 일으킴.
> • 서구 열강 중 최초로 조선과 근대적 조약을 체결함.

① 독일 ② 미국
③ 영국 ④ 베트남

09 밑줄 친 '개혁 정강'의 내용으로 옳은 것은?

> 1884년 급진 개화파는 우정총국 개국 축하연을 이용하여 갑신정변을 일으켰다. 이들은 <u>개혁 정강</u>을 마련하여 근대적 개혁을 추진하려 했으나, 청군의 개입으로 실패하였다.

① 율령 반포
② 모내기법 보급
③ 정동행성 설치
④ 인민 평등권 보장

10 다음에서 ㉠ 시기에 들어갈 사건은?

◈ 일제의 국권 침탈 과정 ◈

1904년 러 · 일 전쟁 발발	→	㉠	→	1910년 한국 병합 조약 체결

① 붕당 형성 ② 예송 논쟁
③ 무신 정권 수립 ④ 을사늑약 체결

11 다음에서 설명하는 단체는?

> • 1907년 안창호, 양기탁 등이 비밀 결사로 조직함.
> • 실력 양성을 도모하고 국외 독립운동 기지를 건설함.

① 별기군 ② 비변사
③ 승정원 ④ 신민회

12 다음에서 설명하는 인물은?

■ 한국사 인물 카드 ■

- 별칭 : 녹두 장군
- 주요 활동 : 동학 농민 운동 주도
- 사망 : 우금치 전투 이후 체포되어 1895년 처형

① 이황　　② 강감찬
③ 전봉준　　④ 을지문덕

13 ㉠에 들어갈 내용으로 옳은 것은?

2차 갑오개혁 시기에 [㉠]이/가 반포되었다. 이로 인해 소학교, 외국어 학교, 사범 학교 등 많은 관립 학교가 세워지며 근대적 교육 제도가 마련되었다.

① 교육입국 조서
② 신라 촌락 문서
③ 조선 혁명 선언
④ 7·4 남북 공동 성명

14 ㉠에 들어갈 내용으로 옳은 것은?

한국사 묻고 답하기

질문 [㉠]에 대해 알려 주세요.
ㄴ 답변 일제가 1910년 대한 제국을 강제로 병합하고 설치한 식민 통치의 최고 기구예요.

① 삼별초　　② 도병마사
③ 제가 회의　　④ 조선 총독부

15 ㉠에 들어갈 인물로 옳은 것은?

〈조별 과제 : 민족주의 사학자와 저서 알아보기〉
- 1조 : 박은식 – 한국통사, 한국독립운동지혈사
- 2조 : [㉠] – 조선사연구초, 조선상고사

① 궁예　　② 신채호
③ 이성계　　④ 정약용

16 교사의 질문에 대한 답으로 옳지 <u>않은</u> 것은?

1919년 3월 1일 시작된 거국적인 만세 운동이 국내외에 끼친 영향에 대해 말해 볼까요?

① 강화도 조약이 체결되었어요.
② 대한민국 임시 정부가 수립되었어요.
③ 중국의 5·4 운동에 영향을 주었어요.
④ 일제가 통치 방식을 이른바 문화 통치로 바꿨어요.

17 ㉠에 들어갈 민족 운동은?

> 1931년 동아일보는 문맹 퇴치와 미신 타파를 목표로 농촌 계몽 운동을 전개하였다. 이 운동은 러시아어로 '민중 속으로'라는 뜻의 [㉠]으로 불리기도 하였다.

① 북벌 운동　② 새마을 운동
③ 브나로드 운동　④ 금 모으기 운동

18 ㉠에 해당하는 단체는?

*** 연표로 보는 [㉠]의 활동**

① 의열단
② 보안회
③ 황국 협회
④ 통일 주체 국민 회의

19 다음 설명에 해당하는 것은?

> • 제1차 미·소 공동 위원회 결렬 이후 중도 좌파 여운형, 중도 우파 김규식을 중심으로 한반도 통일 정부 수립을 목적으로 추진
> • 냉전 체제가 격화되고 여운형이 암살당하면서 약화

① 형평 운동　② 위정척사 운동
③ 좌우 합작 운동　④ 국채 보상 운동

20 ㉠에 들어갈 내용으로 옳은 것은?

> 1941년 대한민국 임시 정부는 조소앙의 [㉠]를 기초로 하여 건국 강령을 발표하였다. [㉠]는 정치, 경제, 교육에서의 균등을 바탕으로 개인과 개인, 민족과 민족, 국가와 국가 간의 균등을 추구하자는 주장이다.

① 삼균주의　② 돈오점수
③ 시무 28조　④ 최혜국 대우

21 밑줄 친 '전쟁'으로 옳은 것은?

> <u>전쟁</u>이 교착 상태에 빠지자, 소련은 국제 연합에 정전을 제안하였다. 정전 협상은 군사 분계선, 포로 송환 문제 등으로 2년여 동안이나 이어졌고, 마침내 1953년 7월 27일 판문점에서 정전 협정이 체결되었다.

① 임오군란　② 임진왜란
③ 6·25 전쟁　④ 청산리 대첩

22 ㉠에 들어갈 내용으로 옳은 것은?

① 사창제
② 진대법
③ 친명배금 정책
④ 경제 개발 5개년 계획

23 ㉠에 들어갈 내용으로 옳은 것은?

> **〈1980년대 대한민국의 민주주의 발전〉**
> 5·18 민주화 운동 → [㉠] → 대통령 직선제 개헌

① 아관파천
② 5·10 총선거
③ 6월 민주 항쟁
④ 모스크바 3국 외상 회의

24 다음 설명에 해당하는 제도는?

> • 김영삼 정부에서 투명한 금융 거래 정착과 부당한 정치 자금 거래 근절 등을 목적으로 시행
> • 금융 거래에서 실제 이름을 사용해야 하는 제도

① 농지 개혁
② 노비안검법
③ 금융 실명제
④ 황국 신민화 정책

25 ㉠에 들어갈 내용으로 옳은 것은?

> **제1조** 남과 북은 서로 상대방의 체제를 인정하고 존중한다.
> **제9조** 남과 북은 상대방에 대하여 무력을 사용하지 않으며 상대방을 무력으로 침략하지 아니한다.
> – [㉠](1991) –

① 과전법　② 전주 화약
③ 국가 총동원법　④ 남북 기본 합의서

EBS 교육방송교재

고졸 검정고시 **한국사**

EBS 교육방송교재

2025
고졸 검정고시

EBS 교육방송교재

고졸 검정고시

- 최신기출 완벽분석
- 시험에 꼭 나오는 핵심 이론 정리
- 적중률 높은 문제 구성

2025

고졸 검정고시

한국사

정답 및 해설

인터넷 강의

검스타트

www.gumstart.co.kr

신지원

2025

고졸 검정고시

한국사

정답 및 해설

정답 및 해설

PART Ⅰ 전근대 한국사의 이해

적중 예상 문제 본문 47~67p

01 ④	02 ②	03 ④	04 ①	05 ④
06 ④	07 ③	08 ③	09 ④	10 ④
11 ②	12 ③	13 ④	14 ④	15 ①
16 ①	17 ①	18 ③	19 ④	20 ③
21 ③	22 ③	23 ④	24 ③	25 ③
26 ②	27 ④	28 ④	29 ④	30 ①
31 ③	32 ①	33 ④	34 ④	35 ④
36 ②	37 ③	38 ④	39 ①	40 ①
41 ④	42 ①	43 ②	44 ②	45 ④
46 ③	47 ④	48 ③	49 ③	50 ③
51 ②	52 ①	53 ④	54 ③	55 ③
56 ①	57 ④	58 ①	59 ④	60 ①
61 ③	62 ①	63 ①	64 ③	65 ②
66 ④	67 ①	68 ③	69 ①	70 ③
71 ①	72 ③	73 ②	74 ②	75 ④
76 ④	77 ②	78 ③	79 ③	80 ③
81 ③	82 ①	83 ④	84 ①	85 ③
86 ①	87 ④	88 ③	89 ③	90 ④
91 ②	92 ①	93 ④	94 ④	95 ④
96 ①	97 ②	98 ③	99 ③	100 ②
101 ②	102 ④	103 ②	104 ④	105 ③
106 ③	107 ①	108 ②	109 ②	110 ①
111 ④	112 ①			

01 정답 ④

주먹도끼는 구석기 시대의 대표적인 뗀석기이며, 이 시대에는 무리를 지어 사냥과 채집, 어로 생활을 하였다.

오답피하기

①, ②, ③은 청동기 시대에 해당한다.

02 정답 ②

신석기 시대에는 가락바퀴와 뼈바늘을 사용하여 옷을 지어 입거나 그물을 만들었다. 신석기 시대에 들어와 농경이 시작되었으며, 움집에서 살면서 간석기와 빗살무늬 토기 등을 제작하였다. 또한 갈돌과 갈판을 이용하여 곡식 낟알의 껍질을 벗기거나 가루를 내었다.

03 정답 ④

신석기 시대에는 강가나 바닷가에 움집을 짓고 살았다. 이때의 움집은 땅을 1m 정도 판 후 기둥을 세우고 지붕을 덮은 형태이다.

오답피하기

① 고조선은 청동기 문화를 바탕으로 건국되었다.
② 벼는 청동기 시대부터 재배되었다.
③ 슴베찌르개는 주먹도끼와 더불어 대표적인 구석기 시대의 뗀석기이다.

04 정답 ①

청동기 시대의 유적은 만주 지역과 한반도에 걸쳐 널리 분포되어 있다. 이 시기의 전형적인 유물로는 곡식을 추수하는 데 쓰인 반달 돌칼과 비파형 동검, 거친무늬 거울 등의 청동기, 미송리식 토기, 민무늬 토기 등의 토기가 있다. 이들 유물은 청동기 시대의 집터를 비롯하여 고인돌, 돌널무덤, 돌무지무덤 등 당시의 무덤에서 나오고 있다.

오답피하기

②, ③ 구석기 시대이다.
④ 신석기 시대이다.

05 정답 ④

세형 동검은 한반도에서만 발견되는 청동검으로, 우리의 청동 기술이 독자적인 단계에 이르렀음을 증명한다.

오답피하기
① 칠지도는 백제가 일본에 하사한 것으로, 4세기 두 나라의 관계를 알려 주는 유물이다.
② 금동 대향로는 백제의 뛰어난 공예 기술을 엿볼 수 있는 문화재이다.
③ 명도전은 중국의 화폐로, 한반도에서 명도전이 발견된 것은 한반도와 중국이 고대 사회부터 교류가 있었음을 증명한다.

06 정답 ④
우리나라 신석기 시대의 대표적인 토기는 빗살무늬 토기이다. 빗살무늬 토기가 나온 유적은 전국 각지에 널리 분포되어 있다. 대표적인 유적은 서울 암사동으로 대부분 바닷가나 강가에 자리 잡고 있다.

오답피하기
① 청동기 시대의 미송리식 토기이다.
② 구석기 시대의 뗀석기이다.
③ 청동기 시대의 반달 돌칼이다.

07 정답 ③
단군 신화는 '환웅 부족'과 '웅녀 부족'이 연합하여 고조선을 건국한 상황을 반영하고 있다. 이 이야기는 고려 후기에 편찬된 일연의 『삼국유사』에 최초로 수록되어 있다. 고조선 초기에는 통치자를 단군왕검이라 불렀는데, 이는 군장이 정치와 제사를 담당하고 있었던 제정일치 사회를 반영한다.
③ 난생설화(알에서 태어난 이야기)는 주몽, 박혁거세, 김수로왕 등에서 볼 수 있다.

08 정답 ③
한반도 남부 지방에는 철기 문화를 바탕으로 여러 소국들로 이루어진 마한, 진한, 변한의 연맹체가 발전하였다. 이들을 아울러 삼한이라고 한다. 삼한에는 천군이라는 제사장이 있어 종교를 주관하고 소도를 다스렸다. 삼한은 벼농사를 많이 지었으며, 씨뿌리기가 끝난 5월과 추수가 끝난 10월에 제천 행사를 열어 풍요를 기원하고 추수에 감사하였다.

09 정답 ④
주어진 자료에 '우리 민족 최초의 국가로 8조의 법을 운영'하였다는 내용과 '비파형 동검과 탁자식 고인돌로 문화 범위를 추정'한다는 내용이 차례로 나와 있다. 이를 통해 우리 민족 최초의 국가인 고조선에 대한 것임을 알 수 있다. 8조법은 8개 조항으로 된 고조선의 법률이며, 비파형 동검과 탁자식 고인돌 역시 고조선의 대표 유물이다.

10 정답 ④
삼한의 군장은 신지와 읍차로 불렸다. 이 나라들은 남부 지역에 위치하여 일찍부터 벼농사가 발달하였고, 5월과 10월 두 번에 걸쳐 계절제를 지냈다. 삼한에는 천군이라는 제사장이 있어 종교를 주관하고 소도를 다스렸다.

오답피하기
① 서옥제(데릴사위제)는 고구려의 결혼 풍습이다.
② 성리학은 고려 말에 전래되어, 조선 시대에 발달하였다.
③ 고구려는 5부족이 연합하여 건국되었으나, 6대 태조왕 시기부터는 계루부에서 왕위를 독점하였다. 계루부는 주몽이 속했던 부족으로, 군장은 고씨 성을 사용하였다.

11 정답 ②
제시문은 동예의 책화를 설명한 것으로, 동예는 부족 간 경계를 엄격히 지켰기 때문에 이러한 풍습이 존재하였다.

오답피하기

① 소도는 삼한의 천군이 다스리는 별읍으로, 군장의 힘이 미치지 않는 종교적 공간이다.
③ 서옥제는 고구려의 결혼 풍습으로, 데릴사위제의 일종이다.
④ 사출도는 부여의 군장들이 다스리는 지역으로, 왕이 다스리는 중앙 지역과 구분된다.

12 정답 ③

옥저는 토지가 비옥하여 농경이 발달하고, 해산물이 풍부하였다. 그러나 1~2세기부터 고구려의 지배를 받아 소금, 어물 등을 공물로 바쳤다. 옥저에는 민며느리제의 혼인 풍습과 가족의 뼈를 추려 가족 공동 무덤인 목곽에 안치하는 가족 공동 묘제의 풍습이 있었다.

13 정답 ④

부여는 왕과 4부족장이 손잡은 연맹 왕국이다. 이때 4부족장은 마가, 우가, 저가, 구가로 불리며 사출도를 통치하였다.

오답피하기

① 골품제는 신라의 귀족 신분제이다.
② 고대 국가의 결혼 풍습으로 동예의 족외혼, 고구려의 서옥제, 옥저의 민며느리제가 있다.
③ 고구려의 대군장들은 제가 회의를 열어 중대사를 논의하였다. 이를 통해 고구려가 초기에는 왕권이 약한 연맹 왕국이었음을 알 수 있다.

14 정답 ④

삼한 중 변한은 철이 매우 풍부하였다. 이를 바탕으로 뛰어난 철기 문화를 발달시켜 철 제품을 낙랑과 왜에 수출하였다.

15 정답 ①

제시문은 고조선의 8조법이다.

오답피하기

② 훈요 10조는 고려 태조가 후손에게 남긴 글이다.
③ 시무 28조는 최승로가 고려 성종에게 올린 개혁안이다.
④ 대한국 국제는 대한 제국이 1899년에 제정한 일종의 헌법이다.

16 정답 ①

4세기 백제는 수군을 정비하여 중국의 요서 지방으로 진출하였고, 이어서 산둥 지방과 일본의 규슈 지방에까지 진출하였다. 이러한 백제와 일본의 친교 관계를 보여 주는 유물이 칠지도이다.

17 정답 ①

백제 성왕은 수도를 사비(부여)로 옮기고, 국호를 남부여로 고치면서 중흥을 꾀하였다. 국력을 회복한 백제는 신라와 함께 고구려를 공격하여 한강 하류 지역을 되찾았다. 얼마 후 신라가 한강 하류 지역을 차지하자, 백제는 보복에 나섰으나 성왕이 관산성 싸움에서 전사하면서 크게 패하였다.

18 정답 ③

신라는 내물왕 이전까지 왕을 '이사금'으로 불렀다. 이사금은 연장자를 의미한다. 내물왕 때 왜 침입을 격퇴하면서 왕권이 강화되자, 왕은 대군장을 의미하는 '마립간'으로 불리게 되었다.

오답피하기

① 법흥왕은 율령을 반포하였다.
② 문무왕 때 삼국을 통일하였다.
④ 진흥왕은 한강 하류를 점령한 후 북한산 순수비를 건립하였다.

19 정답 ④

신라는 내물왕 때 왜와 백제·가야 연합군의 공격을 받았다. 자국의 힘만으로 이를 제압하지 못한 내물왕은 고구려 광개토 대왕에게 도움을 요청하였고, 이에 광개토 대왕은 5만 군대를 신라에 보내 왜를 격퇴하였다

(400). 이는 고구려가 신라와 왜·가야 사이의 세력 경쟁에 개입한 것을 의미하며, 이로 인해 고구려가 한반도 남부 지역까지 영향력을 미치게 되었다. 이후 고구려의 군대는 한동안 신라 영토 내에 머물기도 하였는데, 이를 보여 주는 것이 호우명 그릇이다.

오답피하기
① 빗살무늬 토기는 신석기 시대의 대표적인 토기이다.
② 칠지도는 백제에서 제작하여 왜왕에게 하사한 것으로 알려져 있다.
③ 12세기 중엽, 고려만의 독창적인 무늬와 기법으로 탄생한 상감 청자는 무신 집권자들에게 널리 애용되어 강화도로 도읍을 옮긴 13세기 중엽에 전성기를 누렸다.

20 정답 ③
진대법은 고구려 고국천왕 때에 처음 실시된 제도로 을파소의 건의로 만들어졌다. 가난한 농민들에게 나라에서 거두어 놓은 곡식을 봄에 빌려주고 가을에 추수한 후 다시 거두어들이는 제도이다.

오답피하기
① 의창은 고려와 조선에서 곡식을 대여하는 제도이다.
② 방곡령은 개화기 때 발표된 법령으로, 일본으로의 곡식 수출을 일시적으로 중단시키기 위해 제정하였다.
④ 호포제는 흥선 대원군이 양반에게도 군포를 징수하도록 한 제도이다.

21 정답 ③
장수왕은 광개토 대왕의 위업을 계승하여 5세기에 고구려의 전성기를 이루었다. 장수왕은 넓어진 영토를 체계적으로 다스리기 위해, 그리고 국내성의 귀족 세력을 약화시키고 왕권을 강화하기 위해 국내성에서 평양성으로 수도를 옮기고(427), 남진 정책을 적극적으로 추진하였다. 고구려의 남진 정책에 위협을 느낀 백제와 신라는 나·제 동맹을 맺어 대항하였다(433).

오답피하기
① 신라 중대 신문왕 때 귀족의 경제 기반이었던 녹읍이 폐지되었다.
② 백제가 관등제를 정비하고 율령을 반포한 것은 3세기 고이왕 때이다.
④ 고려 후기 공민왕은 원의 쌍성총관부를 공격하여 철령 이북의 영토를 회복하였다.

22 정답 ③
평양은 우리 역사에서 매우 위상이 높았다. 고구려 장수왕이 국내성에서 이곳으로 천도했으며, 고려 시대에는 서경으로 불리며 북진 정책의 전진 기지였다. 묘청은 개경파 견제를 위해 서경으로의 천도를 시도하기도 하였다.

23 정답 ④
삼국 시대에는 율령을 반포하여 체제를 정비하고, 불교를 받아들여 국가의 이념으로 삼아 왕권을 강화하면서 중앙 집권 체제를 정비하였다.

오답피하기
① 동학에 해당한다.
② 성리학에 해당한다.
③ 신라 말에 유행한 풍수지리설에 해당한다.

24 정답 ③
고구려의 제가 회의, 백제의 정사암 회의, 신라의 화백 회의는 귀족 회의체이다. 삼국은 이러한 귀족 회의체를 열어 국가 중대사를 결정하였다.

25 정답 ③
신라는 6세기에 들어서 지증왕, 법흥왕, 진흥왕이 연속해서 통치하였다. 이 시기 신라의 영토가 크게 확장되었고, 특히 진흥왕 때에는 한강 중상류 지역을 차지하였다.

오답피하기
①, ④는 4세기에 해당한다.
②는 5세기에 해당한다.

26 정답 ②

ㄱ. 화백 제도는 국왕과 귀족 간의 권력 조절 기능을 담당하였다.

ㄹ. 원시 사회의 청소년 집단에서 기원한 신라의 화랑도는 귀족 자제 중에서 선발된 화랑을 지도자로 삼고, 귀족은 물론 평민까지 망라한 많은 낭도가 그를 따랐다.

오답피하기

ㄴ. 몽골풍은 고려 말 원 간섭기에 유행하였다.

ㄷ. 22담로는 백제 무령왕이 지방 세력 견제를 위해 설치하였다.

27 정답 ④

고구려 장군 출신인 대조영은 고구려 유민과 말갈족을 이끌고 랴오허강을 건너 동쪽으로 이동하였다. 대조영은 당의 추격을 물리치고 만주의 동모산 기슭에 이르러 성을 쌓아 도읍을 정하고 발해를 세웠다.

오답피하기

①, ②는 고구려의 장수왕에 해당한다.

③은 고구려의 제천 행사이다.

28 정답 ④

민정 문서는 1933년 일본 도다이사(東大寺) 쇼소인(正倉院)에서 발견되었는데, 당시 촌락의 경제 상황과 국가의 세무 행정을 알 수 있는 자료이다. 신라는 촌락의 토지 크기, 인구수, 소와 말의 수, 특산물 등을 파악하는 문서를 만들고 이를 근거로 조세, 공물, 부역 등을 거두었다.

29 정답 ④

고구려의 연개소문이 정변을 일으켜 권력을 장악하고, 당과 신라에 대해 강경한 대외 정책을 펼치자 당 태종은 연개소문의 정변을 구실로 고구려를 침입하였다. 당군은 요동성, 백암성 등을 차례로 무너뜨린 뒤 서쪽 변경에 있는 안시성을 포위하고 수십 일에 걸쳐 공격하였다. 그러나 안시성의 성주와 백성들은 결사적으로 방어하여 당의 공격을 끝내 물리쳤다(645).

오답피하기

① 거란의 3차 침입 때는 강감찬이 귀주에서 거란군을 격파하였다(귀주 대첩, 1019).

② 정유재란 당시 조선군은 왜군을 맞아 결사적으로 항전하였고, 이순신이 명량 대첩에서 승리하면서 왜군은 전의를 상실하였다.

30 정답 ①

신라 말 중앙 정부가 어수선해지면서 지방에서는 호족 세력이 성장하였다. 이들은 자신의 근거지에 성을 쌓고 군대를 거느려 군사권을 장악하는 한편, 농민들로부터 세금을 거두고 지방을 실질적으로 통치하였다.

31 정답 ③

통일 후 신라는 이전에 비해 왕권이 전제화되었다. 신문왕은 귀족 세력을 약화시키기 위해 상대등의 권한을 약화시켰고, 녹읍을 폐지하는 등 여러 정치적 개혁을 단행하였다. 또 국학을 설치하여 유교 통치 이념을 강화하였다.

③ 신라 말기 사회가 혼란해지면서 지방에서는 호족이라 불리는 새로운 세력이 성장하였다. 이들은 중앙 정부의 통제에서 벗어나면서 반독립적인 세력으로 성장하여 스스로 성주 또는 장군이라 칭하며 그 지방의 행정권과 군사권을 장악하였다.

32 정답 ①

9세기 이후 황해와 남해안 일대에 해적의 약탈 행위가 극심해지자, 장보고는 완도에 청해진을 설치하여 해적을 소탕하였다. 이후 청해진을 중심으로 당과 신라, 일본을 연결하는 해상 무역권을 장악하였다.

오답피하기

② 벽란도는 고려의 무역항이다.

③ 5소경은 통일 신라에서 설치한 일종의 거점 도시로, 수도 금성이 동남쪽에 치우쳐 있는 점을 보완하기 위해 마련되었다.

④ 강동 6주는 압록강 일대의 지역으로, 고려 때 서희가 외교 담판을 통해 획득하였다.

33 정답 ④

백제와 고구려가 멸망한 후 당은 대동강 이남의 땅을 신라에게 준다는 약속을 어기고 한반도 전체를 지배하려는 야심을 드러냈다. 이에 신라는 당군을 몰아내기 위한 전쟁에 나서게 되었다. 그 후 신라는 매소성 전투와 기벌포 전투에서 당군을 완전히 몰아냄으로써 삼국 통일을 이룩하였다.

34 정답 ④

통일 신라는 유교를 정치 이념으로 삼아 왕권을 강화하고자 하였다. 신문왕은 국학을 설치하여 유교를 교육하였고, 원성왕은 경전의 이해 수준을 평가하는 독서삼품과를 실시하였다(788).

오답피하기

① 음서제는 고려 시대에 5품 이상의 고위 관료의 자손 등이 과거를 거치지 않고 관리가 될 수 있었던 제도였다.
② 진대법은 고구려에서 봄에 가난한 백성들에게 곡식을 빌려주고 가을에 갚도록 한 제도였다.
③ 신라의 청소년 단체인 화랑도는 진골 출신의 화랑과 진골 이하 평민에 이르는 수많은 낭도들로 구성되어 있었다.

35 정답 ④

신문왕의 정책

- 김흠돌의 모역 사건을 계기로 귀족 세력 숙청
- 9주 5소경의 지방 조직 체제 완비
- 9서당 10정 설치
- 관료전 지급, 녹읍 폐지
- 유학 사상 강조, 국학(국립 대학) 설립

36 정답 ②

제시문은 삼국 통일 과정에서 일어난 주요 사건을 정리한 것이다. 신라는 당의 도움으로 백제와 고구려를 차례로 무너뜨렸다. 하지만 당이 애초에 약속한 사항을 지키지 않고 한반도 전체를 점령하려 하자, 결국 두 나라는 나·당 전쟁에 돌입하였다. 전쟁 초반에는 신라가 열세였으나, 매소성과 기벌포에서 신라군이 대승을 거두자 당군은 물러났다. 이로써 삼국 통일이 마무리되었다.

오답피하기

③ 관산성 전투는 백제 성왕이 신라 진흥왕의 군대와 격돌한 전투로, 이 전투에서 백제 성왕이 사망하였다.
④ 황산벌 전투는 백제 계백이 신라 김유신과 맞붙은 전투로, 이 전투 직후 백제는 멸망하였다.

37 정답 ③

발해는 중국과 대등한 지위에 있음을 대외적으로 과시하기 위하여 인안, 대흥 등의 독자적인 연호를 사용하였다. 발해는 고구려 문화를 계승하면서 당과 말갈 문화를 받아들였다. 이를 바탕으로 발해만의 독자적인 문화를 발전시켜 다채로운 모습을 보여 주었다.

③ 골품제는 신라의 신분 제도이다.

38 정답 ④

원효는 '나무아미타불'을 외우면 극락정토에 이른다고 주장하였다(정토종 보급).

오답피하기

① 원광 : 세속 5계(진평왕 때) 제시
② 의상 : 화엄종 창설, 『화엄일승법계도』에서 화엄 사상의 요체 제시
③ 김대문 : 『화랑세기』, 『고승전』 저술

39 정답 ①

삼국 시대에는 한자의 보급과 함께 학문이 발달하면서 교육 기관이 설립되었다. 고구려는 수도에 태학을 세워 유교 경전과 역사를 가르쳤고, 지방의 경당에서는 청소년들에게 한학과 무술을 가르쳤다. 백제는 오경박사(유교 경전)와 의박사(의료), 역박사(천문·역법) 등을 두어 유교 경전과 기술학을 가르쳤다. 신라에서도 젊은이들이 유교 경전을 공부하였다는 사실이 임신서기석에 나타나 있다.

40 정답 ①

주어진 자료는 백제 금동 대향로, 백제의 산수무늬 벽돌로 두 유물에는 공통적으로 도교적 요소가 반영되어 있다. 삼국에 전래된 도교는 산천 숭배나 신선 사상과 결합하여 귀족 사회를 중심으로 유행하였다.

41 정답 ④

무령왕릉은 백제 성왕 시기에 축조된 무덤으로, 우리나라에서 흔하지 않은 벽돌무덤 양식으로 조성되었다. 무령왕 시기에 중국 남조의 양나라와 외교 관계를 굳건히 하여, 중국의 벽돌 제작 기술을 도입할 수 있었다. 또한 무덤의 주인이 무령왕과 왕비임을 알려 주는 묘지석이 발견되어 백제 왕릉 중 유일하게 주인이 밝혀졌다.

오답피하기

① 천마총은 신라 왕의 무덤으로, 천마도가 발견된 돌무지덧널무덤이다.
② 장군총은 고구려 왕의 무덤으로, 돌무지무덤이다.
③ 강서대묘는 고구려 무덤으로, 굴식 돌방무덤 안에 사신도가 그려져 있다.

42 정답 ①

돌무지덧널무덤은 신라에서만 조성된 무덤 형태로, 무덤 윗부분을 덮고 있는 돌이 내려앉기 때문에 도굴이 쉽지 않아 부장품이 많이 남아 있다. 대표적인 발굴품으로는 천마도(말 덮개용 가죽), 각종 금관, 호우명 그릇 등이 있다.

오답피하기

② 석굴암과 본존불은 통일 신라 때 제작되었다.
③ 움집은 신석기 시대의 주거지이다.
④ 『칠정산』은 조선 세종 때 만든 역법서이다.

43 정답 ②

(가)에 들어갈 고려의 지배 세력은 문벌 귀족이다. 이들은 중서문하성과 중추원의 고위 관직을 독점하고, 음서를 통해 정치적 지위를 자손에게 물려주며, 공음전을 세습하여 경제적으로 풍요로운 삶을 이어갈 수 있었다. 이들은 무신 정변으로 권력을 상실하였다.

44 정답 ②

광종은 국왕의 권위를 높이기 위해 광덕·준풍 등 독자적 연호를 사용하였으며, 호족 세력을 약화시키고 국가 수입 기반을 확대하기 위해 노비안검법을 실시하였다. 또 과거제 실시, 백관의 공복 제정 등의 정책을 시행하였다.

45 정답 ④

12세기 초에 여진족이 부족 통합을 이루고 고려의 국경까지 남하하여 고려군과 충돌을 빚었다. 이에 윤관은 별무반을 편성하여 여진족을 북방으로 밀어내고 9성을 개척하였다(동북 9성).

46 정답 ③

신진 사대부는 성리학을 수용하여 고려 사회를 바꿔 보고자 하였다. 이들은 권문세족의 불법적 재산 축적과 불교의 타락상을 비판하였다.

오답피하기

① 신라 말 호족에 관한 내용이다.
② 음서를 통해 관직에 주로 진출한 세력은 문벌 귀족과 권문세족이다.
④ 천주교는 조선 후기에 여성과 평민층을 중심으로 확산되었다.

47 정답 ④

원 간섭기를 거치면서 농민이 노비로 전락하거나 권문세족에게 토지를 빼앗기는 일이 빈번하였다. 공민왕은 이러한 문제를 개혁하기 위해 전민변정도감을 설치하였다. 또한 군대를 보내 쌍성총관부를 폐지시키고 철령 이북의 땅을 회복하였다.

오답피하기

ㄱ. 만권당은 충선왕이 원에 세운 학술 기관으로, 성리학 전래에 기여하였다.

48 정답 ③

고려 태조는 지방 호족들을 견제하고 지방 통치를 보완하기 위하여 사심관과 기인 제도를 활용하였다. 또한 『정계』와 『계백료서』를 지어 관리들이 지켜야 할 규범을 제시하였다. 아울러 후대 왕들이 지켜야 할 정책 방향을 제시하는 훈요 10조를 남기기도 하였다.

- 기인 제도 : 지방 호족의 자제를 인질로 서울에 머물게 한 제도로, 지방 세력의 견제와 중앙 정계로의 진출이라는 성격을 띠고 있다.
- 사심관 제도 : 지방 출신으로서 중앙의 고관이 된 자를 자기 출신 지역의 사심관으로 임명하여 중앙에 머물면서 출신 지역의 부호장 이하의 향직 추천 임명권을 주어 그 지방의 치안 질서 유지의 연대 책임을 물었다.

49 정답 ③

최승로는 유교 정치 이념을 바탕으로 나라를 다스려야 한다고 생각하였다. 성종은 최승로의 시무 28조를 수용하여 통치 체제를 정비하였다. 성종은 전국의 주요 지역에 12목을 설치하고 목사를 파견하였으며, 지방의 중소 호족을 향리로 편입하여 통제하였다. 또 중앙 관제를 마련하는 등 여러 제도를 정비하고, 불교 행사를 억제하여 재정 낭비를 줄이는 데에도 힘썼다.

50 정답 ③

명이 철령 이북을 요구하자 고려는 요동 정벌로 응수하였다. 우왕은 이성계에 이 일을 맡겼다. 하지만 이성계는 위화도에서 회군하여 우왕을 몰아내고 새로이 창왕을 옹립하였다. 나아가 급진파 사대부의 제안을 받아들여 과전법을 제정하고, 1년 뒤 조선을 건국하였다.

51 정답 ②

고려 성종 때 거란의 침입으로 위기를 맞아 고려의 일부 대신들은 영토를 떼어 주고 거란과 화의를 맺자고 주장하였다. 그러나 서희는 거란이 침략한 목적이 고려와 송과의 관계를 끊어 놓는 데 있음을 알고 소손녕과 외교 담판을 벌였다. 서희는 고려가 고구려를 계승한 국가임을 내세우며 거란과 교통하지 않았던 까닭은 압록강 동쪽의 땅을 차지한 여진이 길을 막고 있기 때문이라고 말하였다. 그리고 만약 여진을 내쫓고 압록강 동쪽의 영토를 돌려준다면 송과의 관계를 끊겠다는 내용의 화약을 맺었다. 그 결과 고려는 이 지역의 여진족을 몰아내고 강동 6주를 회복함으로써 영토가 압록강 유역까지 확대되었다.

오답피하기

④ 김유신은 신라의 삼국 통일을 이끈 장수이다.

52 정답 ①

고려 시대 묘청 등 서경 세력은 풍수지리설을 앞세워 서경에 궁궐을 짓고 도읍을 옮기려 하였다. 아울러 칭제건원을 통해 고려가 황제국임을 분명히 하고, 금을 정벌하자고 주장하였다. 그러나 김부식 등 개경 문벌 귀족들의 반발로 서경 천도가 불가능해지자 국호를 대위, 연호를 천개로 정하고 서경에서 반란을 일으켰다(1135). 이 반란은 김부식이 이끄는 관군에게 진압되어 서경 천도 운동은 실패로 끝났다.

53 정답 ④

고려 후기에는 몽골의 침입을 거쳐 원의 간섭을 받게 되면서 권문세족이라고 불리는 새로운 지배층이 등장하였다. 이들은 무신 집권기에 권력을 잡은 무신과 실무에 서툰 무신을 도운 문신, 문벌 귀족으로 무신 집권기에도 세력을 유지한 가문, 원 간섭기에 원과의 관계를 배경으로 성장한 친원 세력 등으로 이루어졌다.

54 정답 ③

자료에 〈고려의 신분 구성〉이라는 제목과 함께 '㉠은/는 고려 때 새롭게 등장한 신분 계층으로, 주로 지배 기구의 말단 행정 실무를 담당하였다'는 내용이 나와 있다. 이를 통해 제시된 ㉠은 중간 계층 또는 중류층을 가리킴을 알 수 있다. 고려 시대의 중류층으로는 중앙과 지방의 각 관아(관청)에서 근무하던 서리, 지방 관아(관청)의 행정 실무를 처리하던 향리, 궁궐에서 일하던 내료인 남반, 하급 장교 등이 있었다.

③ 노비는 최하층 신분인 천민에 속하였다.

55 정답 ③

거란은 세 차례에 걸쳐 고려를 침입하였는데, 1차 침입 당시에는 소손녕이 이끄는 거란군이 쳐들어오자 당시 고려에서는 서경 이북 지방을 내주고 화의를 맺자는 주장이 나왔다. 이때 서희가 외교 협상에 나서 고려가 고구려를 계승하였음을 주장하고, 여진이 차지한 압록강 동쪽의 강동 6주를 돌려준다면 송과의 관계를 끊기로 약속하였다. 그리고 3차 침입 때 고려는 강감찬의 활약으로 귀주에서 거란군을 크게 물리쳤다.

56 정답 ①

삼별초는 마지막까지 대몽 항쟁을 전개하였다. 무신 정권이 몽골과 강화를 맺고 개경으로 천도하자, 삼별초는 이를 거부하고 강화도에서 저항을 지속하였다. 강화도가 함락당할 위기에 처하자 진도와 제주도로 옮겨 가며 약 3년 동안 몽골에 저항하였다.

오답피하기

② 별무반은 여진족 토벌을 위해 윤관의 제안으로 조직되었다.
③ 훈련도감은 조선 후기 중앙군의 핵심 부대로, 삼수병으로 조직되었다.
④ 대한 독립군은 홍범도가 이끄는 독립군 부대로, 봉오동 전투에서 승리하였다.

57 정답 ④

고려 말 신진 사대부들은 국가로부터 토지를 받지 못해 경제적 기반을 위협받았고, 많은 농민들은 노비로 전락하여 국가 재정이 악화되었다. 이러한 상황을 개혁하기 위해 공민왕은 신돈을 등용하여 전민변정도감을 설치하였다.

오답피하기

① 의정부는 조선 시대 국정을 총괄하였던 기구이다.
② 도병마사는 고려 초기에는 임시 회의 기구였으나, 후기에 도평의사사로 개편되면서 구성원이 확대되고, 국정 전반에 걸친 중요 사항을 담당하는 최고 정무 기관으로 발전하였다.
③ 무신 집권기 최충헌은 교정도감을 두어 국가 전반에 관한 일을 총괄하였다.

58 정답 ①

고려의 국가 체제가 유교 이념을 바탕으로 정비되면서 문신이 정치의 주도권을 장악하였다. 이 때문에 무신은 문신에 비해 차별 대우를 받았다. 고려에서는 무과가 거의 실시되지 않았고, 무신은 승진에 제한을 받았으며 군사 최고 지휘권은 문신이 독점하였다. 이러한 상황에서 의종이 측근 세력에 기대어 실정을 거듭하자, 정중부, 이의방 등 무신들은 정변을 일으켜 문신들을 몰아냈다.

오답피하기

② 임오군란은 1882년에 구식 군인들이 임금을 제대로 받지 못한 것에 항의한 사건이다.

59 정답 ④

도병마사와 식목도감은 고려의 독자적인 정치 기관으로, 중서문하성과 중추원의 고위 관리들이 참여하여 국가의 중대사를 논의하던 회의 기구이다.
도병마사에서는 국방 문제를 담당하고, 식목도감은 법제 문제를 담당하였다.

오답피하기

① 정방은 최우가 만든 인사 기관이다.
② 비변사는 조선 후기 최고 정치 기관이다.
③ 교정도감은 최충헌이 만든 국정 총괄 기관이다.

60 정답 ①

관리 감찰 기구로는 고려의 어사대와 조선의 사헌부가 있다. 이 기관의 관리들은 대간으로 불리며, 왕이 관리를 임명할 때 서경권(임명 동의권)을 행사하며 왕권의 남용을 견제하였다.

오답피하기

② 집사부는 신라의 중앙 정치 기구로, 왕명을 집행하는 기관이다.
③ 제가 회의는 고구려의 귀족 회의이다.
④ 통리기무아문은 강화도 조약 체결 직후에 설립된 조직으로, 개화를 전담하는 기구이다.

61 정답 ③

무신 정권기에 이르러 부곡이나 소 등 특수 행정 구역의 주민들이 봉기를 일으켰다. 이들은 무겁고 차별적인 조세 부과에 반발하여 일어났는데, 대표적 사건은 공주 명학소에서 일어난 망이·망소이의 난이다. 또한 노비들은 신분 해방 운동을 일으켰다. 전주의 관노비들과 최충헌의 사노비인 만적 등은 노비라는 신분에서 해방되기 위해 노력하였다.

오답피하기

② 백제의 부흥 운동을 이끈 인물로는 복신, 도침, 흑치상지 등이 있다.
④ 의천과 지눌은 각각 고려 전기와 후기에 불교 통합 운동을 전개하였다.

62 정답 ①

가난한 백성에게 곡식을 대여해 주는 제도로는 고구려의 진대법, 고려와 조선의 의창, 조선 후기의 환곡이 있다.

오답피하기

② 향약은 조선 시대에 전통적 공동 조직과 미풍양속을 계승하면서 유교 윤리를 가미하여 교화 및 질서 유지에 알맞게 구성한 것이다.
③ 조선 정부는 선교사 알렌의 제안에 따라 1885년 신식 병원인 광혜원을 설립하였다.
④ 동학 농민군은 전라도 53개 군현에 집강소를 설치하여 지역의 치안을 유지하고 부패한 행정을 개혁해 나갔다.

63 정답 ①

고려의 토지 제도를 전시과라 한다. 문무 관리에게 토지를 나눠 주고 조세를 징수할 수 있도록 하였다. 이때 5품 이상의 관리에게는 공음전을, 중앙 군인에게는 군인전을 지급하였다.

64 정답 ③

고려 말에 권문세족이 불법적으로 소유한 대농장은 산과 산을 경계로 할 만큼 거대하였다. 이로 인해 농민은 토지를 빼앗겼고, 젊은 관리들은 토지를 지급받지 못하였다. 급진파 사대부인 정도전, 조준 등은 토지 개혁을 통해 이 문제를 해결하고자 하였고, 이렇게 탄생한 제도가 과전법이다. 과전법으로 관리들은 경기 땅의 수조권을 받았고, 권문세족은 경제적으로 몰락하였다.

오답피하기

①, ② 녹읍과 관료전은 신라의 토지 제도이다.
④ 직전법은 조선 세조 때 마련된 토지 제도로, 과전법과 달리 현직 관리에게만 수조권을 지급한 것이 특징이다.

65 정답 ②

석굴암 본존불은 통일 신라의 유물이다.

오답피하기

① 직지심체요절은 청주 흥덕사에서 인쇄한 현존하는 가장 오래된 금속 활자본으로, 프랑스 파리 국립 도서관에 보관되어 있다.
③ 상감 청자는 12세기 중엽 고려의 독창적 기법인 상감법을 자기에 활용한 것으로, 강화 천도 이후 많이 만들어졌으며 원 간섭기 이후 쇠퇴하였다.
④ 고려 시대의 석탑은 다각 다층탑으로, 월정사 8각 9층 석탑과 경천사지 10층 석탑이 대표적이다.

66 정답 ④

청주 흥덕사에서 만든 『직지심체요절』(1377)은 오늘날 세계에서 가장 오래된 금속 활자본으로 인정받고 있다.

직지심체요절은 현재 하권만이 프랑스 국립 도서관에 소장되어 있다.

67 정답 ①

고려는 건국 초기부터 왕조 실록을 편찬하였으나 지금은 전하지 않는다. 인종 때 김부식은 유교적 합리주의 사관에 따라 『삼국사기』를 편찬하였다. 『삼국사기』는 우리나라에 현존하는 가장 오래된 역사서이다.

68 정답 ③

고려 후기에는 성리학이 전래되어 사상계뿐만 아니라 정치, 경제, 사회, 문화의 각 부분에 걸쳐 큰 영향을 주었다. 성리학을 수용한 사람들은 대부분 신진 사대부였다. 이들은 현실 사회의 모순을 시정하기 위한 개혁 사상으로 성리학을 받아들였으며, 성리학의 형이상학적 측면보다 일상생활과 관계되는 실천적 기능을 강조하였다.

오답피하기

① 동학은 서학에 대항하여 민족의 주체성과 도덕성을 바로 세우고 국권을 튼튼히 하기 위해 경주의 몰락 양반인 최제우가 창시하였다(1860).
② 실증을 강조하는 고증학은 실학 발달에 영향을 미쳤다.
④ 『정감록』은 '정씨가 새로운 왕조를 세운다'는 내용을 담고 있는 예언서로, 조선 후기에 유행하였다.

69 정답 ①

고려 시대 불경을 모아 편찬한 대장경은 국가적인 사업으로 진행되었다. 특히, 현재 해인사에 보관되어 있는 팔만대장경은 고려 시대에 발달한 목판 인쇄술의 최고 수준을 보여 준다. 팔만대장경은 세계 기록 유산으로 등록되어 한국뿐만 아니라 세계의 문화재가 되었다.

70 정답 ③

고려 청자는 귀족 사회의 전성기인 11세기에 맑고 투명한 비취색의 순청자로 발전하였다. 12세기 중엽에는 상감 기법을 도입하여 더욱 다양하고 화려한 무늬가 새겨진 상감 청자가 발달하였다. 고려 말기에는 짙은 녹갈색이나 청록색을 띤 소박한 분청사기가 유행하였다. 조선 후기에는 청화 백자가 유행하였다.

71 정답 ①

주어진 자료에 〈세종의 정책〉이라는 제목이 나와 있고, 정치와 문화, 국방 분야에서의 각 정책들이 제시되어 있다. 특히 국방 정책에서는 ㉠과 대마도 정벌이 나와 있는데, 제시된 선지 중에서는 '4군 6진 설치'가 해당함을 알 수 있다. 4군 6진은 세종이 여진족을 몰아낸 뒤 군사적인 목적으로 만든 행정 구역으로 4군은 평안도 지역에, 6진은 함경도 지역에 두었다.

오답피하기

② (평안북도에 위치한) 강동 6주를 획득한 것은 고려 성종 때이다(서희의 담판, 993).
③ (윤관이 별무반을 동원해 여진족을 정벌하고) 동북 9성을 축조한 것은 고려 예종 때이다(1107).
④ (우리 역사에서) 천리장성을 축조한 것은 두 차례이다. 첫 번째 고구려 때는 당의 침입에 대비하여 쌓은 것이 있다(631~647). 두 번째 고려 때는 강감찬의 건의로 거란을 비롯한 북방 민족의 침입에 대비해 쌓았다(1033~1044).

72 정답 ③

조선 초 세종은 태종 때 확립된 강력한 왕권을 바탕으로 압록강 방면에 최윤덕을, 두만강 방면에 김종서를 각기 파견하여 이들 지역에서 여진족을 몰아내고 4군 6진을 설치하였다. 이후 조선의 국경선은 압록강과 두만강을 경계로 확정되었다. 또 세종은 집현전 학자들의 도움을 받아 훈민정음을 창제하여 반포하였다.

오답피하기

ㄱ. 관수관급제는 관청에서 조세를 거두어 관리에게 나눠 주는 제도로, 조선 성종 때 제정되었다.
ㄹ. 장용영은 정조가 만든 왕 친위 부대이다.

73 정답 ②
성종은 조선의 정치 이념인 유교에 따라 나라를 다스리기 위해서 세조 때부터 만들기 시작한 『경국대전』을 완성하였다. 『경국대전』은 조선의 최고 법전으로서 백성을 다스리는 데 기준이 되었다.

오답피하기
① 영조가 탕평비를 세웠다.
④ 효종은 청에 대한 복수를 내세우며 북벌 운동을 준비하였다.

74 정답 ②
태종은 국왕을 중심으로 통치 체제를 정비하려고 하였다. 6조 직계제를 실시하여 의정부에 집중된 권력을 분산시키고, 사병 제도 폐지와 호패법 실시 등의 개혁을 추진하여 국가 기반을 탄탄히 하였다.

오답피하기
ㄴ은 세종, ㄷ은 흥선 대원군 시기에 해당한다.

75 정답 ④
사간원, 사헌부, 홍문관은 3사로 불리며 왕과 의정부, 6조의 행정 조직을 견제하여 권력의 독점과 부정을 방지하였다. 3사는 청요직이라 하여 이곳을 거쳐야만 고위 관료가 될 수 있을 정도로 중요한 의미를 가지고 있었다.
④ 한성부는 수도의 치안을 담당하였다.

76 정답 ④
조선은 전국을 8도로 나누어 관찰사를 아에 파견하고, 그 아래 모든 군현에 수령을 보냈다. 향리는 그런 수령을 보좌하며 지역의 실무를 담당하였다.
④ 속현은 지방관이 부임하지 않은 군현으로 고려 시대에 존재하였다.

77 정답 ②
사림파는 조선 건국에 협력하지 않고 지방에 머무르며 제자를 키운 길재를 비롯한 고려 말의 온건파 신진 사대부에 뿌리를 두었다. 따라서 사림은 조선 건국을 주도한 급진파 신진 사대부에서 나온 훈구와는 성향이 달랐다. 사림은 훈구가 중앙 집권 체제를 강화하여 지방을 통제하는 것에 반대하였다. 사림은 중앙에서 임명한 수령보다는 자신들이 주체가 되어 자치권을 행사하고 지방민을 통제하는 지배 방식을 추구하였다. 이를 통해 향촌 사회에 양반 중심의 성리학적 질서를 확립하고자 하였다. 특히, 사림은 왕은 권력이 아니라 유교 도덕으로써 신하와 백성을 올바른 방향으로 이끌어야 한다는 왕도 정치를 주장하였으며 성리학 이외의 사상을 배격하였다.

78 정답 ③
기성 사림을 중심으로 서인이 형성되고 신진 사림을 중심으로 동인이 형성되어 상호 견제와 비판을 하였다.

79 정답 ③
세도 정치란 왕실과 혼인 관계를 맺은 몇몇 가문이 권력을 독점하는 정치 형태로 순조, 헌종, 철종의 3대 60년간 지속되었다. 대표적인 세도 가문으로는 안동 김씨와 풍양 조씨가 있었으며, 이들의 독주를 견제할 세력이 없어 왕권은 약해질 수밖에 없었다. 이 시기에는 관직을 사고파는 일이 성행하였으며, 삼정이 문란해지고 탐관오리들의 수탈이 심해 백성들의 생활이 어려웠다.

80 정답 ③
이조 전랑 자리를 둘러싸고 김효원과 심의겸이 대립하자 사림은 두 세력으로 분열되었다. 김효원과 같은 신진 사림을 지지하는 세력들은 동인으로, 심의겸을 지지하는 기존 사림들은 서인에 가담하였다.
붕당은 견제와 균형을 통한 공론 정치를 이끌어 냈으나, 현종 때 예송과 숙종 때 환국이 일어나며 대립이 격렬해졌다.

81 정답 ③
왜란 때 대승을 거둔 장수로는 이순신(한산도 대첩), 김시민(진주 대첩), 권율(행주 대첩) 등이 있다.
③ 매소성 전투는 삼국 통일 과정에서 신라와 당나라 간에 벌어진 전투이다.

82 정답 ①

비변사는 원래 16세기 중종 초에 여진족과 왜구의 침략에 대비하기 위해 설치한 임시 회의 기구였다. 그러나 임진왜란을 거치면서 그 역할이 중요시되어 국가의 중요 관원들로 구성원이 확대되었고, 그 기능도 외교·재정·인사 문제 등 거의 모든 정무를 총괄하게 되었다. 이에 따라 의정부의 기능이 유명무실해졌다.

83 정답 ④

훈련도감은 임진왜란 때 설치되었는데 왜군의 조총에 대항하기 위해 포수, 살수, 사수의 삼수병으로 편제되었고, 직업 군인으로 조직된 상비군이었다.

오답피하기

① 고려 시대 윤관은 기병이 강한 여진을 물리치고자 별무반을 조직하였다.
② 조선 효종 때 러시아군과 교전한 나선 정벌이 추진되었다.
③ 고려를 압박하던 명이 철령 이북의 땅을 차지하려 하자 우왕과 최영은 이성계 등을 시켜 요동 정벌을 단행하였다.

84 정답 ①

사화는 훈구가 사림에게 가한 정치적 공격과 그에 따른 피해를 의미하며, 연산군~명종 시기에 총 4차례 있었다. 사화로 피해를 입은 사림으로는 김종직, 조광조 등이 있다.

오답피하기

②, ③ 예송과 환국은 사림이 동인과 서인으로 분당한 뒤에 일어난 정치적 갈등 사건이다.
④ 이조 전랑은 조선의 관직 중 하나로, 3사 관리 추천권과 후임자 추천권을 가진 요직이었다. 이 자리를 둘러싸고 김효원과 심의겸이 대립했던 사건이 붕당 형성의 결정적 계기가 되었다.

85 정답 ③

왜란 직후 선조가 사망하자 광해군이 즉위하였다. 그는 대내적으로는 전후 복구에 집중하며 대동법을 제정하며 민생 안정을 시도하였다. 대외적으로는 후금이 빠르게 성장하는 상황에 대처하기 위해서 명과 후금 사이에서 실리를 추구하며 중립 외교를 추진하였다.
광해군과 북인의 이러한 외교 정책은 후금의 침입을 막는 데 기여했으나, 명에 대한 의리를 중시한 서인의 반발을 사게 되어 결국 인조반정으로 왕위에서 쫓겨났다.

86 정답 ①

임진왜란 후, 중국에서는 명이 쇠퇴하고 여진족이 급성장하였으며, 일본에서는 도쿠가와 이에야스가 에도 막부를 열었다.

오답피하기

②는 고려 성종, ③은 조선 세종, ④는 고려 후기에 해당한다.

87 정답 ④

정조는 자신의 정치적 이상을 실현하기 위해 수원에 화성을 축조하여 계획도시로 건설한 뒤 아버지 사도 세자의 묘인 융릉을 화성으로 옮겨 자주 행차를 하였다. 또 규장각을 왕권을 뒷받침하는 정치 기구로 육성하였으며, 친위 부대인 장용영을 설치하여 군사적 기반을 확보하였다.

오답피하기

①, ②는 흥선 대원군, ③은 영조의 업적이다.

88 정답 ③

왜란 이후, 조선은 일본의 국교 재개 요청을 받아들여 통신사를 파견하였다.

오답피하기

① 영선사는 강화도 조약 체결 후 청에 보낸 사절단으로, 이들은 청의 무기 제조 공장 등을 시찰하였다.

② 보빙사는 조·미 수호 통상 조약 체결 후 미국에 파견한 사절단이다.

④ 연행사는 병자호란 이후 청에 정기적으로 파견한 사절단으로, 박지원은 그 일행으로 참여한 경험을 바탕으로 『열하일기』를 집필하였다.

89 정답 ③

조선의 토지 제도는 과전법 → 직전법으로 변경되었다. 전직 관리와 현직 관리에게 수조권(해당 토지에서 조세를 거둘 수 있는 권리)을 지급한 과전법은 시간이 지날수록 토지가 부족해지는 문제점을 낳았다. 이에 따라 세조는 현직 관리에게만 수조권을 분배하는 직전법으로 변경하였다.

오답피하기

① 녹읍은 신라의 토지 제도로, 수조권과 노동력 징발권까지 허락하였기 때문에 진골의 든든한 경제적 기반이 되었다.

② 전시과는 고려의 토지 제도이다.

④ 민정 문서는 통일 신라에서 작성한 인구, 토지 조사서이다.

90 정답 ④

조선 후기에는 모내기법이 전국적으로 확산되어 1년에 벼와 보리를 모두 수확할 수 있게 되었다(이모작). 이러한 모내기법의 확산으로 일부 자작농이나 소작농들은 넓은 면적의 토지를 경작하였는데, 이를 광작이라고 한다.

91 정답 ②

조선 시대 전세(토지에 부과하는 세금)는 풍흉에 따라 징수액에 차등을 두었다. 이러한 징수 방식은 번거로워 15세기 말부터 엄격히 적용되지 않았다. 정부는 왜란 후 영정법을 마련하여 토지 1결당 미곡 4두를 거두는 방식을 확정하였다.

92 정답 ①

대동법은 광해군 때 이원익의 건의로 경기도에서 처음 시작되었다. 집집마다 부과하여 토산물을 징수하였던 기존의 공물 납부 방식을 폐지하고, 토지의 면적에 따라 쌀, 삼베나 무명, 동전 등으로 납부하게 하는 제도이다. 대동법이 실시되면서 정부가 필요로 하는 물품을 사들이기 위해 공인이 등장하였고, 이들의 활동은 물품의 수요와 공급을 증가시켜 상품 화폐 경제의 발전을 촉진시켰다.

93 정답 ④

ㄷ. 상평통보는 전국적으로 유통된 우리나라 최초의 동전으로, 조선 후기에 제작되었다.

ㄹ. 모내기법은 고려 시대에 처음 시행되었으나 가뭄의 위험이 있어 전국적으로 확산되는 데 한계가 있었다. 저수지 축조 등이 뒷받침되자, 조선 후기에는 전국에서 시행되었다.

오답피하기

ㄱ. 우경은 신라 지증왕 때 최초로 시행된 기록이 있다.

ㄴ. 벽란도는 고려의 무역항으로, 송, 일본, 아라비아 상인까지도 왕래하였다.

94 정답 ④

조선 후기에 이르면 시전 상인, 공인 등의 관영 상인(국가로부터 정식 허가를 받은 상인)뿐만 아니라 자유 상인(사상)이 대거 늘어났다. 대표적인 자유 상인으로는 한양의 난전 상인, 한강의 경강상인, 개경의 송상, 의주의 만상, 동래의 내상 등이 있다.

한양에서 난전이 늘어나자 시전과의 갈등이 발생하였다. 왜란 직후에는 시전에게 금난전권(난전을 통제할 수 있는 권한)을 부여하였으나, 정조는 금난전권을 대부분 폐지하여 상행위의 자유를 허용하였다. 정조의 이러한 정책을 신해통공이라 부른다.

95 정답 ④

16세기 중엽에 이르러서 장시는 전국적으로 확대되었다. 봇짐 장수인 보상과 등짐 장수인 부상을 합친 보부상은 장날의 차이를 이용하여 활동하였으며, 조선 후기 농촌의 장시를 연결하는 유통망을 형성하였다.

96 정답 ①

조선은 부모 모두 양반인 경우에만 자손을 양반으로 인정하였다. 이로 인해 아버지가 양반이지만 어머니가 평민이나 천민인 경우, 자식은 서얼로 불리며 양반이 아닌 중인에 속하였다. 서얼은 관직 진출에서 양반에 비해 차별을 받았다. 이들의 고통이 소설 「홍길동전」에 묘사되어 있다. 조선 후기에 이르러 서얼은 집단 상소를 통해 차별 폐지를 요구하였고, 영조와 정조 시기에 대부분 해소되었다.

97 정답 ②

조선은 왜란을 거치면서 국가 재정을 늘리기 위해 공명첩을 대량 발급하였다. 일정 수준의 재산을 국가에 바친 사람은 공명첩을 하사받고 양반으로 신분 상승할 수 있었다. 이로 인해 조선 후기에는 양반 수가 급격히 증가하였다.

98 정답 ③

조선 초기까지는 가족 내에서 여성의 지위가 크게 낮지 않았다. 여성도 호주가 될 수 있었으며, 재혼이 자유로웠고, 재산 분배에서도 아들과 동등하였다. 하지만 성리학적 사회 질서가 강화된 조선 후기에 이르러서는 가족 내에서 남성이 중심이 되었다. 이로 인해 아들이 없는 가정의 경우, 친척 중에서 양자를 들이는 경우가 일반적이었다.

99 정답 ③

중인은 넓게는 양반과 상민의 중간 계층을 말하며, 좁게는 기술관을 뜻하였다. 중인에는 관청의 서리와 향리 등의 하급 관리와 역관, 의관 등이 해당하였는데, 이들은 같은 신분끼리 혼인하였고 기술이나 행정 실무 능력의 전문성 때문에 직역이 세습되었다. 역관 중에는 대외 무역에 종사하여 큰 이익을 누리는 사람도 있었다.

100 정답 ②

조선 후기 부를 축적하는 데 성공한 서민들은 납속, 공명첩, 족보 매매·위조 등의 방법으로 신분을 상승시켰다. 향촌에서 부농들은 향임직 매매를 통해서도 신분을 상승시켰다. 한편 서얼들도 납속, 공명첩을 통해 신분을 상승시키는 한편, 정조 때에는 규장각 검서관이 되는 등 관직에 진출하기도 하였다.

101 정답 ②

향약은 성리학적 윤리를 향촌 사회의 자치 조직 속에서 실천함으로써 향촌에서 사림의 지위 강화와 조선 사회의 풍속 교화에 많은 역할을 하였다.

오답피하기

① 서원은 지방의 사립 교육 기관으로, 지방 사림들이 세웠다. 이곳에서 유명 유학자를 제사 지내고, 성리학을 교육하였다.

③ 고려 시대 향도는 본래 매향 활동을 위해 조직된 불교의 신앙 조직으로, 대규모 인력이 동원되는 불상이나 석탑을 조성하거나 사찰을 지을 때에 주도적인 역할을 하기도 하였다.

④ 족보는 가족의 역사를 담은 책으로, 주로 양반층에서 제작하였다. 조선 후기에는 부유한 농민이 족보를 사거나 위조하여 양반으로 신분 상승하는 경우가 많았다.

102 정답 ④

사림 세력은 16세기에 향촌 사회에서 서원을 건립하고 향약을 실시하며 성리학적 질서를 보급하였다.

오답피하기

- 국학은 통일 신라의 신문왕 때 설립한 국학 교육 기관으로 오늘날의 국립 대학에 해당한다.
- 경당은 고구려의 지방 교육 기관으로, 유학과 무예를 가르쳤다.
- 태학은 고구려 소수림왕 때 설립된 교육 기관이다.

103 정답 ②

홍경래는 평안도에 대한 지역 차별과 세도 정치에 반발하여 1811년에 봉기하였다. 평안도의 중소상인과 농민, 빈농, 광부 등 다양한 계층이 참여하였다.

오답피하기

① 만적은 무신 정권기에 신분 해방을 주장하였다.
③ 부·마 민주 항쟁은 부산과 마산을 중심으로 일어난 시민 운동으로, 이 사건을 계기로 박정희 정권이 몰락하였다.
④ 고율의 소작료에 반발한 암태도 소작농들은 1923년 소작 쟁의를 일으켰다.

104 정답 ④

조선은 국가 차원에서 역사를 후대에 남기기 위해 『조선왕조실록』을 편찬하였다. 실록은 국왕이 죽으면 춘추관을 중심으로 설치된 실록청에서 사초와 각 관청의 문서를 모아 만든 시정기를 종합, 정리하여 편찬되었다. 사고는 실록을 보관하는 창고로 임진왜란 이전에는 춘추관, 전주, 성주, 충주에 있었고, 임진왜란 이후에는 강화도의 정족산에도 설치되었다.

105 정답 ③

성종은 조선의 정치 이념인 유교에 따라 나라를 다스리기 위해서 세조 때부터 만들기 시작한 『경국대전』을 완성하였다(1485). 『경국대전』은 조선의 최고 법전으로서 백성을 다스리는 데 기준이 되었으며, 사회 질서를 유지하는 데에도 중요한 역할을 하였다.

오답피하기

① 영조 때에는 『속대전』이 편찬되었다.
② 고종 때 간행된 『대전회통』은 각종 조례 등을 수집하여 『대전통편』을 보완한 법전이었다.
④ 정조는 왕조의 통치 규범을 전반적으로 재정리하기 위해 법전인 『대전통편』을 편찬하였다.

106 정답 ③

정약용의 『목민심서』는 19세기 초에 저술된 책으로, 목민관(지방관)의 덕목에 대한 내용이 기록되어 있다. 이외에도 정약용은 한강에 배다리를 설계하여 정조의 화성 행차를 편리하게 하였으며, 서양 선교사가 중국에서 펴낸 『기기도설』을 참고하여 거중기를 만들어 수원 화성 건설에 사용하기도 하였다.

오답피하기

① 세종에 해당한다.
② 광해군 시기의 허준의 업적이다.
④ 실학자 중 중상주의 학파인 박지원, 박제가의 주장이다.

107 정답 ①

조선 후기 상품 화폐 경제의 발달에 따른 생활 수준의 향상, 사회 의식의 성장, 서당 교육의 확대 등을 배경으로 서민층과 중인층이 문화를 즐기는 주체로 성장하였다. 조선 후기의 풍속화, 민화, 사설시조, 한글 소설에는 서민들의 생활 모습이 잘 나타나 있다. 또한 향촌 사회에서 공연된 판소리는 솔직하고 직접적인 감정 표현으로 서민 문화를 대표하였으며, 탈춤, 인형극, 가면극, 산대놀이 등도 서민들 사이에서 인기를 끌었다.

① 성리학은 양반 유생의 학문이었다.

108 정답 ②

동학은 경주의 몰락 양반인 최제우가 창시하였다(1860). 동학은 '사람이 곧 하늘'이라는 인내천(人乃天)을 바탕으로 평등 사상을 강조하였으며, 서학과 서양 세력의 침투를 경계하였다. 또 지금의 세상이 끝나고 백성들이 바라는 새로운 세상이 열릴 것이라는 후천 개벽 사상을 강조하였다. 그리고 천주교로 대표되는 서양 세력의 침략으로부터 나라를 구하고 백성을 편안히 하려는 반외세적 성격을 가지고 있었다.

109 정답 ②

주어진 자료에 김홍도의 〈서당도〉와 신윤복의 〈단오풍정〉이 있다. 이들 작품들은 조선 후기의 풍속화이다. 「춘

향전」, 「심청전」 등 한글 소설을 비롯한 서민 문화가 발달한 것 역시 조선 후기의 일이다.

110 정답 ①

이황은 안동에서 오랫동안 학문을 연구하며 후학을 양성하였다. 안동의 도산서원은 그런 이황의 활동을 기리기 위해 설립되었다. 이황은 성리학을 이상주의적, 도덕주의적 관점에서 바라봤으며, 선조에게 성군으로서의 덕목을 요약 정리한 『성학십도』를 올렸다.

111 정답 ④

정선은 우리나라 산천을 직접 관찰한 후 재해석한 진경산수화를 탄생시켰다. 대표적인 작품으로는 〈인왕제색도〉와 〈금강전도〉가 있다.

오답피하기

① **몽유도원도** : 조선 전기, 꿈에서 본 이상세계를 안견이 그림으로 구현하였다.
② **민화** : 조선 후기, 작자 미상의 작품이 많으며, 주제와 구도가 파격적이다.
③ **이불병좌상** : 발해, 고구려 불상의 양식을 계승하였다.

112 정답 ①

박제가는 19세 때 박지원의 문하에서 실학을 연구했으며, 1778년(정조) 사은사의 일행으로 청나라에 가서 새 학문을 습득하고 귀국 후 『북학의』 내외편을 저술, 실사구시의 사상을 주장하여 여러 개혁 방안을 서술하였다.

오답피하기

② **『동사강목』** : 조선 후기, 안정복이 자주적 역사관에 입각해 쓴 역사서이다.
③ **『열하일기』** : 조선 후기, 박지원이 청에 다녀온 경험을 정리한 책이다.
④ **「대동여지도」** : 조선 후기, 김정호가 제작한 우리나라 지도로 매우 정밀하다.

PART II 근대 국민 국가 수립 운동

적중 예상 문제 본문 89~99p

01	④	02	①	03	①	04	①	05	④
06	①	07	④	08	④	09	①	10	④
11	①	12	②	13	④	14	①	15	①
16	①	17	①	18	①	19	③	20	③
21	②	22	④	23	②	24	②	25	③
26	①	27	④	28	④	29	③	30	①
31	②	32	②	33	③	34	②	35	③
36	②	37	②	38	③	39	④	40	②
41	③	42	①	43	④	44	①	45	④
46	③	47	④	48	④	49	①	50	②
51	③	52	④	53	③	54	③	55	③
56	①	57	④	58	③	59	④	60	③
61	④	62	①						

01 정답 ④

흥선 대원군은 왕실의 권위를 세우기 위해 조선 왕조의 상징인 경복궁을 중건하였다. 대규모 공사에 많은 비용과 노동력이 동원되었기 때문에 양반과 백성들의 불만이 매우 컸다.

02 정답 ①

ㄱ. 흥선 대원군은 집권 후 붕당 정치와 농민 수탈의 근거지로 작용하던 전국의 서원을 47개소만 남기고 철폐하였다(600여 곳).
ㄴ. 그동안 평민에게만 징수하던 군포를 양반에게도 거두었다. 이를 호포제라고 한다.

오답피하기

ㄷ. 22담로를 설치한 것은 백제 제25대 왕인 무령왕 때이다.
ㄹ. (노비가 된 사람을 안검하여 방량하게 한) 노비안검법을 실시한 것은 고려 제4대 왕인 광종 때이다.

03 정답 ①

흥선 대원군은 『대전회통』을 편찬하여 통치 체제를 재정비하였다.

오답피하기

② 홍범 14조는 갑오개혁 때 발표되었다.
③ 유신 헌법은 1972년에 박정희 대통령이 제정하였다.
④ 대한국 국제는 1899년에 대한 제국에서 제정하였다.

04 정답 ①

흥선 대원군은 상평통보의 100배에 해당하는 당백전을 발행하였다. 경복궁 중건에 필요한 재정 마련을 위해 고액 화폐가 필요했기 때문이다.

오답피하기

② 명도전은 중국 춘추 전국 시대의 화폐로, 한반도에서 명도전의 발굴은 중국과의 교류가 이루어졌음을 증명한다.
③ 상평통보는 조선 후기에 제작한 동전으로, 우리 역사상 최초로 전국적 유통에 성공한 화폐이다.
④ 대한민국 임시 정부는 활동에 필요한 자금 마련을 위해 독립 공채를 발행하였다.

05 정답 ④

강화도는 한양(서울)과 가깝기 때문에, 외세는 조선을 압박하기 위해 이곳을 자주 침략하였다. 병인양요, 신미양요, 운요호 사건이 이곳이나 주변에서 일어났다.

06 정답 ①

1866년 프랑스는 자국의 천주교 신부 처형 사건을 계기로 조선을 침략하였다(병인양요). 프랑스군은 양헌수 부대가 강화도를 탈환할 때까지 약 1달 동안 조선에 머물렀다. 퇴각하는 과정에서 강화도에 설치된 외규장각의 도서를 약탈했다.

07 정답 ④

미국은 제너럴 셔먼호 사건으로 자국민이 피살되자, 이 사건을 계기로 조선을 침략하였다.

오답피하기

② 을미사변은 1895년에 일본에 의해 명성황후가 시해된 사건이다.
③ 일본은 개항을 압박하기 위해 1875년 운요호 사건을 일으켰다.

08 정답 ④

흥선 대원군의 통치 시기에 개항을 요구하는 외세의 압박이 빈번하였다. 병인양요, 오페르트 도굴 사건, 신미양요 등이 순차적으로 일어났다.

09 정답 ①

흥선 대원군은 병인양요, 오페르트 도굴 사건, 신미양요를 겪으면서 국방을 강화하는 동시에, 전국 각지에 척화비를 세워 통상 수교 거부 의지를 분명히 하였다.

10 정답 ④

강화도 조약의 대표적인 내용으로는 '청의 종주권 부정', '3개 항구 개항', '해안 측량권 인정', '치외 법권 인정' 등이 있다. 제시문의 제10관은 '치외 법권'에 해당한다.

오답피하기

① 세도 정치는 19세기 전반기에 실시되었기 때문에, 강화도 조약이 체결된 1876년보다 시기적으로 앞선다.
② 척화비는 흥선 대원군 시기에 전국적으로 건립되었다.
③ 금난전권은 정조 시기에 대부분 폐지되었다.

11 정답 ①

일제에게 외교권을 빼앗긴 것은 1905년에 체결된 을사늑약과 관련 있다.

오답피하기

②, ③ 강화도 조약은 체계적인 준비 없이 체결되었기 때문에 조선에 불리한 조항이 존재하였다. 국내에 머무르는 일본인에게 치외 법권을 인정한 것과 일본의 해안 측량권을 허용한 것이 대표적이다.

12 정답 ②

조선은 1876년 강화도 조약을 체결하여 최초로 개항한 이후, 1882년에는 미국에 문호를 개방하였다.
러시아 견제를 위해 미국과 제휴해야 한다는 『조선책략』의 제안이 미국과의 수교에 크게 작용하였다.

13 정답 ④

조선 정부는 개항 이후 주변국에 외교 사절단을 파견하여 그들의 개화를 살펴보았다. 일본에는 조선 시찰단, 청에는 영선사를 파견하였다.

오답피하기

① 보빙사는 조·미 수호 통상 조약 체결 후 미국에 파견한 사신단이다.

14 정답 ①

주어진 자료에 '개항 이후 정부는 개화 정책을 추진하면서 신식 군대인 ㉠을/를 창설하고, 구식 군대의 규모를 축소하였다'는 내용이 나와 있다. 이어 '구식 군인들은 밀린 급료로 받은 쌀에 겨와 모래가 섞여 있자 분노하여 봉기하였다'는 내용이 나와 있다(1882년에 발생한 임오군란). 이를 통해 제시된 ㉠은 1881년에 창설된 별기군임을 알 수 있다.

오답피하기

② 삼별초는 고려 때 최씨 무신 정권이 조직한 특수 군대이다.
③ 화랑도는 신라 때 화랑을 우두머리로 한 청소년 수련 단체이다. 전시에는 참전하기도 하였다.
④ 한국 광복군은 1940년에 창설한 대한민국 임시 정부의 군대이다.

15 정답 ①

임오군란과 갑신정변은 청군의 개입으로 중단되었다. 이후 청은 청·일 전쟁이 일어나기 전까지 조선의 내정을 간섭하였다.

16 정답 ①

김옥균, 박영효, 홍영식 등은 문명개화론에 영향을 받아 급진적인 개혁을 추구하였다. 급진 개화파인 이들은 1884년 우정총국 기념 축하연을 이용하여 갑신정변을 일으키고 14개조 정강을 공포하였다. 하지만 청 군대의 개입으로 정변은 3일 만에 실패하였다.

17 정답 ①

김옥균, 박영효 등 급진 개화파는 일본의 메이지 유신에 자극을 받아 근대 국가 수립을 시도하였다. 국내에 주둔했던 청군의 일부가 철수하자 이를 틈타 갑신정변을 일으켰으나 3일 만에 진압되었다.

오답피하기

② 기묘사화가 일어난 것은 조선 중종 14년인 1519년의 일이다.
③ 병자호란이 일어난 것은 조선 인조 14년인 1636년의 일이다.
④ 만적의 난이 일어난 것은 고려 신종 원년인 1198년의 일이다.

18 정답 ①

급진 개화파는 근대적 국가 수립을 기대하며 갑신정변을 일으켰다. 이들이 발표한 14개조 정강에는 청에 대한 사대 청산, 문벌 폐지, 조세 제도 개혁, 입헌 군주제 실시 등이 포함되어 있다.

오답피하기

② 양력은 1896년 을미개혁 때부터 적용되었다.

19 정답 ③

갑신정변은 근대 국가 건설을 목표로 일어난 우리나라 최초의 정치 개혁 운동이다. 급진 개화파는 서구의 제도와 사상까지 도입해야 한다는 문명개화론에 영향을 받았다.

20 정답 ③

갑신정변 이후 청의 내정 간섭이 심해지자 고종은 러시아 비밀 협약을 추진하였다. 세계 곳곳에서 러시아와 대립하고 있던 영국은 이를 빌미로 거문도를 불법으로 점령하였다.

21 정답 ②

방곡령(1889)은 일본으로의 양곡 유출을 막기 위하여 조·일 통상 장정의 규정에 따라 실시된 것으로, 함경도 관찰사 조병식이 선포하였다.

오답피하기

① 단발령은 1895년 고종이 백성들에게 머리를 깎게 한 명령이다.
③ 일제는 1910년 회사령을 공포하여 조선인의 기업 활동을 억제하였다.
④ 일제는 일본인의 토지 소유를 합법화하고 한국인 소유의 토지를 빼앗아 식민지 통치의 경제적 기반을 확고히 하고자 토지 조사령(1912)을 제정·시행하였다.

22 정답 ④

전봉준은 전라도의 고부 군수 조병갑이 저수지를 만들고 물세를 거두는 등 많은 부정을 저지르자 이에 농민군을 이끌고 관아를 공격한 동학 농민 운동의 지도자이다. 1차 봉기한 동학 농민군은 태인을 점령하고 황토현에서 전라도 감영군을 격파하였다. 이후 장성에서 관군을 격파하고 전주성까지 점령하였다. 그러나 2차 봉기를 일으킨 후 공주의 우금치에서 관군과 일본군을 상대로 격전을 벌였다가 패배하였다.

23 정답 ②

동학 농민군이 전주성을 함락하자 조선 정부는 청에 지원병을 요청했고, 이 소식을 들은 일본도 군대를 파병하였다. 예기치 못한 상황에 직면한 농민군은 정부와 정치를 개혁할 것을 합의하는 전주 화약을 맺었다. 그 후 농민군은 집강소를 설치해 폐정 개혁안을 실현하였다.

24 정답 ②

동학 농민군은 전주 화약 이후 전라도 각지에 농민 자치 조직인 집강소를 두고 사회 개혁을 실시하였다. 탐관오리 처벌, 조세 개혁, 신분 차별 철폐 등을 위해 노력하였다.

오답피하기

① 별기군은 개항 직후 설치한 신식 군대이다.

25 정답 ③

봉건 질서 타도(반봉건)를 시도한 개화기의 사건으로는 갑신정변, 동학 농민 운동, 갑오개혁 등이 있다.

외세 배격(반침략적)을 주장한 움직임에는 흥선 대원군의 통상 수교 거부 정책, 위정척사 운동, 동학 농민 운동이 있다.

따라서 반봉건과 반외세를 동시에 추구한 것은 동학 농민 운동이다.

오답피하기

① 무신 정변이 일어난 것은 고려 의종 24년인 1170년의 일이다.
② (신라와 당의 전쟁인) 나·당 전쟁이 일어난 것은 670년에서 676년 사이의 일이다.
④ 민립 대학 설립 운동이 펼쳐진 것은 1920년대 초이다.

26 정답 ①

갑오개혁은 정치면에서 국정 사무와 왕실 사무를 분리하여 국왕의 권한을 제한하고 의정부에 권한을 집중시켰으며, 과거제를 폐지하였다. 사회면에서는 신분제를 폐지하고, 과거의 낡은 관습을 타파하여 과부의 재혼을 허용하였다. 경제면에서는 왕실 등 여러 기관에서 조세를 걷는 폐단을 막기 위해 국가 재정을 담당하는 기관을 정하고 부피나 무게 등을 재는 도량형을 통일하였다.

27 정답 ④

제1차 갑오개혁에서 과거제와 신분제를 폐지하고, 조세를 금납제로 바꾸었다. 제2차 갑오개혁에서는 재판소를 설치하고, 교육입국 조서를 발표하며 근대식 교육 제도를 마련하였다.

28 정답 ④

일본은 경복궁을 습격하여 명성 황후를 시해하는 을미사변을 일으켰다(1895). 이어 친일 내각이 다시 구성되어 개혁을 계속 추진하였다(을미개혁, 1895). 이들은 태양력을 채택하고, '건양'이라는 연호를 사용하였으며, 단발령을 실시하였다.

29 정답 ③

군국기무처는 제1차 갑오개혁을 위해 설치된 기구로, 4개월 동안 약 200여 건의 개혁안을 처리하였다.

> 오답피하기
>
> ④ 통리기무아문은 개화를 추진하기 위해 마련한 조직으로, 별기군을 조직하고 청에 영선사를 파견하였다.

30 정답 ①

을미사변으로 신변의 위협을 느낀 고종은 러시아 공사관으로 처소를 옮기는 아관 파천을 단행하였다. 이로 인해 러시아의 영향력이 커지고, 서양 열강의 이권 침탈이 가속화되었다.

31 정답 ②

독립 협회는 독립신문을 창간한 서재필과 개화파 지식인들을 중심으로 1896년에 설립되었으며, 자주 국권 운동과 자유 민권 운동 등을 전개하고 국민 계몽에 힘썼다. 서울 종로에서 열린 만민 공동회는 우리나라 최초의 근대적 민중 집회로, 독립 협회의 회원들이 중심이 되기는 하였지만 일반 시민들도 참여하였다. 만민 공동회에서는 정치·사회의 여러 문제에 관해 토론을 벌였다. 시민들은 외세에 의존하는 정치를 비판하고 근대적인 의회 정치의 실시 등 혁신적인 개혁 정치를 요구하는 건의안(헌의 6조)을 국왕에게 올리기도 하였다.

32 정답 ②

독립 협회는 독립신문을 창간하고, 독립문을 건립했으며, 각종 토론회를 개최하여 민중 계몽을 시도하였다. 또한 러시아의 이권 요구를 철회시키고, 최초의 근대적 민중 집회인 만민 공동회를 개최하였다.

> 오답피하기
>
> ㄴ. 신민회 회원들은 대성 학교와 오산 학교 등을 건립하였다.
>
> ㄹ. 대구의 서상돈, 김광제 등은 국채 보상 운동을 일으켰다.

33 정답 ③

주어진 자료에 '독립 협회가 주최한 근대적 민중 대회'라는 내용이 나와 있다. 이어 '러시아의 내정 간섭과 이권 요구를 규탄하였다'는 내용이 나와 있다. 이를 통해 제시된 자료는 1898년 독립 협회 주도로 열린 만민 공동회와 관련이 있음을 알 수 있다(1898.3~12).

> 오답피하기
>
> ① 광무개혁은 대한 제국 수립과 동시에 시작된 황실 주도의 개혁이다(1897~1904).
>
> ② 영남 만인소는 영남 유생들의 개화 반대 상소이다(『조선책략』 반대, 1881.2).
>
> ④ 원산 총파업이 일어난 것은 1929년 1월의 일이다(~4월까지 진행).

34 정답 ②

을미사변 이후에도 일본이 경복궁을 장악하고 있었기 때문에, 고종은 러시아 공사관에서 나와 경운궁(현 덕수궁)으로 환궁하였다. 고종은 이곳에서 대한 제국을 선포하고 광무개혁을 추진하였다.

35 정답 ③

개화기의 갑오개혁, 을미개혁, 광무개혁 중 갑오·을미개혁은 일본이 경복궁을 장악한 가운데 김홍집 내각을 앞세워 추진되었다. 반면 광무개혁은 고종이 러시아 공사관에서 나와 경운궁에서 대한 제국을 수립한 후 실시되었다.

대한 제국은 정치적으로는 왕 중심의 구제도를 회복하고, 경제적으로는 근대 산업을 육성하려는 '구본신참'을 표방하였다. 더불어 신식 토지 문서인 지계를 발급하기 위해 양전 사업을 전개하였다.

36 정답 ②

맨 왼쪽 말풍선에는 '을미의병이 일어난 배경은 무엇일까'라는 질문이 나와 있다. 이어 맨 오른쪽 말풍선에는 '명성 황후 시해 사건에 분노했기 때문'이라는 대답이 나와 있다. 을미의병이 일어난 또 다른 배경은 당시 을미개혁의 일환으로 단행된 단발령에 대한 반발 때문이었다(1895).

오답피하기

① 군대의 해산으로 인해 일어난 의병은 정미의병이다(1907).
③ 아관 파천이 일어난 것은 1896년(고종 33) 2월의 일이다. 이로 인해 을미개혁이 중단되었다.
④ 을사늑약이 체결된 것은 1905년(고종 42) 11월의 일이다.

37 정답 ②

항일 의병 운동은 을미의병에서 시작되어 '을사의병 → 정미의병'의 순으로 전개되었다.
명성 황후 시해와 단발령의 실시를 계기로 일본에 대한 국민의 분노가 폭발하여 전국 각지에서 일어난 의병 운동이 을미의병(1895)이다. 또 을사조약 체결 소식이 전해지자 전국 각지에서 의병이 다시 일어났는데, 이 의병이 을사의병(1905)이다. 군대 해산 이후에는 그 군인들 중 일부가 가담하면서 의병의 전투력이 강화되어 정미의병(1907)이 일어났다.

오답피하기

④ 일제는 1907년 고종을 강제 퇴위시키고, 며칠 만에 대한 제국의 군대마저 해산하였다. 일제의 이러한 만행에 반발해 정미의병이 봉기하였다.

38 정답 ③

정미의병에 참여한 의병장들은 연합을 모색하여 13도 창의군을 결성하였다. 이인영을 총대장으로 추대하고 서울 진공 작전에 나섰으나, 일본군의 우세한 전력에 밀려 패퇴하였다.

오답피하기

④ 헤이그 특사는 고종이 을사늑약의 부당함을 알리기 위해 네덜란드에 파견한 이준, 이상설, 이위종을 말한다.

39 정답 ④

안중근은 초대 통감으로서 우리나라의 침략에 앞장섰던 이토 히로부미가 러시아 대표와 회담하기 위해 하얼빈에 도착하자 그를 사살하여 민족의 독립 의지를 분명히 보여 주었다.

40 정답 ②

주어진 자료에서 설명하는 지역은 독도이다. 1900년 대한 제국에서 반포한 칙령 제41호는 울릉도를 울도로 개칭하고, 도감을 군수로 개정하며, 울도군은 울릉 전도와 죽도, 석도를 관할한다고 하였다. 여기서 죽도는 울릉도 바로 옆의 죽서도를 가리키고, 석도는 독도를 가리킨다. 그런데 일본은 러·일 전쟁 중인 1905년에 군사적 요충지를 확보하기 위해 독도를 자국의 시마네현에 불법으로 편입시켰다.

41 정답 ③

안용복은 조선 숙종 때 2차례에 걸쳐 일본에 건너가 울릉도와 독도가 조선의 영토임을 인정받았다.

42 정답 ①

간도는 19세기 이후 조선인들이 이주하여 토지를 개간하고 정착하면서 사실상 우리 민족의 생활 터전이 되었다. 그러나 을사늑약으로 대한 제국의 외교권을 빼앗은 일본은 1909년 청과 간도 협약을 체결하여 남만주의 철도 부설권을 얻는 대가로 간도를 청의 영토로 인정하였다.

오답피하기

② 독도는 러·일 전쟁(1905) 중 일본이 자국의 영토로 강제 편입시켰으나 8·15 광복으로 되찾았다.
③ 거문도는 남해의 여수 근처 섬으로, 1885년 영국이 러시아 견제를 목적으로 불법 점령하였던 곳이다.
④ 이성계는 1388년 위화도에서 회군한 뒤 우왕을 폐위하고 최영을 제거하면서 정치적 실권을 장악하였다.

43 정답 ④

ㄷ. 지증왕 때 울릉도를 정복했다는 기록이 있다. 따라서 독도는 울릉도와 함께 삼국 시대 이래로 명백한 우리 영토이다.
ㄹ. 대한 제국은 울릉도를 군으로 승격시켜 독도를 관할하게 하였고, 우리의 영토임을 명백히 밝혔다. 대한 제국 칙령 제41호(1900)에 관련 내용이 수록되어 있다.

오답피하기

ㄱ. 북한산비는 6세기 진흥왕 때 설치한 4개의 순수비 중 하나로, 신라가 한강 하류 지역을 점령한 것을 기념하여 제작하였다.
ㄴ. 백두산정계비는 조선(숙종)과 청의 국경선 확정을 위해 간도에 세웠다.

44 정답 ①

일본은 1905년 을사늑약을 강압적으로 체결하였다. 일본은 이를 통해 대한 제국의 외교권을 빼앗고 통감부를 설치하여 대한 제국의 주권을 침탈하기 시작하였다. 그리하여 을사늑약에 대항해 장지연이 황성신문에 '시일야방성대곡'이라는 논설을 실어 일본의 침략을 비판하였으며, 평민 의병장인 신돌석 등 을사의병이 널리 일어났다. 유학자 최익현 역시 의병을 일으켰다 체포되어 쓰시마섬에서 순국하였다.

오답피하기

② 갑신정변 이후 조선과 일본은 한성 조약을 체결하였다.
③ 고종 황제를 강제 퇴위시킨 후 일본은 한·일 신협약(정미 7조약)을 체결하여 대한 제국의 내정을 사실상 장악하였다(군대도 해산).
④ 일본은 1875년 운요호 사건을 스스로 일으키고, 이를 구실로 조선을 압박하여 이듬해인 1876년 강화도 조약을 체결하였다.

45 정답 ④

일제는 대한 제국의 고위 관료를 압박하여 을사늑약을 체결하였다. 이로 인해 대한 제국은 외교권을 일제에 빼앗겼고, 일본인 통감이 부임하여 조약 체결을 비롯한 외교 업무를 대신하였다.

오답피하기

① (흥선 대원군에 의해 전국 각지에) 척화비가 건립된 것은 1871년(고종 8)의 일이다.
② 조선 통신사가 (일본에 본격적으로) 파견되기 시작한 것은 임진왜란 후인 조선 후기의 일이다.
③ (독립 협회 주도의) 관민 공동회가 개최된 것은 1898년(고종 35) 10월의 일이다(~11월).

46 정답 ③

고종은 을사늑약의 부당함을 알리기 위해 네덜란드 헤이그에서 열리는 만국 평화 회의에 특사를 파견하여(1907년 4월) 국제 사회에 호소하였다. 그러나 일본은 이 사건을 구실로 고종을 물러나게 하고 순종을 즉위시켰다(1907년 7월).

47 정답 ④

일본은 러·일 전쟁 중에 미국과는 가쓰라·태프트 밀약을 맺고, 영국과는 제2차 영·일 동맹을 맺어 한국에 대한 일본의 독점적 지배권을 인정받았다.
러·일 전쟁에서 승리하자 포츠머스 조약을 체결하여 한반도에서 러시아 세력을 몰아냈다.

오답피하기

① 연합국은 카이로 회담(1943)과 포츠담 회담(1945)에서 한국의 독립을 약속하였다.
② 자유 무역 협정은 2000년대 이후 칠레, 미국을 시작으로 체결되었다.
③ 대한민국 임시 정부는 미국에 구미 위원부를 설치하고, 파리 강화 회의에 김규식을 파견하였다.

48 정답 ④

보안회, 헌정 연구회, 대한 자강회, 신민회 등은 모두 개화기에 조직된 애국 계몽 운동 단체들이다. 이들 단체는 근대 교육과 산업 육성을 통해 민족의 실력을 양성하고자 하였다.

오답피하기

① 형평 운동은 백정 출신들이 사회적 차별 철폐를 주장하며 1920년대에 일으킨 사회 운동이다.
② 새마을 운동은 1970년부터 추진된 농촌 재건 사업이다.
③ 개화기에 보수적 유생들은 성리학적 질서를 수호하기 위해 서구 세력을 배척하는 위정척사 운동을 전개하였다.

49 정답 ①

보안회는 러·일 전쟁 중 일제가 황무지 개간권을 요구해 오자 끝까지 반대 운동을 전개하여 이를 철회시켰다.

50 정답 ②

양기탁은 1904년에 베델과 함께 대한매일신보를 발행하여 항일 기사를 적극 작성하였다. 1907년에는 안창호, 이승훈 등과 비밀 결사 단체인 신민회를 창설하여 국채 보상 운동을 전국으로 확산시키는 데 크게 일조하였으나, 일제가 모금 횡령이라는 누명을 씌워 투옥시켰다.

51 정답 ③

도산 안창호가 중심이 되어 설립된 신민회는 교육과 산업의 진흥을 통해 나라를 부강하게 하여 자주독립을 이루고자 하였다. 이를 위해 대성 학교와 오산 학교를 설립하여 민족 교육에 힘쓰고, 태극 서관과 자기 회사를 설립하여 산업을 진흥시키고자 하였다. 또한 양기탁이 발행인으로 있던 대한매일신보를 통해 국민을 계몽시켰으며, 만주에 군사 학교를 세워 일본과의 전쟁에 대비하는 등 독립운동 기지 건설에도 힘썼다. 그러나 일본은 105인 사건을 날조하여 신민회를 해체시켰다.

오답피하기

ㄱ. 일제 강점기 백정들은 경남 진주에서 조선 형평사를 창립하여 형평 운동을 전개하였다.
ㄹ. 일제는 대한 제국의 재정과 금융을 장악하기 위해 1905년에 화폐 정리 사업을 실시하였다.

52 정답 ④

신민회(1907)는 안창호, 이승훈, 양기탁 등이 결성한 비밀 조직으로, 국권 회복과 공화 정체를 바탕으로 한 근대 국민 국가 건설이 목표였다. 신민회는 평양에 대성 학교, 정주에 오산 학교를 설립하여 민족 교육을 실시하고, 국외에 독립운동 기지를 건설하였다.

오답피하기

ㄱ. 만민 공동회는 독립 협회의 주최로 열강의 이권 침탈에 대항하여 자주독립의 수호와 자유 민권 신장을 위해 개최하였던 민중 대회이다.
ㄴ. 대한민국 임시 정부에서는 비밀 행정 조직으로 연통제를 설치하였는데, 자금 조달이나 정보 전달 등의 업무를 담당하였다.

53 정답 ③

주어진 자료는 국채 보상 운동에 관한 내용으로 1907년 국가의 빚을 갚아 국권을 지키자는 운동이었다. 대구에서 시작되어 전국으로 확산된 이 운동에 다양한 계층이 참여하여 금주, 금연 등으로 성금을 모았다.

54 정답 ③

왼쪽 말풍선에는 '일본의 강요로 빌린 차관을 갚아 국권을 회복하자는 운동'이라는 내용이 나와 있다. 오른쪽 말풍선에는 '1907년 대구에서 서상돈을 중심으로 남자들은 금연한 돈을, 여자들은 비녀와 반지를 내놓았다'는 내용이 나와 있다. 이를 통해 제시된 대화 내용은 1907년 대구에서 시작되어 전국으로 퍼진 국채 보상 운동에 대한 것임을 알 수 있다.

오답피하기

① 새마을 운동이 시작된 것은 박정희 정부 시기인 1970년이다.
② (동아일보의 주도로) 브나로드 운동이 시작된 것은 1931년이다(~1934).
④ 신탁 통치 반대 운동이 벌어진 것은 1946년 초의 일이다.

55 정답 ③

1905년에 한국인은 주로 상평통보와 백동화를 사용하였다. 일제는 우리의 금융을 장악하기 위해 메가타를 앞세워 화폐 정리 사업을 진행하였는데, 이 과정에서 백동화 중 일부는 신식 화폐로 교환해 주지 않아 한국인의 재산 피해가 컸다.

56 정답 ①

서양 의학이 보급되면서 정부는 1885년 최초의 서양식 병원인 광혜원을 세워 선교사 알렌에게 운영을 맡겼다. 광혜원은 이름을 제중원으로 바꾸고 왕실뿐만 아니라 일반 평민에게도 의료 활동을 폈다.

오답피하기

② 박문국은 조선 정부가 출판을 위해 설립한 기관으로 한성순보를 발행하였다.
③ 전환국은 조선 정부가 새로운 화폐 발행을 위해 설립한 기관으로 당오전을 발행하였다.
④ 육영 공원은 정부가 설립한 최초의 근대식 학교이다.

57 정답 ④

(가) 대한매일신보는 양기탁과 영국인 베델이 함께 발행하였기 때문에 일본의 감시를 다소 피할 수 있었다. 이러한 장점을 이용해 항일 기사를 적극 작성하였다.

(나) 장지연은 을사조약이 체결되자, 황성신문에 '시일야방성대곡'이라는 논설문을 올려 적극적으로 항의하였다.

58 정답 ③

정부 기관인 박문국에서 우리나라 최초의 신문인 한성순보를 발간하였다. 정부는 한성순보를 통해 개화 정책을 홍보하고 근대적인 지식 보급을 시도하였다.

59 정답 ④

(가) 원산 학사는 덕원 주민들이 개화파 인물들의 권유에 따라 원산에 설립한 우리나라 최초의 근대 사립학교로 외국어, 자연과학 등 근대 학문과 무술을 가르쳤다(1883).

(나) 육영 공원은 근대식 공립 교육 기관의 시초로 미국인 교사 헐버트를 초빙하여 양반 자제들에게 수학·외국어·지리학·정치·경제 등을 교육하였으나, 1894년에 폐지되었다.

60 정답 ③

배재 학당, 이화 학당, 경신 학교는 기독교 계통의 학교로, 개신교 선교사들에 의해 설립되었다.

오답피하기

① 개화기에 설립된 여학교로는 이화 학당, 순성 여학교 등이 있다.
② 유학 교육 기관으로는 고려의 국자감, 조선의 성균관과 서원 등이 있다.
④ 신민회 회원이 설립한 학교로는 대성 학교와 오산 학교가 있다.

61 정답 ④

개화기에 활동한 국학 연구자에는 국어 분야의 지석영과 주시경, 한국사 분야의 박은식, 신채호 등이 있다.

62 정답 ①

나철, 오기호 등은 단군 신앙을 발전시켜 1909년에 대종교를 창시하였다. 간도·연해주 등지에서의 해외 항일 운동과 밀접한 관련을 가지면서 성장하였다.

PART Ⅲ 일제 식민지 지배와 민족 운동의 전개

적중 예상 문제

본문 119~129p

01 ①	02 ③	03 ③	04 ③	05 ②
06 ③	07 ③	08 ④	09 ②	10 ③
11 ③	12 ③	13 ④	14 ①	15 ④
16 ③	17 ②	18 ①	19 ②	20 ④
21 ④	22 ①	23 ③	24 ②	25 ③
26 ③	27 ④	28 ②	29 ①	30 ②
31 ④	32 ④	33 ③	34 ③	35 ③
36 ②	37 ①	38 ③	39 ③	40 ②
41 ①	42 ②	43 ④	44 ③	45 ④
46 ①	47 ①	48 ②	49 ①	50 ④
51 ④	52 ①	53 ④	54 ②	55 ①
56 ③	57 ③	58 ④		

01 정답 ①

일제는 3·1 운동으로 무단 통치의 한계를 느끼고, 통치 방식을 전환하였다. 이른바 문화 통치를 표방하며, 표면적으로는 '조선의 문화와 관습을 존중하고 조선인의 행복과 이익을 증진한다'고 내세웠다.

02 정답 ③

일제는 국권을 빼앗은 후 1910년대 조선 총독부를 설치하고 조선 태형령 등 헌병 경찰 통치(무단 통치)로 우리 민족을 억압하였다. 우리의 모든 정치 활동을 금지하고 집회와 결사의 자유를 박탈하였으며 애국 운동 단체들을 해산시켰다. 또 이 시기에 일제는 토지 조사 사업을 통하여 근대적 소유권이 인정되는 토지 제도를 확립한다고 선전하였으나, 실제 목적은 우리의 토지를 약탈함으로써 식민지 지배에 필요한 재정을 마련하는 데 있었다.

③ 국가 총동원법은 1938년 일제가 인적·물적 자원을 수탈하기 위해 만든 법이다.

03 정답 ③

일제는 1910년부터 근대적 토지 소유권을 확립한다는 명분으로 토지 조사 사업을 실시하였다.

오답피하기

② 국채 보상 운동은 1907년 대구에서 시작되었다.

④ 물산 장려 운동은 1920년 평양에서 처음 전개되었다.

04 정답 ③

제복을 입고 칼을 찬 교사들의 모습을 볼 수 있었던 시기는 1910년대의 헌병 경찰 통치 시기이다. 1910년대 일제는 헌병 경찰과 헌병 보조원을 전국에 배치하고 사소한 범죄에 대해서는 즉결 심판을 내릴 수 있는 권한을 부여하여 우리 민족을 태형에 처하기도 하였다. 또한 이 시기에 일제는 무단 통치를 행하여 언론·출판·집회·결사의 자유를 빼앗았다.

③ 일제가 황국 신민 서사 암송을 강요한 것은 1930년대 이후이다.

05 정답 ②

1920년대 문화 통치 시기에는 헌병 경찰 제도를 보통 경찰제로 전환하였으나, 경찰관 수는 오히려 증가하였다. 일본의 공업화가 진전되면서 식량의 부족으로 일본 내 쌀값이 폭등하자 일본 정부는 한국의 쌀을 수탈하여 일본 내 식량 문제를 해결하려고 산미 증식 계획을 실시하였다(1920~1934).

오답피하기

ㄱ. 토지 조사 사업(1910~1918)은 무단 통치 시기의 일이다.

ㄷ. 창씨개명과 신사 참배 강요는 1930년대 이후 민족 말살 정책 시기의 내용이다.

06 정답 ③

일제는 근대적 토지 소유 제도를 확립하고 세금 부담을 공평하게 한다는 명분으로 1910~1918년에 걸쳐 토지 조사 사업을 실시하였다. 토지 조사 사업의 결과 조선 총독부는 미신고 토지나 황실·관청의 소유지, 문중의 공동 소유지 등 소유자가 불분명한 토지를 차지하였다. 또한 전국의 토지를 정확하게 파악함으로써 지세 수입도 크게 증가하였다.

07 정답 ③

일제는 3·1 운동(1919)을 계기로 우리 민족을 회유하기 위하여 무단 통치에서 이른바 '문화 통치'로 지배 방식을 변경하였다. 그리하여 1920년대에는 민족 운동 세력을 분열시키는 데 힘을 쏟아 친일파를 집중적으로 양성하였다.

오답피하기

① 한·일 협정은 박정희 정부가 1965년에 체결하였다.
② 일제는 1910년 8월 우리의 주권을 빼앗은 직후 조선 총독부를 설치하였다(1910.10).
④ 일제는 1910년대 헌병 경찰 제도를 도입하였다.

08 정답 ④

일제는 공업화 정책을 추진하면서 자국의 식량이 부족해지자, 산미 증식 계획을 추진하였다. 일제는 이 사업을 실시하면서 쌀의 증산을 위해 각지에 수리 조합을 조직하고 토지 개량 사업을 벌였다. 산미 증식 계획의 무리한 강행으로 한국의 농업 구조는 쌀 농사 중심으로 바뀌었고, 증산에 투입된 비용을 지주가 소작인에게 전가하는 일이 빈번하였다. 또한 한국인의 식량 사정은 극도로 악화되어, 만주에서 들여온 조·수수 등의 잡곡으로 연명해야 했다.

오답피하기

① 대동법은 공납의 부담과 방납의 폐단을 시정하기 위해 조선 광해군 때 처음 마련되었다.
② 국채 보상 운동은 1907년 대구에서 시작된 모금 운동으로, 대한 제국이 일제에 진 1,300만 원을 국민이 대신 갚고자 하였다.
③ 방곡령은 일본으로의 곡식 수출을 중단할 수 있는 명령으로, 개화기 때 몇 차례에 걸쳐 시행되었다.

09 정답 ②

일제는 1920년부터 부족한 쌀을 한국에서 확보하기 위해 산미 증식 계획을 추진하였다. 일제는 한국에서 쌀 생산을 늘리기 위해 농토를 개간하여 논의 비중을 높이고 수리 시설을 확충하였다. 또한 다수확 품종으로 종자를 개량하고 비료 사용을 확대하였다. 산미 증식 계획이 추진되어 쌀 생산량은 꾸준히 늘어났지만 증산량보다 훨씬 많은 양의 쌀이 일본으로 빠져나가면서 국내 1인당 쌀 소비량은 갈수록 줄어들었다. 곡식이 부족해지자 일제는 만주에서 잡곡을 들여와 식량 부족 문제를 해결하려 하였다.

10 정답 ③

일제는 자국의 식량 부족 문제를 해결하기 위해 1920년부터 산미 증식 계획을 추진하여 더 많은 양의 쌀을 수탈하였다. 이 때문에 한국인들은 식량 부족으로 굶주림에 시달렸고, 일부는 새로운 삶의 터전을 찾아 만주나 연해주 등 국외로 떠나기도 하였다.

오답피하기

① 1910년대, ②·④ 1940년대 일제의 정책이다.

11 정답 ③

일제는 1937년에 중국 본토를 침략하여 중·일 전쟁을 일으켰다. 전쟁에 따른 인력과 물자가 필요했던 일제는 1938년 국가 총동원법을 만들어 수탈을 더욱 강화하였다.

오답피하기

② 치안 유지법은 사회주의 세력을 탄압하기 위해 1925년에 제정되었다.
④ 반민족 행위 처벌법은 친일파를 처벌하고 사회 정의를 바로 세우기 위해 1948년에 제정되었다.

12 정답 ③

중·일 전쟁 발발 이후 일제는 국가 총동원법을 제정(1938)하여 인적·물적 자원의 수탈을 강화하였다. 특히 징병제를 통해 한국 남성들을 일제의 침략 전쟁에 동원하고 징용을 통해 광산, 군수 공장 등에 끌고 가 혹사시켰다. 또한 일제는 일본군 위안부로 끌려간 여성들에게 성 노예 생활을 강요하는 반인륜적인 범죄를 저질렀다. 그리고 전쟁 무기를 만들기 위해 학교 철문, 농기구, 놋그릇, 수저까지 강제로 공출하였다. 이 시기 일제는 '황국 신민화'의 구호를 내세워 신사 참배와 황국 신민 서사 외우기를 강요하였으며, 우리말과 우리 역사 교육을 금지하고 일본어만 사용하도록 하였다.

13 정답 ④

일제는 1930년대 이후 민족 말살 통치를 실시하였다. 이 시기에는 각지에 일본 신사를 세워 참배하도록 하였으며, 어린 학생들까지도 황국 신민 서사를 외우도록 강요하였다. 일제는 우리의 민족 정신을 뿌리 뽑기 위해 이른바 일선동조론을 주장하였고, 내선일체와 황국 신민화 등의 구호를 내걸었으며, 우리말과 우리 역사의 연구와 교육을 금지하였다. 나아가 한글 신문을 폐간하고 일본식 성과 이름을 강요하였다. 또한 우리나라를 그들의 전쟁 물자를 보급하는 병참 기지로 만들고 공출이라는 이름으로 각종 물자를 약탈하였다.

14 정답 ①

일제는 1938년 국가 총동원법을 만들어 인력과 물자의 수탈을 더욱 강화하였다. 전투 병력을 위해 지원병제, 학도 지원병제, 징병제를 실시하여 우리 청년들을 전쟁터로 끌고 갔다. 노동력 동원을 위해 징용령을 시행하고, 여성들을 군수 공장에서 일하게 했다. 또한 공출이라는 이름으로 쌀을 거두어 가고, 무기를 만들기 위해 가정의 놋그릇과 숟가락까지 빼앗아 갔다.

15 정답 ④

주어진 자료에 '한국인을 일본 천황에게 충성하는 백성으로 동화시키려 하였다'는 내용이 나와 있다. 이어 '소학교의 명칭을 국민학교로 바꿨다'는 내용이 나와 있다. 이를 통해 일제가 강점기 말에 시행한 황국 신민화 정책에 대한 것임을 알 수 있다. 신사 참배 강요, 황국 신민 서사 암송 강요, 궁성 요배, 애국저축 및 일본어 사용 강요, 창씨개명 시행 등을 들 수 있다. 소학교의 명칭을 국민학교로 바꾼 것은 제3차 조선 교육령 일부 개정 때의 일이다(1941.3).

오답피하기

① 남진 정책은 고구려 장수왕이 추진한 적이 있다(평양 천도, 427).
② 화폐 정리 사업이 추진된 것은 1905년의 일이다(~1909).
③ 토지 조사 사업이 추진된 것은 1910년의 일이다(~1918).

16 정답 ③

일제는 중·일 전쟁 발발 이후 국가 총동원법을 제정(1938)하여 인적·물적 자원의 수탈을 강화하였다. 특히 징병제를 통해 한국 남성들을 일제의 침략 전쟁에 동원하고 징용을 통해 광산, 군수 공장 등에 끌고 가 혹사시켰다. 또한 일본군 위안부 동원을 통해 한국 여성들을 희생시켰다. 이 시기에는 신사 참배와 황국 신민의 서사 암기, 일본식 성명을 강요하는 창씨개명 등 민족 말살 정책이 추진되었고, 전쟁 무기를 만들기 위해 학교 철문, 농기구, 놋그릇, 수저까지 강제로 공출되었다.

오답피하기

① 문화 통치 시기의 치안 유지법(1925)은 일제가 사회주의 사상을 감시하고 단속하기 위해 제정한 법률로, 항일 민족 운동을 탄압하는 데 이용되었다.
② 무단 통치 시기의 내용이다.
④ 동양 척식 주식회사는 1908년에 설립되었다.

17 정답 ②

윌슨의 민족 자결주의를 통해 독립에 대한 희망을 품게 된 우리 민족은 고종 황제의 죽음과 2·8 독립 선언을 계기로 3·1 운동을 전개하였다.

오답피하기

① 카이로 선언은 연합국이 한국의 독립을 최초로 약속했던 회담으로, 1943년에 열렸다.
③ 국군과 유엔군은 인천 상륙 작전을 성공시켜 서울을 되찾고, 압록강까지 진출하는 계기를 마련하였다.
④ 고종은 을사늑약의 부당성을 국제 사회에 알리기 위해 1907년 이준, 이상설, 이위종을 특사로 임명해 네덜란드 헤이그에 파견하였다.

18 정답 ①

3·1 운동은 직업, 신분, 종교의 구별 없이 모든 계층이 참여한 우리 역사상 최대 규모의 민족 운동이다. 실제로 3·1 운동으로 검거된 사람의 직업별 구성을 보면 농민이 56%로 가장 많고, 학생과 지식인이 19%, 상공업자와 노동자가 각각 11%를 차지하였다.

19 정답 ②

조선 총독부는 1910년에 설치되어 1945년까지 있었던 일본의 통치 기구로, 입법권·사법권·행정권을 갖는 일제 식민 통치의 최고 기관이다.

20 정답 ④

'3·1 운동 이후 여러 지역의 독립운동 단체가 통합되어 수립된' 자료, '삼권 분립에 기초한 민주 공화제를 채택한' 자료, '연통제와 교통국을 조직하여 독립운동을 전개한' 자료가 차례로 제시되어 있다. 이를 통해 제시된 자료는 모두 1919년 9월 통합된 대한민국 임시 정부에 대한 것임을 알 수 있다.

오답피하기

① 집강소는 동학 농민 운동 때 농민군이 호남 지방의 각 군현에 설치하였던 농민 자치 기구이다.
② 독립 협회가 설립된 것은 1896년이다. 서재필, 이상재, 윤치호 등이 우리나라의 자주독립과 내정 개혁을 위하여 조직하였다.
③ 조선어 연구회는 조선어 학회의 전신으로 국어를 연구하고 보급·선전할 목적으로 조직된 학술 단체이다(1921).

21 정답 ④

대한민국 임시 정부는 연통제와 교통국을 통해 국내와 긴밀하게 연락하였으며, 독립운동 자금을 마련하기 위해 독립 공채를 발행하였다. 또한 우리 민족의 독립 의지를 국제 사회에 널리 알리기 위해 외교 활동에 힘을 쏟았다. 김규식을 파리 강화 회의에 대표로 파견하고, 미국에 구미 위원부를 설치하였다.

오답피하기

ㄱ. 의열단은 김원봉이 주도하여 설립되었다.
ㄴ. 신흥 무관 학교는 신민회가 서간도 삼원보에 설립한 독립군 양성 기관이다.

22 정답 ①

대한민국 임시 정부의 활동에는 비밀 행정 조직인 연통제 조직, 정보 통신 조직으로 교통국 조직, 파리 위원부 설치(파리 강화 회의에 독립 청원서 제출), 구미 위원부 설치, 한국 친우회 결성, 한국 광복군 창설(광복군 사령부, 광복군 총영, 육군 주만 참의부 결성), 독립 공채 발행(애국 공채), 기관지로서 독립신문 발행 등이 있다.

① 광무개혁은 1897년 대한 제국이 단행한 자주적 내정 개혁이다.

23 정답 ③

대한민국 임시 정부의 활동이 큰 성과 없이 위축되자, 신채호 등은 임시 정부의 개편을 요구하였다. 이에 독립운동의 새로운 방향을 모색하기 위해 여러 민족 운동가들이 모여 1923년에 국민 대표 회의를 열었다. 그러나 창조파와 개조파의 대립으로 회의는 결렬되었고, 이후 임시 정부는 많은 운동가가 이탈하여 어려움을 겪었다.

오답피하기

① 만민 공동회는 독립 협회가 1898년에 주최한 민중 대회이다.
② 정사암 회의는 백제 귀족 회의이다.
④ 모스크바 3국 외상 회의는 1945년에 개최되어 미·소 공동 위원회 설치, 신탁 통치 등을 결정하였다.

24 정답 ②

ㄴ. **봉오동 전투**(1920.6) : 홍범도의 대한 독립군, 안무의 국민회군, 최진동의 군무 도독부 등의 연합 부대가 봉오동에서 일본군과 싸워 큰 승리를 거두었다.

ㄱ. **청산리 전투**(1920.10) : 김좌진의 북로 군정서군과 홍범도의 대한 독립군을 중심으로 독립군 연합 부대들이 청산리 일대에서 일본군을 크게 물리쳤다.

ㄷ. **자유시 참변**(1921) : 소련 자유시로 이동한 독립군이 소련 적색군의 공격으로 타격받은 사건이다.

25 정답 ③

홍범도는 봉오동 전투를 승리로 이끌었고, 이후에도 만주, 연해주 일대에서 독립운동을 지속하였다.

1937년 스탈린의 한인 강제 이주 정책으로 카자흐스탄으로 이주한 후 그곳에서 순국하였다.

오답피하기

① 김구(1876~1949)는 한인 애국단을 조직하고, 대한민국 임시 정부의 주석을 역임하였다.

② 김옥균(1851~1894)은 급진 개화파의 리더로, 갑신정변을 일으킨 주역이다.

④ 서재필(1864~1951)은 급진 개화파의 일원으로, 독립 협회를 세우고 독립신문을 창간하였다. 미국 시민권을 획득하였고, 의사로 활약하였다.

26 정답 ③

봉오동 전투에서 패한 일제는 만주의 독립군을 토벌하기 위해 대병력으로 독립군 부대를 추격하였다. 이에 독립군 연합 부대는 청산리 일대에서 일본군을 크게 무찔렀다.

27 정답 ④

3·1 운동 이후 독립군은 본격적으로 무장 투쟁에 나서 국경을 넘어 일본군과 경찰서 등을 공격하여 전과를 올렸다. 1920년에는 여러 독립군 부대들이 힘을 모아 일본군에 큰 승리를 거두었다. 특히 김좌진의 북로 군정서군을 비롯한 연합 부대는 동포 사회의 지원 속에 지형을 이용한 작전을 펴며 일본군과 치열한 전투를 벌인 끝에 큰 승리를 거두었다(청산리 대첩).

28 정답 ②

이달의 역사 인물은 백야 김좌진(1889~1930)으로 1919년 북로 군정서 총사령관에 취임하였고, 1920년 가을에 청산리 전투를 승리로 이끌었다.

29 정답 ①

1919년에 김원봉은 만주 지린에서 일제 식민 기관의 폭파, 침략 원흉 응징 등을 목표로 의열단을 조직하였다. 의열단은 상하이와 베이징, 난징 등으로 근거지를 옮겨 다니며 주로 상하이와 국내를 중심으로 1920년대에 활발한 투쟁을 벌였다.

30 정답 ②

봉오동 전투와 청산리 전투에서 크게 패한 일제가 이에 대한 보복으로 만주 지역의 한국인 마을을 습격하여 집, 학교, 교회 등을 불태우고 우리 동포를 학살한 사건이 간도 참변(1920)이다.

31 정답 ④

공민왕은 원나라가 100여 년 동안 장악하고 있던 철령 이북의 땅을 수복하기 위해 쌍성총관부를 공격하였다.

오답피하기

① 의열단은 만주에서 조직되어, 국내와 해외에서 다양한 의거 활동을 전개하였다.

② 김익상은 조선 총독부에, 김상옥은 종로 경찰서에 폭탄을 투척하였다.

③ 신채호는 「조선 혁명 선언」에서 폭력과 민중 혁명으로만 일제를 몰아낼 수 있다고 주장하며, 의열단의 활동을 뒷받침하였다.

32 정답 ④

1923년 국민 대표 회의 이후 대한민국 임시 정부는 일제의 감시와 탄압, 내부 분열, 자금과 인력 부족으로 활동이 크게 위축되었다. 이에 임시 정부 국무령이었던 김구는 한인 애국단을 조직하여 일제의 주요 인물을 제거하는 의열 투쟁을 벌임으로써 임시 정부에 활기를 불어넣으려 하였다.

오답피하기

① 대종교를 창시한 인물은 나철(1863~1916)이다(1909).
② 『열하일기』를 저술한 인물은 연암 박지원(1737~1805)이다. 『열하일기』는 정조 4년인 1780년에 박지원이 청나라 건륭제의 칠순연(七旬宴)을 축하하기 위하여 사행하는 삼종형 박명원을 수행하여 청나라 고종의 피서지인 열하를 여행하고 돌아와서 기록한 연행일기이다.
③ 박정희 정부는 1972년 10월에 유신 헌법을 제정하였다.

33 정답 ③

1920년대 후반 대한민국 임시 정부의 활동이 침체되자 김구는 한인 애국단을 조직하여 대한민국 임시 정부의 활동에 활기를 불어넣고자 하였다. 한인 애국단의 대표적 활동은 윤봉길이 중국 상하이 훙커우 공원에서 열린 일제의 기념식장에 폭탄을 투척한 사건이다.

오답피하기

① 의열단의 김상옥은 일제 경찰력의 상징이던 종로 경찰서에 폭탄을 던져 일제를 놀라게 하였다.
② 3·1 운동 이후 김원봉은 개인 폭력 투쟁으로 독립을 쟁취하고자 만주 길림성에서 의열단을 결성하였다(1919).
④ 1932년 이봉창이 도쿄에서 일본 국왕의 마차에 폭탄을 투척하였다.

34 정답 ③

조선 의용대는 중국 관내에서 조직된 최초의 한국인 군사 조직으로, 1938년 김원봉이 이끄는 조선 민족 전선 연맹이 중국 국민당의 지원을 받아 조직되었다. 정보 수집, 포로 심문, 후방 교란 등 중국 국민당군을 지원하는 활동을 하였다. 그러자 조선 의용대의 일부가 적극적인 항일 투쟁을 위해 일본과 교전 중인 중국 화북 지역으로 이동하여 조선 의용대 화북 지대를 만들었다.

35 정답 ③

한국 광복군은 태평양 전쟁이 발발하자 연합군의 일원으로 버마(미얀마) 전선에 투입되기도 하였다. 임시 정부는 중국 주둔 미국 전략 정보국(OSS)과 합작하여 국내 정진군을 조직하여 국내 진공 작전을 계획하였으나, 일본의 항복으로 이 계획은 실현되지 못하였다.

36 정답 ②

대한민국 임시 정부는 1940년에 충칭에 도착한 후 한국 광복군을 창설하였다. 1943년에는 영국과 함께 인도·미얀마 전선에 참전하였다. 1945년 미국과 국내 진공 작전을 준비하였으나, 일본의 갑작스러운 항복으로 실행하지는 못하였다. 태평양 전쟁은 1941년 12월 일본이 미국의 하와이를 기습 공격하면서부터 시작되었다(제2차 세계 대전의 일부).

37 정답 ①

조소앙은 정치·경제·교육의 균등을 이루고, 개인과 개인, 민족과 민족, 국가와 국가 사이에 균등을 이루자는 삼균주의를 주장하였다. 그의 이러한 주장은 대한민국 임시 정부가 1941년에 발표한 건국 강령의 토대가 되었다.

오답피하기

② 인내천 사상은 '사람이 곧 하느님'이라는 동학(천도교)의 중심 교리이다.
③ 시무 28조는 고려 성종 때 최승로가 작성한 개혁안이다.
④ 민족 자결주의는 3·1 운동이 일어나는 데 크게 영향을 주었다.

38 정답 ③

물산 장려 운동은 1920년 회사령이 폐지되고 관세가 철폐된다는 소식에 위기 의식을 느낀 민족주의 계열에서 추진한 민족 실력 양성 운동이었다. '조선 사람 조선 것', '내 살림 내 것으로'라는 구호를 내세웠던 물산 장려 운동은 1920년대 초 평양에서 시작되어 전국으로 확산되었는데, 구체적 내용에서도 토산품 장려 및 금연 실천 운동으로 시작되어 금주·금연 운동, 토산품 애용 운동으로 확대되어 갔다.

39 정답 ③

주어진 자료에 '조만식을 중심으로 평안도 사람들이 내 살림 내 것으로라는 구호를 내걸고 민족 운동을 전개하였다'는 내용이 나와 있다. 이어 '자작회, 토산 애용 부인회 등의 단체들이 활발하게 참여하면서 전국적으로 확산되었다'는 내용이 나와 있다. 이를 통해 제시된 자료 속 민족 운동은 1920년부터 시작된 물산 장려 운동임을 알 수 있다.

오답피하기

① 형평 운동은 백정(白丁)에 대한 사회적 차별 철폐를 요구한 백정들의 신분 해방 운동으로, 1923년 4월 경남 진주에서 처음 시작되었다(조선 형평사).
② 문맹 퇴치 운동은 조선일보의 주도로 1929년에 처음 시작되었다(~1934).
④ 민립 대학 설립 운동은 조선 민립 대학 설립 기성회의 주도로 1922년부터 시작되었다.

40 정답 ②

제시된 자료는 동아일보가 주최한 브나로드 운동 포스터이다. 조선일보와 동아일보는 문맹 퇴치와 농촌 계몽을 위한 캠페인을 전개하였다. 고등 교육 확대를 시도한 민립 대학 설립 운동과 구분된다.

41 정답 ①

1923년 4월 백정이라고 불리는 특수 직업 종사자들은 자신들에 대한 신분 차별과 멸시를 타파하려고 경남 진주에서 조선 형평사를 조직하였으며, 1925년에 본부를 진주에서 서울로 옮겼다. 그해 4월 조선 형평사는 서울의 중앙 총본부에서 형평사 전 조선 대회를 개최하여 백정에 대한 사회적 차별과 백정 자녀 교육 문제, 각종 사회 운동에 대한 대책을 토의하고 전국 회원의 단결을 꾀하였다.

42 정답 ②

백정은 조선 시대에 사회 최하층에 속했으며 갑오개혁으로 신분제가 폐지되면서 법적으로 해방되었다. 하지만 백정 부모의 아이가 입학을 거부당하는 등의 사회적 차별은 1920년대까지도 지속되었다. 그리하여 백정들은 형평 운동을 통해 이러한 차별에 저항하였다(1923년에 조선 형평사 조직).

43 정답 ④

3·1 운동 이후 높아지는 교육열 속에서 민족의 역량을 강화하기 위한 민족 대학의 필요성이 강조되었다. 이에 민족주의자들은 초등 교육의 기회 확대와 고등 교육 기관인 대학 설립 운동을 전개하였다. 1923년에 조선 민립 대학 기성회에서 민립 대학 발기 취지서를 채택하여 모금 활동과 함께 대학 설립 활동을 본격적으로 추진하였다. 모금 운동은 '한민족 1천만이 한 사람이 1원씩'이라는 구호 아래 전개되었다.

오답피하기

① 일제의 민족 말살 정책에 대항하여 이윤재, 최현배 등은 조선어 학회를 조직하여 한글 연구 및 강습회 개최를 통해 한글 보급에 앞장섰다.
② 신민회는 만주 삼원보에 독립운동 기지를 건설하고 신흥 강습소(신흥 학교)를 설립하여 독립군을 양성하였다.
③ 미주 지역에서는 대한인 국민회를 조직하여 일본의 침략을 규탄하였으며, 대조선 국민군단을 조직하여 군사 교육을 실시하기도 하였다.

44 정답 ③

6·10 만세 운동(1926)은 순종의 장례일을 기점으로 일어났는데, 학생 운동 단체와 사회주의 계열이 만세 시위를 전개하였다. 6·10 만세 운동은 3·1 운동 이후 침체되었던 민족 운동에 활력을 불러일으켰으며, 이후 민족주의 세력과 사회주의 세력이 연합하는 계기가 되었다.

오답피하기

① 1919년에 일어난 3·1 운동은 고종 장례식에 맞춰 3월로 계획되었다.
② 국채 보상 운동(1907)은 일본에 진 빚을 갚아 국권을 회복하려는 경제적 자립 운동이었다.
④ 광주 학생 항일 운동(1929)은 통학 기차 안에서 일본 학생이 한국 여학생을 희롱한 사건이 계기가 되어 발생하였다.

45 정답 ④

광주 학생 항일 운동은 통학 기차 안에서 일본 학생이 한국 여학생을 희롱한 사건이 계기가 되어 발생하였다. 광주 지역에서 시작된 학생들의 시위가 전국적으로 확대되면서 3·1 운동 이후 최대의 항일 민족 운동으로 발전하였다. 특히, 신간회는 광주 학생 항일 운동이 일어나자 진상 조사단을 파견하는 한편, 이 운동이 전국적으로 확산될 수 있도록 노력하였다.

46 정답 ①

일제는 1920년대 자치 운동을 지원하여 민족 운동을 분열시키는 한편, 치안 유지법을 시행하여 사회주의 세력을 탄압하였다. 이에 비타협적 민족주의자들과 사회주의자들이 협동하여 1927년 2월에 신간회를 창립하였다.

오답피하기

② 북로 군정서는 대종교 세력이 북간도 지역에서 결성한 독립군 부대로, 청산리 대첩을 승리로 이끌었다.
③ 조선어 학회는 1931년에 우리말과 글을 연구하기 위해 만든 단체이다. 이윤재, 최현배 등이 중심이 되어 활동했으며, '우리말 큰사전' 편찬을 시작하였다.
④ 대한민국 임시 정부는 미국에 구미 위원부를 설치하여 외교 활동을 전개하였다.

47 정답 ①

주어진 자료에 '1927년에 비타협적 민족주의자들과 사회주의자들이 협력하여 조직하였다'는 내용이 나와 있다. 이어 '광주 학생 항일 운동이 일어나자 진상 조사단을 파견하였다'는 내용이 나와 있다. 이를 통해 자료에서 가리키는 단체는 민족 협동 전선 운동의 일환으로 조직된 신간회임을 알 수 있다.

오답피하기

② 황국 협회가 결성된 것은 1898년 6월의 일이다. 독립 협회에 대항하기 위해 정부의 주도하에 보부상이 중심이 되어 결성되었다.
③ 헌정 연구회가 결성된 것은 1905년 5월의 일이다.
④ 조선어 학회가 결성된 것은 1931년 12월의 일이다. 조선어 연구회에서 개칭하였다.

48 정답 ②

제시문은 신간회의 3대 강령이다. 신간회는 비타협적 민족주의자와 사회주의자들이 이념과 노선의 차이를 뛰어넘어 민족 협동 전선을 결성하기로 의견을 모아 조직되었다. 신간회는 한국인 본위의 교육 실시와 착취 기관 철폐 등을 주장하였으며 사회 운동도 적극 지원하였다.

② 신흥 무관 학교는 신민회가 서간도 삼원보에 설립한 무관 학교이다.

49 정답 ①

1920년대 노동자들은 지역별, 직업별로 노동조합을 결성하거나 노동 단체를 만들었다. 이를 기반으로 부당 해고에 반대하고, 노동 조건 개선과 임금 인상을 요구하였다. 1929년에 일어난 원산 총파업이 그 대표적인 사례이다.

50 정답 ④

한용운은 『조선 불교 유신론』을 통해 조선 불교의 자주성을 회복하고 미신적 요소를 없애는 등 철저한 개혁을 주장하며 혁신 운동을 펼쳤다. 3·1 운동 때 민족 대표 33인으로 참여하여 옥고를 치렀고, 식민 통치에 대한 저항 의식을 『님의 침묵』과 같은 문학으로 표현하였다.

51 정답 ④

백남운은 마르크스 유물 사관의 영향을 받아 사회 경제 사학을 내세웠다. 우리 역사도 '고대 노예제 사회, 중세 봉건 사회, 근대 자본주의 사회'의 단계를 거치며 발전했다고 주장하며, 한국은 봉건 사회를 거치지 못해 여전히 고대 사회에 머물러 있다는 식민 사관의 정체성론을 반박하였다.

오답피하기

① 나철은 대종교를 창시하였다.
② 이만손은 미국과의 수교를 반대하며 영남 만인소라는 상소문을 작성하였다.
③ 조선사 편수회는 일제가 식민 사관에 기반해 우리 역사를 왜곡하기 위해 만든 단체이다.

52 정답 ①

박은식은 『한국통사』, 『한국독립운동지혈사』를 저술하였으며, 국가나 민족의 흥망은 국혼의 존재 여부에 달려 있고, 국혼은 바로 역사에 담겨 있는 것이라고 주장하였다. 그는 실천적인 유교 정신을 강조하는 「유교 구신론」을 주장하기도 하였다.

53 정답 ④

일제는 한국사가 중세로 발전하지 못하고 고대 사회에 머물러 있다는 정체성론을 제시하며 우리 역사를 왜곡하였다. 백남운은 이를 반박하며 『조선사회경제사』를 집필하였다.

오답피하기

① 박제가는 조선 후기 실학자로, 『북학의』에서 청과의 무역과 상공업 발달의 중요성을 주장하였다.
② 박은식은 『한국통사』에서 민족 정신 '혼'을 바탕으로 국권을 수복해야 한다고 주장하였다.
③ 안정복은 조선 후기의 역사학자로, 『동사강목』에서 중국 중심의 역사관에서 탈피하여 우리 역사를 체계화하였다.

54 정답 ②

일제 강점기 때 활동했던 대표적인 역사학자로는 신채호, 박은식, 백남운, 이병도, 손진태 등이 있다. 이 중 신채호는 고대사 연구에 집중하였으며, 대한매일신보에 「독사신론」을 연재하여 민족주의 사학의 연구 방향을 제시하였다.

55 정답 ①

근우회는 신간회의 자매단체로 창립되어 여성의 단결과 지위 향상을 위해 노력하였다.

오답피하기

② 보안회는 일제의 황무지 개간권 요구를 철회시킨 애국 계몽 운동 단체이다.
③ 토월회는 연극을 통해 민족 의식을 고취하고자 한 단체이다.
④ 조선 물산 장려회는 물산 장려 운동을 이끌었다.

56 정답 ③

일제 강점기에는 어린이의 지위가 매우 열악하여 교육받을 기회가 적었고, 온전한 인격체로 대우받지 못했다. 이에 방정환과 천도교는 소년 운동을 적극 전개하여, 어린이날을 제정하고 잡지 『어린이』를 간행하였다.

오답피하기

① 조광조는 조선 중종 때 인물로, 현량과를 도입하여 사림을 중앙 정계에 진출시켰다.
② 고려 김부식은 『삼국사기』를 집필하였다.
④ 안중근은 1909년 만주 하얼빈에서 을사늑약을 주도한 이토 히로부미를 처단하였다.

57 정답 ③

㉠ 대종교는 일제 강점 이후 종단의 중앙 기구를 간도로 옮기고, 중광단을 조직하여 적극적인 항일 무장 투쟁을 전개하였다.
㉡ 박중빈이 창시한 원불교는 허례 폐지, 근검절약, 협동 단결 등 새 생활 운동을 전개하였다.

58 정답 ④

조선어 학회는 일제의 우리말 탄압에 맞서 한글 수호 운동을 전개하였다. 하지만 1942년 일제의 탄압으로 조직이 와해되어, 당시 준비 중이던 '우리말 큰사전'은 제작이 중단되었다.

오답피하기

① 황국 협회는 보부상이 만든 단체로, 독립 협회와 갈등을 빚었다.
② 대한민국 임시 정부는 1940년 중국 충칭에서 한국 광복군을 창설하였다.
③ 김구는 1931년 한인 애국단을 조직하여, 이봉창과 윤봉길의 의거를 지휘하였다.

PART IV 대한민국의 발전

적중 예상 문제

본문 152~159p

01 ③	02 ④	03 ②	04 ①	05 ①
06 ②	07 ④	08 ①	09 ①	10 ④
11 ③	12 ③	13 ③	14 ①	15 ②
16 ②	17 ①	18 ②	19 ③	20 ②
21 ③	22 ④	23 ④	24 ③	25 ②
26 ②	27 ②	28 ③	29 ④	30 ③
31 ④	32 ④	33 ④	34 ④	35 ②
36 ④	37 ①	38 ④	39 ④	40 ④
41 ②				

01 정답 ③

한국의 독립 문제는 1943년 카이로 회담에서 최초로 국제적 논의가 이루어졌다. 미국, 영국, 중국의 정상들은 적당한 시기에 한국을 독립시킬 것을 결의하였다.

오답피하기

① 톈진 조약은 갑신정변 후 1885년에 청과 일본이 맺은 조약이다.
② 남북 협상은 1948년 남한 단독 선거를 앞두고 통일 정부 수립을 위해 개최되었다.
④ 국민 대표 회의는 임시 정부의 활동 방향을 둘러싸고 1923년에 개최되었다.

02 정답 ④

모스크바 3국 외상 회의는 1945년 제2차 세계 대전 후 여러 문제를 처리하기 위해 모스크바에서 개최한 회의를 말하는데, 이 회의 내용 중에는 한국 문제도 있었다.
모스크바 3국 외상 회의 결과 미국, 소련, 영국, 중국 등 4개국이 임시 정부와 합의한 다음 신탁 통치하기로 결정하였다.

03 정답 ②

ㄴ. 조선 건국 준비 위원회 결성(1945.8.15)
ㄷ. 모스크바 3국 외상 회의 개최(1945.12)
ㄹ. 제1차 미·소 공동 위원회 개최(1946.3)
ㄱ. 5·10 총선거(1948.5.10)

04 정답 ①

대한민국 임시 정부는 충칭에 정착하면서 정부의 형태를 주석 중심제로 개편하고 김구를 주석으로 선출하였다(1940). 해방 직후 김구는 남한만의 단독 선거 결정에 반대하면서 북한에 남북 협상을 제의하였다. 이에 평양에서 남북 지도자 회의가 개최되었지만 성과를 거두지 못하였다.

05 정답 ①

1948년에 5·10 총선거가 확정되자 남한 단독 선거를 저지하려는 움직임이 연이어 일어났다. 김구와 김규식은 북한으로 건너가 남북 협상에 참여하였고, 제주도에서는 좌익 세력이 봉기하였다. 제주도에서 일어난 봉기를 진압하는 과정에서 수만 명의 무고한 제주도민이 희생당하는 사태가 발생하였는데, 이를 제주 4·3 사건이라 한다.

오답피하기

② YH 무역 사건은 1979년에 YH 무역의 여성 노동자들이 농성 과정에서 폭력적으로 진압당한 사건으로 유신 정권이 붕괴되는 계기가 되었다.
③ 좌우 합작 운동은 1946~1947년에 여운형, 김규식, 안재홍 등이 주도한 통일 정부 수립 운동이다.
④ 전두환 정부는 개헌을 요구하는 시민의 요구를 무시하는 4·13 호헌 조치를 발표하였다(1987).

06 정답 ②

1948년 5월 10일 제헌 국회를 구성하기 위한 총선거가 실시되었다. 이 선거는 우리나라 역사상 최초의 보통 선거로 21세 이상의 모든 국민에게 투표권이 부여되었다. 그리고 직접·평등·비밀·자유의 원칙에 따른 민주주의 선거로 유엔 한국 임시 위원단의 감시 아래 실시되었다.

선거 결과로 5월 말에 제헌 국회가 개최되었는데, 제헌 국회 의원의 임기는 2년으로 한정되었다.

07 정답 ④

주어진 자료에 '제헌 국회는 광복 이후 친일파 청산이라는 국민의 열망에 따라 ㉠을/를 설치하였다'는 내용이 나와 있다. 이어 '그러나 반공 우선의 정책을 추구하던 이승만 정부의 비협조로 친일파 청산이 제대로 이루어지지 못하였다'는 내용이 나와 있다. 이를 통해 제시된 자료 속 ㉠은 대한민국 정부 수립 직후인 1948년 10월에 설치된 '반민족 행위 특별 조사 위원회'(줄여서 '반민 특위')를 가리키는 것임을 알 수 있다.

오답피하기

① 비변사는 처음 군사와 관련된 임시 군무 협의 기구로 설치되었다가 조선 후기에 이르러 국정 전반을 총괄하는 실질적인 최고 관청으로 기능하였다.
② 조선 총독부는 일제가 대한 제국을 식민지화한 후 설치한 최고 식민 통치 기구이다(1910).
③ 통리기무아문은 고종이 개화 정책을 추진하기 위해 설치한 기구로 군국 기밀과 일반 정치를 총괄하였다(1880).

08 정답 ①

1950년 3월에 실시하여 6·25 전쟁으로 중단하였다가 1957년에 종결된 농지 개혁은 유상 매수·유상 분배의 원칙, 실시 시기의 지연으로 인한 지주의 토지 처분 등 불철저함이 드러났으나, 지주 중심의 토지 소유가 폐지되고 농민 중심의 토지 소유가 확립되었다는 데 의의가 있다.

09 정답 ①

1948년 대한민국 정부가 수립된 직후, 국회에서는 친일파 처벌을 위해 '반민족 행위 처벌법'을 제정하였다.

오답피하기

② 신분제는 1894년 제1차 갑오개혁 때 폐지되었다.
③ 철종은 삼정의 문란을 해결하기 위해 삼정이정청을 설치하였다.
④ 1997년의 경제 위기를 외환 위기라 부른다.

10 정답 ④

1950년 6월 25일 새벽 (가) 북한은 선전 포고 없이 남한에 무력으로 침입해 왔다. 제대로 방어하지 못한 남한은 부산까지 피란하여 이곳을 임시 수도로 정하였다. 전쟁이 발발한 직후 유엔군이 참전을 결정하고, 국군과 인천 상륙 작전을 진행하여 (나) 서울 탈환에 성공한 뒤 압록강 부근까지 진격하였다. 중국군의 개입으로 국군과 유엔군은 한강 이남까지 후퇴(1·4 후퇴)하였다. 이러한 팽팽한 접전 속에서 1951년 7월 한국이 불참한 가운데 유엔군과 북한군, 중국군 사이에 휴전 회담이 개최되었고, 1953년 7월 27일 마침내 휴전이 성립되었다.

오답피하기

② 애치슨 선언은 6·25 전쟁 발발 직전에 미국이 발표하였다.

11 정답 ③

1950년 6월 25일 북한군의 기습으로 3일 만에 서울이 함락되고 이승만 정부는 부산으로 피란하였다. 이 과정에서 한강 인도교를 폭파(1950.6)하였다. 국군은 낙동강 전선까지 후퇴한 뒤 반격 태세를 갖추었다. 국군과 국제 연합군은 인천 상륙 작전(1950.9.15)을 계기로 전세를 반전시켜 서울을 수복하였다. 이어서 평양을 함락시키고 그해 겨울에 압록강까지 진격하였다. 그러나 중국이 대규모 군대를 파견(1950.10)하여 북한을 지원하였다. 1951년 중국군에 밀린 국군과 국제 연합군은 후퇴할 수밖에 없었다(1·4 후퇴). 이후 전쟁은 북위 38도선 부근에서 교착 상태에 들어갔다. 이후 북한은 소련의 국제 연합 대표를 통해 휴전을 제의하였고, 2년여에 걸친 회담 끝에 판문점에서 국제 연합군과 북한군, 중국군 사이에 정전 협정이 체결되었다.

12 정답 ③

1950년 6월 25일 북한군의 기습 남침으로 전쟁이 시작되었다. 3일 만에 서울이 점령당하여 부산으로 수도를 옮겨야 했으나, 국군과 유엔군의 참전으로 인천 상륙 작전을 성공시키고 서울을 되찾았다(1950.9.28). 그러나 북한을 돕기 위해 참전한 중국군의 공세에 밀려 서울에서 철수하였다(1·4 후퇴). 전열을 가다듬은 국군과 유엔군은 서울을 다시 찾은 이후 38도선 부근까지 진격하여 북한군, 중국군과 일진일퇴의 공방전을 지속하였다. 이러한 전쟁으로 수많은 사상자와 전쟁고아, 이산가족이 생겨났다.

13 정답 ③

3·15 부정 선거는 이승만 정부와 자유당이 정·부통령 선거에서 대대적인 부정 선거를 자행한 사건이다. 이러한 3·15 부정 선거로 인해 촉발된 시위가 4·19 혁명(1960)이다. 이 사건으로 이승만은 대통령직에서 물러났다. 이처럼 4·19 혁명은 시민의 힘으로 권력을 교체한 혁명이었다. 이승만 정부 시기에는 6·25 전쟁(1950)이 발발하였으며, 농지 개혁을 통해 지주 중심의 토지 소유 관계를 일소하고 자영농 중심의 농업 구조를 성립시키는 데 일정한 성과를 거두었다.

③ 박정희 정부는 1970년부터 새마을 운동을 추진하였다.

14 정답 ①

이승만 정부는 총 2회에 걸쳐 개헌을 추진하였다. 1차 개헌은 대통령 선출 방식을 간선제에서 직선제로 변경하는 것을 주요 내용으로 하며 발췌 개헌이라 부른다. 2차 개헌은 초대 대통령에 한해 중임 횟수 제한 폐지를 주요 내용으로 하며, 개헌안을 통과시키는 과정에서 사사오입을 내세웠다.

15 정답 ②

〈이승만 정부의 붕괴 과정〉과 관련된 문제이다. 3·15 부정 선거와 이승만 대통령 하야 사이에 ㉠이 위치하고 있다. 3·15 부정 선거가 일어난 것은 1960년 3월 15일(제4대 대통령 및 제5대 부통령 선거)이고, 이승만 대통령이 하야한 것은 1960년 4월 26일이다(하와이 망명). 그 사이에 1960년 4월 19일 학생과 시민들이 독재에 반대하여 일어난 '4·19 혁명'이 있었다. 이승만 대통령 하야는 4·19 혁명의 결말인 셈이다.

오답피하기

① 10월 유신이 있었던 것은 박정희 정부 시기인 1972년 10월의 일이다.

③ 6월 민주 항쟁이 벌어진 것은 전두환 정부 시기인 1987년 6월의 일이다.

④ 5·18 민주화 운동이 벌어진 것은 최규하 정부 시기인 1980년 5월의 일이다.

16 정답 ②

제시문은 3·15 부정 선거를 계기로 일어난 4·19 혁명을 이야기하고 있다. 이승만 정부는 계엄을 선포하고, 경찰을 동원하여 시민 시위대를 진압하려 하였지만, 민주화 시위는 계속되었다. 결국 이승만은 1960년 4월 26일 대통령직에서 물러났다.

오답피하기

① 반민 특위는 친일파 청산을 위해 조직된 '반민족 행위 특별 조사 위원회'를 일컫는다.

③ 3·1 민주 구국 선언은 유신 체제에 반대하여 1976년에 발표되었다.

④ 미국과 소련은 한반도에 임시 정부를 수립하기 위해 1946년과 1947년에 회담을 열었다. 이를 미·소 공동 위원회라고 부른다.

17 정답 ①

4·19 혁명 이후 헌법이 개정되어 내각 책임제가 수립되었다. 이에 따라 윤보선 대통령과 장면 총리가 이끄는 민주당 정부가 출범하였다.

18 정답 ②

6·3 시위(1964)를 비롯한 한·일 회담 반대 집회가 확산되었으나, 박정희 정부는 한·일 협정(1965)을 체결하여 일본과 국교를 정상화하였다. 이후 베트남 파병을 통한 국군의 전력 증강과 차관 제공을 약속받았으며, 1969년에는 3선 개헌을 단행하였다. 또 이 시기에는 우리나라의 경제 성장과 근대화를 위해 경제 개발 5개년 계획을 추진하였으며, 정부의 정책과 국민의 노력이 더해져 한강의 기적을 이루었다.

19 정답 ③

ㄴ. 1960년 4·19 혁명은 자유당과 이승만의 독재에 대항하여 민주주의를 수호하려 했던 민주화 운동이었다.

ㄱ. 1972년 박정희 정권은 장기 집권을 하기 위하여 헌정을 중단시키고 10월 유신을 선포하여 독재 체제의 길을 열었다.

ㄷ. 1980년 5·18 민주화 운동은 12·12 사태로 전두환, 노태우 등 신군부 세력이 정권을 잡은 데에 대한 반발로 일어난 사건이다.

20 정답 ②

유신 헌법은 대통령이 입법, 행정, 사법에 대한 모든 권한을 장악하고, 헌법 위에 군림할 수 있도록 하였다. 대표적인 사례로 대통령은 긴급 조치권을 갖고 있어 각종 법률의 효력을 임의로 정지시킬 수 있었다.

21 정답 ③

전두환과 신군부는 박정희 대통령이 피살된 직후 12·12 사태를 통해 권력을 잡았다. 군부의 재등장에 시민들이 반발하여 5·18 민주화 운동을 일으켰으나 진압되었다.

전두환은 이후 대통령에 취임했고, 집권 말년에 6월 민주 항쟁이 일어났다.

오답피하기

① 부·마 항쟁(1979, 박정희 정부)

② 10월 유신(1972, 박정희 정부)

④ 3·15 부정 선거(1960, 이승만 정부)

22 정답 ④

전두환, 노태우를 중심으로 한 신군부는 군사력을 동원하여 권력을 장악하고(12·12 사태), 비상계엄을 선언하였다. 광주에서는 신군부의 조치에 반대하는 5·18 민주화 운동이 전개되었다.

23 정답 ④

전두환 정부는 1987년 박종철 학생이 경찰의 고문을 받다 사망한 사건을 은폐하였고, 4·13 호헌 조치를 발표하여 대통령 직선제로의 개헌 요구를 거부하였다. 이에 호헌 조치에 대한 국민의 반대 시위가 더욱 확산되어 6월 10일에 전국에서 시위가 일어났다.

오답피하기

① 발췌 개헌은 이승만 정부가 대통령 선출 방식을 기존의 간선제에서 직선제로 변경한 개헌이다.

② 박정희 정부가 야당의 김영삼 의원을 의원에서 제명하자, 부산과 마산에서 반정부 시위가 일어났다(부·마 항쟁, 1979).

③ 제암리 사건은 일제가 3·1 운동의 확산을 막기 위해 수원 제암리 주민들을 학살한 사건이다.

24 정답 ③

대통령 직선제 개헌을 요구하는 민주화 운동이 활발히 전개되고 있는 가운데 1987년 1월 서울대학교 학생 박종철이 경찰의 고문을 받다가 사망한 사건이 발생하고, 전두환 정부가 4월 13일에 헌법 개정을 반대하는 담화문을 발표하자 국민들은 분노하였다.

6월 10일에 야당과 재야의 연합 기구인 민주 헌법 쟁취 국민 운동 본부는 박종철 고문 살인 조작·은폐 규탄 및 호헌 철폐 국민 대회를 전국 18개 도시에서 개최하였다. 이를 계기로 민주화를 요구하는 평화적 시위가 전국 주요 도시에서 연일 계속되었다. 결국 전두환 정부는 차기 대통령 후보로 내정된 노태우를 통해 대통령 직선제를 수용한다는 6·29 민주화 선언을 발표하였다(6월 민주 항쟁).

오답피하기

④ 1926년에 대한 제국의 마지막 황제 순종이 서거하자, 장례일에 맞춰 6·10 만세 운동이 일어났다.

25 정답 ②

6월 민주 항쟁 결과 전두환 정부는 6·29 민주화 선언을 발표하였다. 이에 따라 5년 단임의 대통령 직선제를 내용으로 하는 개헌이 이루어졌다.

26 정답 ②

밑줄 친 '선언'은 1987년 6월 29일 당시 민정당 대표인 노태우가 발표한 6·29 민주화 선언이다. 1987년 1월 대통령 직선제 개헌을 요구하는 민주화 운동이 활발히 전개되고 있는 가운데 1987년 1월 서울대학교 학생 박종철이 경찰의 고문을 받다가 사망한 사건이 발생하고, 전두환 정부가 동년 4월 13일에 헌법 개정을 반대하는 담화문을 발표하자 이에 분노한 시민과 학생들을 중심으로 대통령 직선제 개헌을 요구하는 시위가 전국적으로 발생하기 시작하였다. 이에 6월 10일 야당과 재야의 연합 기구인 민주 헌법 쟁취 국민 운동 본부가 박종철 고문 살인 조작·은폐 규탄 및 호헌 철폐를 요구하는 국민 대회를 전국 18개 도시에서 개최하기에 이르렀다(6월 민주 항쟁). 이 과정에서 연세대에서 민주화 시위를 벌이던 이한열 군이 최루탄에 맞아 사망하였다. 6월 민주 항쟁 이후 개정된 헌법에 의해 5년 단임의 대통령 직선제가 마련되었다.

오답피하기

① 사회주의 세력의 정우회 선언을 한 계기로 하여 신간회가 창립되었다.
③ 박정희 정부의 탄압에도 불구하고 유신을 반대하는 움직임은 계속되었고, 1976년에는 재야인사들이 명동 성당에 모여 유신 체제를 정면으로 비판하는 3·1 민주 구국 선언을 발표하였다.
④ 2000년 6·15 남북 공동 선언은 남북 경제 협력의 계기가 되었다.

27 정답 ②

6·25 전쟁 직후 이승만 정부는 미국의 경제 원조에 의존하였는데, 미국의 원조는 주로 잉여 농산물 중심으로 이루어졌다. 특히, 1950년 후반기에 우리나라에서 제분, 제당, 면방직 공업 등 이른바 삼백(三白) 산업 중심의 소비재 산업이 발달하였던 것은 미국이 제공한 밀, 원당, 면화 같은 백색의 원료 때문이었다. 이러한 원료는 정부가 독점하여 공급하였으므로 정치와 경제가 유착되는 현상도 나타났다.

오답피하기

① 김영삼 정부는 1996년에 선진국들의 모임인 경제 협력 개발 기구(OECD)에 가입하였다.
③ 김영삼 정부는 공직자 재산 등록과 금융 실명제(1993) 등을 통해 부정부패 척결에 노력하였다.
④ 경부 고속 국도가 완공된 것은 1970년 박정희 정부 시기이다.

28 정답 ③

제3·4차 경제 개발 5개년 계획(1972~1981) 시기에는 포항 종합 제철소와 현대 중공업이 건설되면서 전자·제철·조선·기계·석유화학 등에 주력하는 등 중화학 공업이 크게 발전하였다.

29 정답 ④

김영삼 정부는 공직자 재산 등록과 금융 실명제(1993) 등을 통해 부정부패 척결에 노력하였고, 1995년에는 수출 1,000억 달러를 돌파하였다. OECD에도 가입(1996)하여 시장 개방을 주도하였으며, 지방 자치 단체장 선거를 실시하여 지방 자치제를 시행하였다. 그러나 임기 말에 외환 위기(1997)를 맞아 국제 통화 기금(IMF)의 긴급 자금 지원을 받았다.

30 정답 ③

6·15 남북 공동 선언 발표는 김대중 정부, 국제 통화 기금(IMF)의 구제 금융 신청과 경제 협력 개발 기구(OECD) 가입은 김영삼 정부 때의 내용이다.

31 정답 ④

1997년에 발생한 외환 위기를 극복하기 위해 1998년에 국민은 자신이 소유한 금을 국가에 자발적으로 내놓았다. 이렇게 모은 금으로 국가 신용도와 외환 보유고를 높였는데, 이를 금 모으기 운동이라고 한다.

32 정답 ④

일본군 '위안부'로 끌려갔다 돌아온 할머니들은 일본 정부의 공식 사과와 배상을 촉구하며, 일본 대사관 앞에서 매주 수요 집회를 열고 있다. 평화의 소녀상은 2011년 12월 14일 수요 집회가 1,000번째로 열린 날을 기념하여 일본군 '위안부'로 끌려간 13세 소녀를 새긴 청동상을 일본 대사관 건너편에 세운 것이다. 2008년 유엔 인권 위원회는 일본 정부에게 일본군 '위안부' 문제에 대한 책임을 인정하라고 하였다. 그러나 일본 정부는 아직도 일본군 '위안부'의 강제 연행과 인권 침해를 공식적으로 사과하지 않고 있다.

33 정답 ④

수출 주도의 경제 정책 아래에서 정부와 기업은 국제 시장에서 가격 경쟁력을 확보하기 위해 노동자의 권리를 제한하고 저임금 정책을 고수하였다. 이로 인해 노동자들은 저임금과 장시간 노동에 시달려야 했다. 동대문 평화 시장의 재단사였던 전태일은 노동자의 열악한 근로 조건에 항거하여 자기 몸을 불살랐다.

34 정답 ④

7·4 남북 공동 성명은 1972년에 발표한 통일 원칙으로, 남북한 당국자가 최초로 합의한 사항이라는 데 의의가 있다.

35 정답 ②

㉠은 박정희 정부로, 1972년에 북한과 통일 3대 원칙(자주·평화·민족 대단결)에 합의한 7·4 남북 공동 성명을 발표하였다.
박정희 정부는 1970년대에 중화학 공업을 집중적으로 육성하였다. 이로 인해 중화학 공업 생산액의 비중이 경공업을 크게 넘어서게 되었고, 1977년에는 수출액이 100억 달러를 넘어섰다. 이러한 급속한 경제 발전을 국제 사회는 '한강의 기적'이라고 불렀다.

오답피하기
① 일제는 1910년에 회사령을 제정하여 한국인의 기업 활동을 방해하였다.
③ 1907년에 대구를 시작으로 일본에 진 국채를 갚기 위한 모금 활동이 전개되었다.
④ 김대중 정부는 북한과의 정상 회담을 최초로 성사시켰다(2000).

36 정답 ④

노태우 정부 시기에 전 세계적으로 공산권 국가가 붕괴되고 냉전 체제가 종식되었다. 이러한 국제 정세에 힘입어 남북 관계에서 다양한 합의가 이루어졌다. 1991년 남북이 동시에 유엔에 가입하였으며, 상호 체제 인정과 불가침을 약속한 남북 기본 합의서가 채택되었다.

오답피하기
① 최충헌은 교정도감을 설치해 국정을 장악하였다.
② 조선 성종은 관수관급제를 실시해 관리가 백성으로부터 직접 조세를 걷는 것을 금지시켰다.
③ 노무현 정부 시기 남북은 개성 공단을 건설하여 남북 간 경제 협력을 강화하였다.

37 정답 ①

남과 북은 수차례에 걸친 고위급 회담을 진행한 결과 1991년에 남북 기본 합의서를 도출했으며, 같은 해 9월에는 동시에 UN에 가입하였다.

38 정답 ④

2000년 김대중 정부 시기에는 남북 정상이 만나 남북 정상 회담을 개최하고 발표한 6·15 남북 공동 선언이 이루어졌다. 김대중 정부는 평화와 화해·협력을 통한 남북 관계 개선을 목표로 대북 화해 협력 정책인 '햇볕 정책'을 추진하였는데 그 결과 금강산 관광이 이루어졌으며, 개성 공단 건설 등 남북 경제 교류가 이루어졌고, 분단 이후 처음으로 남북 정상이 만나 남북 관계 안정에 크게 기여하였다.

39 정답 ④

김대중 정부 시기에는 이른바 '햇볕 정책'을 통해 북한과의 교류가 활성화되었고, 이러한 움직임은 두 정상이 만나는 2000년의 남북 정상 회담과 6·15 남북 공동 선언으로 이어졌다. 6·15 남북 공동 선언 이후 남북 정상이 합의한 대로 이산가족의 상봉이 추진되고, 생사와 거주지 확인, 서신 교환, 비전향 장기수들의 송환이 이루어졌다. 남북 협력 사업도 더욱 활성화되어 끊어진 경의선과 동해선 철도 연결이 추진되고, 북한의 개성에 남한 기업이 공업 단지를 조성하는 사업도 시작되었다.

40 정답 ④

김대중 정부는 대북 화해 협력 정책(이른바 '햇볕 정책')을 추진하였다. 2000년에 김대중 대통령은 평양을 방문하여 사상 최초로 북한의 김정일 국방위원장과 남북 정상 회담을 갖고 6·15 남북 공동 선언을 발표하였다.

오답피하기

① 1991년 노태우 정부 시기에 남북한이 유엔에 동시 가입하였다.
② 1988년 노태우 정부 시기에 서울 올림픽을 개최하여 한국의 발전상을 국내외에 알리고, 지구촌 화합에 기여하였다.
③ 1972년 박정희 정부 시기에 7·4 남북 공동 성명이 발표되었다.

41 정답 ②

제시된 3개 조항은 독도가 대한민국의 영토임을 증명하는 사례이다.
제2차 세계 대전 이후 일본은 연합국(미국)에 의해 통치되었다. 미국은 연합국 최고 사령관 지령 제677호와 샌프란시스코 강화 조약을 통해 독도가 한국의 영토임을 명확히 하였으며, 이승만 정부 또한 1962년에 평화선을 설정하였다.

PART V 실전 모의고사

제1회 정답 본문 162~166p

01 ④	02 ①	03 ①	04 ④	05 ②
06 ③	07 ②	08 ④	09 ②	10 ②
11 ①	12 ③	13 ①	14 ③	15 ②
16 ①	17 ③	18 ③	19 ③	20 ③
21 ④	22 ①	23 ①	24 ③	25 ②

01 정답 ④

비파형 동검은 청동기 시대의 유물이다. 반달 돌칼은 청동기 시대에 곡식의 이삭을 자르는 데 사용된 석기 농기구이다. 청동기 시대에는 개인 간의 빈부 격차와 계급의 분화가 일어났다. 이는 죽은 뒤에까지도 영향을 미쳐 무덤의 크기와 껴묻거리에 반영되었다.

오답피하기

① 신석기 시대의 생활상이다.
②, ③ 구석기 시대의 생활상이다.

02 정답 ①

칠지도는 백제 근초고왕이 왜왕에게 내려 준 것이다. 양쪽으로 뻗은 6개의 가지와 가운데 날을 합쳐 모두 7개의 갈래로 나뉘어 있어 칠지도라는 이름이 붙었다. 이 당시 왜는 철기 문화 수준이 낮았기 때문에 백제의 철기 문화에 크게 의존하였다.

03 정답 ①

제시문은 고려 광종에 대한 설명으로, 그는 왕권을 강화하고 호족을 견제하기 위해 노비안검법과 과거제를 실시하였다.

오답피하기

② 대동법은 조선 광해군 때 최초로 실시되었다.
③ 통일 신라의 신문왕은 김흠돌의 반란을 계기로 진골을 숙청하고 왕권을 강화하였다.
④ 고구려는 당을 견제하기 위해 요동 지역의 성을 연결하여 천리장성을 축조하였다.

04 정답 ④

고려 시대 지눌은 선과 교학을 나란히 수행하되 선을 중심으로 교학을 포용하자는 정혜쌍수와 '내가 곧 부처'라는 깨달음을 얻은 뒤 꾸준히 수행할 것을 강조하는 돈오점수를 주장하였다. 이는 선종을 중심으로 교종까지 포용하려는 이론 체계를 수립한 것이었다.

05 정답 ②

조선 전기 국왕들의 업적

태조	조선 개국, 한양 천도, 재상 중심의 정치(정도전)
태종	6조 직계제 실시, 호패법 실시, 사병 혁파
세종	의정부 서사제 실시, 집현전 설치
세조	6조 직계제 실시, 경연 폐지
성종	경연 강화, 홍문관 설치, 『경국대전』 완성

06 정답 ③

균역법은 조선 후기 군포 부과가 가중되어 군역 이탈 농민이 증가하자 군역의 부담을 경감하기 위하여 만든 제도로 1년에 군포 1필을 납부하도록 하였다.

오답피하기

① 방납의 폐단을 시정하기 위해 대동법을 제정하였다. 영정법은 전세 제도에 해당한다.

②, ④ 집집마다 토산물을 부과하는 공납은 방납의 폐단이 심하여 대동법을 시행하였다.
대동법은 토지 결수에 따라 쌀, 삼베, 면포, 동전 등을 징수하였다. 대동법의 시행으로 공인이 출현하고, 상품 화폐 경제가 급속도로 발전하게 되었다. 호당 징수가 결당 징수로 바뀌어 지주의 부담은 늘고 농민의 부담은 줄었다.

07 정답 ②

흥선 대원군은 왕권 강화와 통치 질서의 재정비를 위해 비변사의 기능을 축소하고 의정부와 삼군부의 기능을 부활하였으며, 안동 김씨 세력을 몰아내는 등 세도 정치를 타파하였다. 또한 민간에서 환곡을 자율적으로 운영하도록 하는 사창제를 실시하여 지방관의 횡포를 막고 민생을 안정시키고자 하였다. 그리고 국가 재정을 확충하기 위해 호포제를 실시하여 상민에게만 부과하던 군포를 양반에게도 거두었다. 또한 면세와 면역 등 각종 혜택을 누리면서 지방 농민들을 수탈하던 서원을 철폐하였다.

② 강화도 조약은 고종이 직접 통치한 이후에 체결되었다.

08 정답 ④

갑오·을미개혁의 주요 내용

<table>
<tr><th>구분</th><th>갑오개혁</th><th>을미개혁</th></tr>
<tr><td>정치</td><td>• 개국 기원 사용
• 왕실 사무와 행정 사무 분리
• 사법권 독립
• 과거제 폐지</td><td rowspan="3">• 양력 사용
• 단발령 발표
• 종두법 시행
• 소학교 설립
• '건양' 연호 제정
• 우편 제도 실시</td></tr>
<tr><td>경제</td><td>• 재정 일원화
• 조세의 금납제
• 도량형의 개정 통일</td></tr>
<tr><td>사회</td><td>• 신분제 폐지
• 조혼 금지
• 과부의 재혼 허용</td></tr>
</table>

09 정답 ②

프랑스는 병인박해를 구실로 조선에 통상을 요구하며 강화도를 침략하였다. 조선은 한성근 부대와 양헌수 부대 등의 활약으로 프랑스군을 물리칠 수 있었다. 그러나 프랑스는 강화도를 점령한 동안 외규장각 도서와 각종 문화재를 약탈하는 등 많은 피해를 입혔다.

오답피하기

① 일본은 삼국 간섭 이후 약화된 세력을 만회하기 위해 명성 황후를 시해한 을미사변을 일으켰다.

③ 고종은 을미사변 이후 일본의 위협을 피하기 위해 러시아 공사관으로 거처를 옮겼는데, 이를 아관 파천이라고 한다.

④ 간도 참변은 봉오동·청산리 전투에서 패한 일제가 이에 대한 보복으로 우리 동포들에게 자행한 만행이다.

10 정답 ②

운요호 사건 이후 조선은 일본과 강화도 조약을 체결함으로써 문호를 개방하고 서양의 문물을 받아들이기 시작하였다. 당시 통상 수교 거부 정책을 폈던 흥선 대원군이 물러나고 왕비를 중심으로 하는 민씨 세력이 정권을 장악하면서 대외 정책에도 변화가 있었는데, 이것이 강화도 조약 체결에 영향을 미쳤다. 강화도 조약으로 조선은 부산, 원산, 제물포(인천) 세 항구를 개항하였다. 강화도 조약은 조선이 외국과 맺은 최초의 근대적 조약이다.

오답피하기

① 을사늑약으로 일제는 대한 제국의 외교권을 빼앗았다(1905).

③ 미국은 베트남 전쟁에 한국군을 파병하는 대가로 군 장비의 현대화와 베트남 건설 사업 참여를 보장하였다. 이러한 약속을 담은 문서가 브라운 각서이다.

④ 6·25 전쟁이 끝나고 한·미 상호 방위 조약을 체결하여, 북한에 대한 공동 대응과 주한 미군 주둔에 합의하였다.

11 정답 ①

급진 개화파는 김옥균, 박영효, 홍영식, 서광범 등이 있으며 이들은 서양의 사상과 제도까지 수용하고자 하였다.

오답피하기

② 신돌석은 을사의병장으로, 최초의 평민 출신 의병장이다.

③ 안창호는 신민회를 창설하였다.

④ 지청천은 한국 독립군과 한국 광복군을 이끌었다.

12 정답 ③

1905년부터 1910년 사이에 우리 민족의 구국 민족 운동은 애국 계몽 운동과 항일 의병 전쟁이라는 두 가지 형태로 전개되었다. 의병 전쟁이 일제의 침략에 맞선 무장 항쟁이었다면, 애국 계몽 운동은 교육, 산업, 언론 등의 분야에서 실력의 양성을 통해 국권을 회복하려는 운동이었다.

13 정답 ①

형평 운동(1923)은 조선 형평사라는 단체가 여전히 차별받는 백정 출신들의 사회적 지위를 향상시키고자 전개한 운동이다.

14 정답 ③

1930년대 후반 침략 전쟁을 확대한 일제는 '일본과 조선이 하나'라는 내선일체를 강조하면서 황국 신민화 정책을 강화하였다. 이에 따라 우리 민족에게 황국 신민 서사 암송, 신사 참배, 궁성 요배, 창씨개명 등을 강요하였다.

③ 일제는 1924년 경성 제국 대학을 설립하여 한국인의 고등 교육에 대한 열기와 불만을 잠재우려 하였다.

15 정답 ②

일제는 공업화 정책을 추진하면서 자국의 식량이 부족해지자, 산미 증식 계획을 추진하였다. 일제는 이 사업을 실시하면서 쌀의 증산을 위해 각지에 수리 조합을 조직하고 토지 개량 사업을 벌였다. 산미 증식 계획의 무리한 강행으로 한국의 농업 구조는 쌀 농사 중심으로 바뀌었고, 증산에 투입된 비용을 지주가 소작인에게 전가하는 일이 빈번하였다. 또한 한국인의 식량 사정은 극도로 악화되어, 만주에서 들여온 조·수수 등의 잡곡으로 연명해야 했다.

16 정답 ①

윌슨의 민족 자결주의를 통해 독립에 대한 희망을 품게 된 우리 민족은 고종 황제의 죽음과 2·8 독립 선언을 계기로 3·1 운동을 전개하였다. 3·1 운동은 거족적인 최대 규모의 독립 운동으로서, 우리 민족의 자주독립에 대한 의지를 분명히 나타냈고, 이후의 국내외 독립 운동에 다양한 방향을 제시하였다. 3·1 운동 이후, 보다 통합적이고 체계적인 독립 운동을 수행하기 위해 각지의 임시 정부를 통합하여 중국 상하이에 대한민국 임시 정부를 수립하였다.

17 정답 ③

1929년에 일어난 광주 학생 항일 운동은 한·일 학생 간 충돌에서 시작되었다. 이후 신간회가 개입하여 전국적인 학생 운동으로 확대되어 3·1 운동 이후 최대 규모의 항일 민족 운동이 되었다.

오답피하기
① 신간회는 1927년에 설립되었다.
② 3·1 운동 직후에 일제는 무단 통치를 포기하고 문화 통치로 전환하였다.
④ 윤봉길의 상하이 의거에 관한 내용이다.

18 정답 ③
한국 광복군은 태평양 전쟁이 발발하자 연합군의 일원으로 미얀마 전선에 투입되기도 하였다. 조선 의용대 일부가 한국 광복군에 가담함으로써 전투력이 더욱 강화되었다. 또한 임시 정부는 중국 주둔 미국 전략 정보국(OSS)과 합작하여 한국 광복군 제2지대와 제3지대를 국내 투입 유격 요원으로 훈련에 참여시켰다. 훈련을 마친 요원을 중심으로 국내 정진군을 조직하여 1945년 8월 20일 국내 진공 작전을 계획하였으나 일본의 때 이른 항복으로 이 계획은 실현되지 못하였다.

19 정답 ③
일제는 식민 통치 초기부터 우리 민족의 문화를 말살하고 왜곡하였다. 1910~1920년대에는 일제의 역사 왜곡에 맞서 신채호, 박은식 등이 민족 정신과 자주적 발전을 강조하는 민족주의 사학을 연구하였고, 1930년대에는 정인보, 안재홍, 문일평 등이 그 전통을 계승하였다.

20 정답 ③
유엔에서 남한 단독 선거를 결정함에 따라 1948년 5월 10일에 우리 역사상 최초의 보통 선거가 실시되었다. 하지만 통일 정부 수립을 주장했던 김구와 김규식은 북한과의 협상을 시도하였다. 남한의 좌익 세력들은 제주도에서 4월 3일에 무장봉기를 일으켰고, 이를 진압하는 과정에서 수만 명의 무고한 제주도민이 희생당했다(제주 4·3 사건).

오답피하기
ㄱ. 6월 민주 항쟁은 1987년에 대통령 직선제로의 개헌을 요구하며 일어난 민주화 운동이다.
ㄷ. 광주 시민들은 1980년 신군부에 저항하며 민주화 운동을 일으켰다.

21 정답 ④
제헌 국회는 국민의 열망에 따라 1948년 9월 친일파 처벌을 위한 반민족 행위 처벌법(반민법)을 제정하였다. 그리고 법 집행을 위해 반민족 행위 특별 조사 위원회(반민 특위)를 10명의 국회 의원으로 구성하였다. 반민 특위는 1949년 1월부터 활동을 시작하였지만, 이승만 정부의 소극적 태도와 반대 세력의 반발에 부딪혀 결국 성과를 거두지 못한 채 1949년 8월 말 반민 특위가 해체되어 대부분 친일파들은 처벌을 받지 않고 끝나 버렸다.

오답피하기
① 전주 화약은 동학 농민군과 정부가 체결한 합의안이다.
② 대한국 국제는 대한 제국의 헌법으로, 대한 제국이 자주독립 국가임을 알리고 황제권을 강화할 목적으로 1899년에 제정되었다.
③ 일제는 1925년에 사회주의 운동가를 탄압하기 위해 치안 유지법을 제정하였다.

22 정답 ①
발췌 개헌(1952)은 6·25 전쟁 중 통과되었다. 이승만은 국회에 지지 세력이 적은 상황에서 대통령 직선제 개헌을 추진하였고, 부산 정치 파동을 통하여 야당 인사를 탄압하면서 개헌안을 가결시켰다. 정부와 국회의 개헌안 중 각각 일부를 발췌하여 통과된 헌법이라서 발췌 개헌이라는 이름이 붙었지만, 위헌의 성격이 있던 사건이었다.

오답피하기
② 미·소 공동 위원회는 1946년(제1차), 1947년(제2차) 개최되어 조선 임시 정부 수립과 관련된 내용을 논의하였으나, 두 번 모두 결렬되었다.
③ 여수·순천 사건은 10·19 사건이라고도 하며, 제주도 4·3 사건을 진압하기 위해 파견 예정이던 군 부대 내 좌익 세력이 이를 거부하고 봉기하여 발생한 유혈 충돌 사건이었다.
④ 5·10 총선거는 1948년 실시되었고, 이를 통하여 제헌 국회 의원이 선출되었다.

23 정답 ①

3·15 부정 선거에 대한 항거로 4·19 혁명이 일어났으며, 4·19 혁명 이후 허정 과도 정부가 구성되었다. 양원제 의회, 내각 책임제로 개헌한 후 실시된 총선거에서 장면이 이끄는 민주당이 집권하였다.

24 정답 ③

박정희 정부는 한·일 협정(1965)을 체결하여 일본과 국교를 정상화하였다. 이후 브라운 각서(1966)를 체결하여 베트남 파병을 통한 국군의 전력 증강과 차관 제공을 약속받았다. 그리고 10월 유신을 단행하였으며, 새마을 운동을 전개하였다.

25 정답 ②

남북한은 평화 통일을 위해 여러 차례에 걸쳐 합의안을 마련하였다.

박정희 정부 시기에는 7·4 남북 공동 성명(ㄴ)에서 자주·평화·민족 대단결의 3대 원칙에 합의하였다.

노태우 정부 시기에는 상호 불가침에 합의하며 남북 기본 합의서(ㄱ)를 채택하였다.

김대중 정부 시기에는 최초로 남북 정상 회담이 개최하고, 6·15 남북 공동 선언(ㄷ)을 발표하여 경제·문화 교류를 확대하기로 하였다.

제2회 정답

본문 167~171p

01 ④	02 ③	03 ④	04 ②	05 ②
06 ①	07 ②	08 ②	09 ③	10 ④
11 ④	12 ①	13 ②	14 ①	15 ①
16 ③	17 ③	18 ③	19 ③	20 ④
21 ①	22 ①	23 ①	24 ③	25 ③

01 정답 ④

발해의 지배층은 주로 고구려인, 피지배층은 말갈인이었으며 건국 초기부터 고구려 계승 의식을 뚜렷이 하였다. 이 같은 사실은 발해가 일본에 보낸 국서에서 발해의 국왕을 고려 국왕이라고 칭하는 데서 알 수 있다.

02 정답 ③

백제의 산수무늬 벽돌과 금동 대향로, 고구려의 사신도 벽화는 모두 산천 숭배나 신선 사상과 결합하여 귀족 사회를 중심으로 퍼져 나갔던 도교와 관련이 있다.

03 정답 ④

- 고구려의 고국천왕은 가난한 농민을 구제하기 위해 진대법을 실시하였다.
- 의창은 고려 성종 때 흑창을 확대 개편한 기구로, 평상시에 곡물을 비치하였다가 춘궁기에 빈민에게 빌려주고 추수기에 갚도록 하는 방식으로 운영되었다.
- 조선 시대 환곡은 농민 생활을 안정시키기 위하여 곤궁한 백성에게 봄에 곡식을 빌려주고 가을에 1/10 정도의 이자를 거두는 것으로, 고구려의 진대법, 고려 시대의 의창을 계승한 제도이다.

04 정답 ②

묘청은 정지상 등과 함께 풍수지리설에 입각하여 서경 천도를 적극 추진하였으며, 칭제건원과 금국 정벌을 주장하였다. 그러나 개경 문벌 귀족의 반대로 서경 천도가 좌절되자 국호를 '대위', 연호를 '천개'로 정하고 난을 일으켰다.

오답피하기

① 제주도는 남한 단독 선거에 반대한 좌익 세력의 무장봉기를 시작으로, 다수의 민간인이 희생된 4·3 사건을 겪었다(1948).
③ 홍경래와 평안도 사람들은 서북 지방에 대한 차별에 반발해 순조 시기에 봉기하였다(홍경래의 난, 1811).

05 정답 ②

일본은 쇼군이 바뀌었을 때 그 권위를 인정받고 조선의 선진 문화를 받아들이기 위해 조선에 통신사 파견을 요청하였다. 이와 같이 통신사는 단순한 외교 사절단의 의미를 넘어 일본에 문화를 전파하는 역할도 담당하였다.

오답피하기

① 신민회는 1907년에 조직된 비밀 결사 단체로, 국내에 대성 학교를 건립하고, 남만주 삼원보에 독립 운동 기지를 건설하였다.
③ 영선사는 개항 직후 청에 보낸 사절단으로, 청의 무기 공장을 견학하였다.
④ 의열단은 김원봉이 조직한 의거 단체로, 1920년대 초에 활약하였다. 대표적인 단원으로는 김익상, 김상옥, 나석주가 있다.

06 정답 ①

중상주의 실학자 박지원은 「양반전」과 「호질」 등을 통해 양반의 무위도식을 비판하였다. 또한 상공업 진흥과 기술 개발을 중시하여 수레와 선박의 이용, 화폐 유통의 필요성을 강조하였다.

07 정답 ②

강화도 조약의 조항 중 불평등한 내용으로는 일본인에 대한 치외 법권과 해안 측량권 허용이 있다.

오답피하기

① 1905년 을사늑약 체결로 통감부가 설치되었다.
③ 1909년 일본은 청과 간도 협약을 체결하였다.
④ 신탁 통치는 1945년에 모스크바 3국 외상 회의에서 논의되었다.

08 정답 ②

을미의병은 을미사변, 단발령 실시를 원인으로 하여 일어났다. 을사조약 체결로 인해 일어난 의병은 을사의병이다. 정미의병은 군대 해산을 계기로 일어났다.

09 정답 ③

아관 파천 이후 열강의 이권 침탈이 심화되었다. 미국은 운산 금광 채굴권을 차지하였다. 일본은 경부선 부설권을 확보하고, 미국과 프랑스로부터 각각 경인선과 경의선 부설권을 인수하여 한반도의 철도를 장악하였다.

10 정답 ④

전주 화약을 체결한 이후 동학 농민군은 전라도 53개 지역에 집강소를 설치하고 폐정 개혁을 실천하였다. 폐정 개혁안에는 탐관오리 처벌, 노비 문서는 불태워 버릴 것, 왜적과 통하는 자는 엄징할 것, 규정 이외의 세금은 거두지 말 것, 토지는 평균하여 분작하게 할 것 등 농민들의 요구가 담겨 있다. 이러한 농민의 요구는 이후 갑오개혁에 일부 반영되기도 하였다.

11 정답 ④

녹두 장군 전봉준을 중심으로 하여 일어난 운동은 동학 농민 운동으로 농민을 중심으로 한 아래로부터의 개혁 운동이라는 데 의의가 있다. 집강소는 동학 농민군이 전주성을 점령한 뒤 전라도 각 군현에 설치하였던 개혁 기구이다. 그러나 동학 농민 운동은 공주 우금치에서 일본군과 관군에게 참패하고 전봉준을 비롯한 지도부도 체포되었다.

12 정답 ①
독도는 울릉도에 딸린 섬으로서, 신라 지증왕 이후로 우리나라 영토였다. 조선 숙종 때 안용복은 독도를 왕래하는 일본 어부들을 쫓아내고, 일본에 건너가서 독도가 우리나라 영토임을 확인시키기도 하였다. 독도는 『세종실록지리지』나 『동국여지승람』에도 우리나라의 영토로 표시되어 있다.

13 정답 ②
일제와 타협적 성격을 띤 일부 세력은 1920년대 중반 이후 사실상 독립운동의 포기 선언이나 다름없는 자치 운동을 주창하였으며, 1930년대 이후에는 친일 노선을 걷게 되었다. 대다수의 민족주의자들은 이와 같은 주장을 기회주의로 비판하고 민족 운동을 강화하기 위해 사회주의 계열과의 연대에 보다 적극적으로 나섰다. 그 결과 비타협적 민족주의 계열과 사회주의 계열이 힘을 합쳐 1927년 신간회가 창립되었다.

14 정답 ①
일제는 우리나라 사람들에게 세금을 더 많이 거두어들이고, 일본인이 손쉽게 토지를 가질 수 있게 하기 위하여 토지 조사 사업을 실시하였다(1910~1918). 일제는 토지를 소유한 사람이 소유권 신고서를 직접 작성하여 관청에 제출하도록 하였다. 만일 토지 소유자가 정해진 기간 안에 신고하지 않으면 그 땅을 국유지로 만들어 버렸다.

오답피하기
② 산미 증식 계획(1920~1934)
③ 징용제(1944)
④ 학도 지원병제(1943)

15 정답 ①
갑오개혁은 일제가 세운 김홍집 내각이 1894~1895년에 추진하였다.

16 정답 ③
한인 애국단은 1931년 김구를 중심으로 중국 상하이에서 조직된 항일 독립 운동 단체이다. 한인 애국단의 대표적인 인물로는 이봉창·윤봉길이 있는데, 이봉창은 일본 국왕이 탄 마차에 폭탄을 던졌고, 윤봉길은 상하이 훙커우 공원에서 열린 일본군의 상하이 점령 축하 기념식장에 폭탄을 던져 일본군을 응징하였다.

17 정답 ③
조선일보는 1929년부터 '아는 것이 힘, 배워야 산다'는 표어를 내세우고 문자 보급 운동을 전개하였다. 동아일보도 브나로드 운동을 전개하여 농촌에 한글을 보급하고 생활 개선을 위한 계몽 활동을 전개하였다.

18 정답 ③
대한 제국 시절 국문 연구소에서 활동하던 주시경의 제자들은 3·1 운동 이후 조선어 연구회를 만들었다. 조선어 연구회는 한글 보급에 힘쓰는 한편, 『한글』이라는 잡지를 창간하고, 한글날의 시초가 된 '가갸날'을 제정하였다. 조선어 연구회는 후에 조선어 학회로 확대, 개편되었다(1931). 조선어 학회는 한글 보급 운동을 활발히 전개하고, '한글 맞춤법 통일안'과 표준어를 제정하였다. 또 '우리말 큰사전'을 편찬하고자 노력하였다.

19 정답 ③
1920년대 들어 일본 기업의 국내 진출이 증가하고 일본 상품이 무관세 혜택을 받으며 수입되었다. 이에 조만식 등은 평양에서 물산 장려 운동을 시작하였다. '내 살림 내 것으로', '조선 사람 조선 것' 등의 구호를 앞세우며 토산품 애용, 근검저축, 금주 등을 실천하자고 주장하였다.

20 정답 ④
1946년과 1947년 봄에 미·소 공동 위원회가 개최되었다. 여기서 임시 정부 수립을 논의하려 하였으나, 참여 대상을 둘러싼 미국과 소련의 갈등으로 결국 2차례 모두 성과 없이 결렬되었다.

오답피하기

① 1947년 유엔 총회에서 한반도의 총선거가 결정되었으나 북한과 소련의 반대로 실시되지 못하였다. 다시 열린 유엔 소총회에서 남한 단독 선거가 결정되었다.

② 1943년에 개최된 카이로 회담에서 강대국은 한반도의 독립을 최초로 약속하였다.

③ 1945년에 열린 포츠담 회담에서 카이로 회담의 약속을 재확인하였다.

21 정답 ①

제시문은 가요 '굳세어라 금순아'의 일부분으로, 가사 속 "흥남 부두"는 6·25 전쟁 때 월남민들을 태운 배들이 출발했던 곳으로 유명하다. 특히 중국군의 대규모 파병으로 국군과 유엔군이 압록강 인근에서 후퇴하자 많은 북한 주민들이 흥남 부두를 통해 남하하였다. 따라서 서울을 잠시 북한군에 빼앗겼던 1·4 후퇴가 정답이다.

22 정답 ①

ㄱ의 4·19 혁명은 1960년, ㄷ의 5·18 민주화 운동은 1980년, ㄹ의 6월 항쟁의 결과로서의 6·29 선언은 1987년, ㄴ의 6·15 남북 공동 선언은 2000년의 일이다.

23 정답 ①

브라운 각서는 우리 정부가 1965년부터 1973년까지 베트남전에 국군을 파병하면서, 미국 측과 파병에 대한 보상 조치로 맺은 각서를 말한다. 라이따이한은 베트남전에 참전했던 한국 병사와 베트남인 사이에서 태어난 자녀들을 가리키는 말이다.

24 정답 ③

제2차 남북 정상 회담은 노무현 정부 당시인 2007년 개최되었으므로 옳게 연결되었다.

오답피하기

① 금융 실명제는 김영삼 정부 때 실시되었다.

② 4대강 정비 사업은 이명박 정부 때 시행되었다.

④ 선거를 통한 최초의 여야 정권 교체는 김대중 정부 때의 일이다.

25 정답 ③

제시된 자료는 김대중 정부에서 성사된 6·15 남북 공동 선언과 이산가족 상봉에 관한 것이다. 김대중 정부는 햇볕 정책을 실시해 북한과의 교류를 확대시켰고, 경제 협력을 위해 개성 공단 건설에 합의하였다.

오답피하기

① 서울 올림픽은 노태우 정부 때 개최되었다(1988).

② 동학 교도들은 1890년대 초 교조 최제우의 억울함을 벗겨 줄 것을 조정에 호소하였다(교조 신원 운동).

④ 노태우 정부는 1991년에 남북 기본 합의서를 발표하였다.

PART VI 2024년 기출문제

제1회 정답 본문 174~178p

01 ②	02 ①	03 ①	04 ③	05 ②
06 ①	07 ③	08 ④	09 ①	10 ④
11 ④	12 ③	13 ②	14 ③	15 ①
16 ③	17 ①	18 ④	19 ③	20 ④
21 ④	22 ②	23 ③	24 ②	25 ④

01 정답 ②

② 제시된 사진은 주먹 도끼로, 구석기 시대의 대표적인 뗀석기이다. 경기도 연천 전곡리에서 동아시아 최초로 발견되었다.

오답피하기

① 『해국도지』는 개화기에 청에서 들여온 책으로, 초기 개화파 인사들에게 크게 영향을 주었다.
③ 고려 시대에 제작된 대표적인 불화이다.
④ 임신서기석에는 신라에 유학이 전래되었음을 암시하는 구절이 기록되어 있다.

02 정답 ①

고려는 거란과 총 3차례 전쟁을 치뤘다. 서희는 1차 전쟁에서 외교 담판으로 공을 세웠고, 강감찬은 3차 전쟁에서 귀주성 전투를 승리로 이끌었다(귀주 대첩).

03 정답 ①

지눌은 고려 중기의 승려로, 불교계의 세속화를 비판하며 수선사라는 단체를 조직하였다. 또한 선종을 중심으로 교종을 통합한 조계종을 이끌었다.

오답피하기

② 원효는 신라가 삼국을 통일하는 시기의 승려이다. 당시 불교는 삼국에 따라 특징이 달랐는데, 원효는 화쟁 사상을 주장하며 불교 통합을 시도하였다. 또한 이전까지의 불교가 귀족 중심이었던 점을 극복하기 위해서, "나무아미타불"을 외우면 누구나 극락왕생할 수 있다는 아미타 신앙을 보급해 불교를 평민층까지 보급하였다.
④ 장수왕은 고구려 5세기의 왕으로, 한강 일대까지 영토를 확장시켰다.

04 정답 ③

동학 농민 봉기의 대표적인 전투로는 황토현 전투, 황룡촌 전투, 우금치 전투 등이 있다. 농민군은 황토현 전투와 황룡촌 전투에서 정부군을 격퇴하고 승리했으나, 우금치 전투에서는 일본군에 패배하였다.

오답피하기

① 국학은 통일 신라 신문왕이 설립한 유학 교육 기관이다.
② 백제 성왕은 웅진에서 사비(현재의 충남 부여군)로 천도하였다.
④ 고구려는 668년에 신라와 당의 공격을 받아 멸망하였다.

05 정답 ②

19세기에는 세도 정치로 인해 정치가 타락하고 민생이 피폐해졌다. 특히 탐관오리로 인해 삼정의 문란이 심각하였다. 궁핍해진 농민들은 홍경래의 난과 임술 농민 봉기에 대거 참여하였다.

오답피하기

① 일제는 1910년대에 회사령을 실시해 회사 설립 시 총독의 허가를 받도록 하였다.
③ 이승만 정부는 1952년에 대통령 선출 방식을 간선제에서 직선제로 변경하는 발췌 개헌을 통과시켰다.
④ 이승만은 1946년 정읍에서 남한 단독 정부 수립을 최초로 주장하였다.

06 정답 ①

흥선 대원군은 서원 철폐와 호포제 실시로 양반과 갈등을 빚었다. 양반은 그들의 자식을 서원에 입학시켜 면역(군대 면제) 특혜를 누렸고, 흥선 대원군은 서원을 붕당의 근거지로 여겼기 때문에 크게 갈등하였다.

오답피하기

② 녹읍은 신라의 토지로, 귀족의 경제적 기반이었다. 통일 직후 신문왕이 폐지하였으나 경덕왕 시기에 다시 부활하였다.

③ 교정도감은 고려 최씨 정권의 최고 정치 기구로, 최충헌이 설립하였다.

④ 동서 대비원은 고려의 의료 기관으로 수도 개경에 설치되었다.

07 정답 ③

개화파는 서구 문물의 수용을 주장하는 세력으로, 고종의 개항・개화 정책을 지지하였다.

오답피하기

① 통일 신라 말기에 지방을 기반으로 성장한 독자적인 세력가를 호족이라 부른다. 궁예, 견훤, 왕건이 대표적이다.

④ 오경박사는 백제의 관직으로, 유학에 능통한 사람을 오경박사에 임명했다.

08 정답 ④

제시된 문화재는 백제 금동 대향로로, 백제의 마지막 도읍지였던 사비성 일대에서 발견되었다. 향로의 상단부는 도교의 세계관을 반영하였고, 하단부는 연꽃을 통해 불교의 세계관을 표현하였다.

오답피하기

① 『택리지』는 조선 후기 국학자인 이중환이 전국 각지를 분석한 지리서이다.

② 상평통보는 조선 후기에 전국적으로 유통된 화폐이다.

③ 「곤여만국전도」는 서양 선교사 마테오 리치가 제작한 세계지도로, 조선 후기에 국내에 들어왔다.

09 정답 ①

광해군은 내부적으로는 왜란으로 인해 피폐해진 국내 상황을 수습하고, 외부적으로는 중국의 명과 후금 사이에서 중립 외교 정책을 추진하였다.

10 정답 ④

고종은 을사조약의 부당성을 알리기 위해 1907년 이준, 이상설, 이위종을 특사로 임명해 네덜란드 헤이그에서 열리는 만국 평화 회의에 파견하였다.

오답피하기

① 중추원은 고려에서 군사 기밀과 왕명 출납을 담당하던 기구였으며, 개화기에는 독립협회가 대한제국과의 협의를 통해 설립하려 했던 의회이다.

② 도병마사는 식목도감과 더불어 고려의 귀족 회의 기구이다.

③ 중서문하성은 고려 최고의 정치 기구로, 조선의 의정부처럼 국정을 총괄하였다.

11 정답 ④

1920년대에는 소작 쟁의와 노동 운동이 활발하게 일어났다. 소작인(농민)들은 과도한 소작료 부담을 낮춰줄 것, 소작권의 잦은 이동 반대 등을 요구하며 지주를 상대로 소작 쟁의를 전개하였다. 대표적인 사례로는 1923년에 일어난 암태도 소작 쟁의가 있다.

오답피하기

① 박정희 정부가 일본과 국교 수교를 시도하자, 학생과 시민들은 이를 졸속적인 협상으로 보고 반대 운동을 전개하였다(6・3 시위).

② 이자겸은 고려 중기 때의 대표적인 문벌 귀족으로, 왕과 갈등을 빚자 반란을 일으켰다. 이 사건은 문벌 귀족 사회가 동요하는 계기가 되었다.

③ 강조는 고려의 무장으로, 목종을 폐위하고 현종을 옹립하였다. 이를 강조의 정변이라 한다. 한편 거란은 이 사건을 계기로 고려를 침입하였다 (고려-거란 2차 전쟁).

12 정답 ③

양기탁과 베델은 대한매일신보를 발행하여 반일 기사를 대거 수록했다. 개화기를 대표하는 신문이다.

오답피하기

① 「독사신론」은 신채호의 역사 논문으로, 그는 이 글에서 우리 역사의 정통성과 독자성을 강조하였다.

② 『동경대전』은 동학의 경전으로, 동학의 2대 교주인 최시형이 집필했다.

④ 조선은 왕이 사망하면 실록청을 설치하여, 사관이 왕 생전에 기록한 각종 자료를 기반으로 실록을 편찬하였다.

13 정답 ②

일제는 1910년대 강압적인 무단 통치를 실시하였으나 1919년 3·1 운동으로 한계에 봉착하였다. 그 후 문화 통치로 변경하였다.

오답피하기

① 고려 태조는 기인 제도(호족의 아들을 일정 기간 동안 수도에 머물게 함)를 통해 호족을 통제하였다.

④ 인조와 서인 정권은 친명 배금 정책을 추진하며, 광해군의 중립 외교 정책을 중단시켰다.

14 정답 ③

이화 학당의 학생 유관순은 3·1 운동이 일어나자 고향인 천안으로 내려가 만세 시위 운동을 이끌었다.

오답피하기

① 김흠돌은 통일 신라 신문왕의 왕권 강화에 반발하여 군사를 일으켰으나 패하였다.

② 나운규는 1920년대에 영화 '아리랑'을 제작했다.

④ 윤원형은 조선의 외척으로, 명종 때 또 다른 외척 윤임과 대립하며 을사사화를 유발했다.

15 정답 ①

개화기 때 일본으로의 곡식 유출로 국내 식량 사정이 악화되자, 지방관들은 방곡령을 선포해 곡식 수출을 일시적으로 제한했다.

오답피하기

② 봉사 10조는 고려 무인 최충헌이 왕에게 올린 개혁안이다.

③ 교육 입국 조서는 고종이 2차 갑오개혁 때 발표한 선언문으로, 근대 교육 발전을 표명하였다.

④ 1946년 여운형과 김규식 등의 중도 세력은 통일 정부 수립을 위해 좌우 합작 운동을 시작하였다. 이 과정에서 좌우 합작 7원칙이 발표되었다.

16 정답 ③

한국 광복군은 미군으로부터 특수 훈련을 받아 국내 진공 작전을 준비했다. 하지만 작전 수행을 불과 며칠 앞두고 일제가 연합군에 항복하면서 작전은 중단되었다.

오답피하기

① 위화도 회군은 요동 정벌에 나선 이성계가 우왕의 명령을 거부하고, 압록강에서 군사를 돌린 사건이다. 이 사건을 계기로 이성계는 우왕과 최영을 제거하고 사실상 고려 정치의 실권을 장악하게 되었다.

② YH 무역 사건은 1979년에 박정희 유신 체제가 붕괴되는 결정적인 계기가 되었다.

④ 고려 중기에 묘청, 정지상 등은 서경 천도, 독자적인 연호 사용, 금 사대 중지 등을 요구하였다.

17 정답 ①

광복 직후 미국, 영국, 소련은 모스크바 3국 외상 회의를 열어 한반도 문제를 논의하였다. 여기서 '임시 정부 수립, 정부 수립을 위한 미-소 공동 위원회 설치, 최대 5년의 신탁 통치'가 결정되었다. 이후 미국과 소련은 2차례에 걸쳐 공동 위원회를 개최했으나 의견차로 결렬되었다.

오답피하기

② 제가 회의는 고구려의 귀족 회의이다.
③ 5세기(433년)에 신라와 백제는 고구려를 견제하기 위해 군사 동맹을 맺었다.
④ 독서삼품과는 통일 신라의 원성왕 때 시행한 제도로, 국학 학생 중 우수한 학생을 3등급으로 분류해 관리로 등용하였다.

18 정답 ④

1948년에서 1950년까지 활동한 제헌 국회는 친일파 청산과 농지 개혁을 위한 관련 법을 제정하였다. 전자가 반민족 행위 처벌법으로, 이를 집행하기 위해 반민족 행위 특별 조사 위원회(반민 특위)를 운영하였다.

오답피하기

① 정당성은 발해의 최고 정치 기구로, 수상인 대내상이 이끌었다.
② 식목도감은 도병마사와 더불어 고려의 귀족 회의 기구이다.
③ 광복 직후 여운형 등은 국내 치안 안정과 국가 수립을 위한 준비 작업을 위해 조선 건국 준비 위원회를 조직하였다.

19 정답 ③

1920년대 초 물산 장려 운동이 일어나 국산품 애용을 호소하였다. '조선 사람 조선 것', '우리가 만든 것, 우리가 입고 쓰자'라는 구호를 내세웠다.

오답피하기

① 박정희는 5·16 군사 정변 직후 경제 건설과 반공을 최우선 과제로 내세웠다. 이로 인해 1960년대에는 '선 건설, 후 통일'이 기본적인 통일 원칙이었다.
④ 전태일은 노동 여건 개선을 요구하며 노동 운동을 전개하였다. 당시 우리나라는 수출 지향 경제 정책을 추진하였기 때문에 노동자의 저임금과 장시간 노동이 만연하였다. 이러한 상황을 개선하기 위해 박정희 대통령에게 편지를 보냈고, 근로 기준법 준수를 외치며 분신 자살하였다.

20 정답 ④

이승만 정부는 부통령 후보자 이기붕의 당선을 위해 선거에 개입했다. 이를 3·15 부정 선거라고 한다. 이에 전국에서 학생과 시민들이 이승만 정부 퇴진을 요구하며 4·19 혁명에 참여하였다. 결국 시위가 시작된 지 일주일 만에 이승만 대통령은 스스로 대통령직에서 물러났다.

오답피하기

① 집강소는 동학 농민 운동 때 개혁을 위해 농민군이 전라도 일대에 설치한 자치 기구이다.
② 조광조는 조선 중종 때 기묘사화로 숙청되었다.
③ 노비안검법은 고려 광종 때 시행된 정책으로, 호족이 보유한 노비를 조사한 후 억울하게 노비가 된 자들을 풀어주었다.

21 정답 ④

6·25 전쟁은 북한의 남침으로 시작되어 전쟁 초반에 대한민국은 부산 일대까지 후퇴하는 위기를 겪었다. 하지만 국군과 유엔군의 인천 상륙 작전 성공으로 반격의 기회를 얻었다.

오답피하기

① 1920년 청산리 대첩에서 대승을 거둔 독립군은 간도 참변과 자유시 참변으로 큰 피해를 입었다.
② 일제는 1925년에 만주 군벌과 미쓰야 협정을 맺었다. 만주 군벌이 한국 독립군을 체포해 일제에 넘길 경우 일정 금액을 지급하기로 약속하였다. 이로 인해 만주에서 독립군 활동이 위기를 맞았다.
③ 별기군은 강화도 조약 이후 설립한 근대적 군대이다. 이들의 등장으로 기존 군인에 대한 처우가 열악해지자 임오군란이 일어났다.

22 정답 ②

김대중 정부는 최초로 남북 정상 회담을 개최하고, 그 성과를 담아 6·15 남북 공동 선언을 발표하였다.

23 정답 ③

전두환과 신군부는 박정희 대통령이 피살(10·26 사태)되자 같은 해 12월 군사 반란을 일으켰다(12·12 군사 반란).

오답피하기

① 3포 왜란은 조선 중종 때 3포에 머물던 왜인들이 일으킨 소요 사태로, 이 사건을 계기로 비변사가 설립되었다.
② 영국은 러시아 견제를 위해 1885년 거문도를 불법으로 점령하였다.
④ 1862년 진주를 시작으로 전국에서 삼정의 문란에 저항하여 봉기하였다. 이를 임술 농민 봉기라 부른다.

24 정답 ②

외환 위기가 발생하자, 우리 정부는 IMF로부터 긴급 자금을 빌렸다. 국민들은 빠른 경제 회복을 위해 적극적으로 금 모으기 운동에 참여하였고, 정부와 기업, 노동자는 강력한 구조 조정으로 기업 경쟁력을 강화하였다.

오답피하기

① 형평 운동은 백정 출신들이 사회적 차별 폐지를 요구하며 일으킨 평등 운동으로, 1920년대 초 진주에서 일어났다.
③ 동학 교도들은 교조 최제우의 억울함을 밝혀달라고 요구하며 1892년에 교조 신원 운동을 일으켰다. 이후 동학은 교세를 확장하여 동학 농민 운동을 이끌었다.
④ 문자 보급 운동은 1920년대 말 조선일보가 주도한 문맹 퇴치 운동이다.

25 정답 ④

박정희 정부는 1962년부터 경제 개발 5개년 계획을 추진했으며, 1970년에는 서울과 부산을 연결하는 경부 고속 국도를 건설하였다.

오답피하기

① 원산 지역 노동자들은 1929년 총파업을 전개하며, 임금 차별과 장시간 노동 등에 항의하였다.
② 상평창은 고려와 조선의 물가 관리 기구이다.
③ 당백전은 흥선 대원군이 발행한 고액 화폐로, 경복궁 중건에 필요한 자금을 마련하기 위해 주조했다.

제2회 정답

본문 179~183p

01 ②	02 ④	03 ②	04 ③	05 ②
06 ①	07 ①	08 ②	09 ④	10 ④
11 ④	12 ③	13 ①	14 ④	15 ②
16 ①	17 ③	18 ①	19 ③	20 ①
21 ③	22 ④	23 ③	24 ③	25 ④

01 정답 ②

신석기 시대에 이르러 농경과 목축을 처음 시작하고 토기를 제작하였다. 빗살무늬 토기는 우리나라의 신석기 시대를 대표하는 토기로 한반도 곳곳에서 발견된다.

02 정답 ④

신라는 6세기 진흥왕 때 처음으로 한강 유역에 진출하였고, 대가야를 복속하였으며, 함경도 일대까지 진출하였다. 이는 신라 역사상 가장 넓은 영토에 해당한다. 진흥왕은 이렇게 확보한 영토를 순시하며 4곳에 왕의 행차를 기념하는 순수비를 건립하였다.

오답피하기

① 조선 세종은 훈민정음을 창제하고, 의정부 서사제를 실시하였다.
② 고려 공민왕은 적극적인 반원 정책을 추진해 변발을 금지하고 원의 쌍성총관부가 관리하던 우리 영토를 수복하였다.
③ 조선 광해군은 명과 후금 사이에서 중립 외교를 실시하였다.

03 정답 ②

불교에는 경전을 중시하는 교종과 참선을 강조하는 선종이 있다. 통일 신라 중기까지는 교종이 우세했으나, 신라 말 호족들이 선종을 적극적으로 후원하여 선종이 9개의 세력(선종 9산)으로 확대되었다.

오답피하기

① 조선 사람들은 천주교를 서학(서양의 학문)이라 불렀다.
③ 대종교는 나철이 창시한 종교로, 단군 신앙을 바탕으로 한다. 일제 강점기에 만주 지역의 독립군들 사이에서 크게 유행하였다.
④ 동학은 3대 교주 손병희 때 천도교로 이름을 변경하였다.

04 정답 ③

고려 중기에 이르러 개경 문벌 귀족이 정치적, 경제적, 사회적 특권을 장악하였다. 이에 지방 세력의 반발이 컸는데 특히 묘청, 정지상 등 서경 세력은 인종에게 서경(평양) 천도와 금나라 정벌 등의 개혁을 요구하였다. 왕이 처음에는 이들의 요구에 응했으나, 결국 개경파의 반대에 천도를 중단하였다. 그러자 서경파는 반란을 일으켰다. 이 과정을 묘청의 서경 천도 운동이라 한다.

오답피하기

① 조선 후기에 최익현 등 위정척사파(기존의 성리학 질서를 수호하려는 입장)는 개항과 개화를 반대하였다.
② 녹읍은 신라의 토지 제도로, 진골의 경제적 기반이 되었다. 통일 신라 신문왕은 왕권 강화를 위해 녹읍을 폐지하고, 관료전을 지급하였다.
④ 반민족 행위자는 친일파를 의미한다. 대한민국 정부 수립 직후에 제헌 국회는 이들을 처벌하기 위해 반민족 행위자 처벌법을 제정하였다.

05 정답 ②

승려 일연은 『삼국유사』를 집필하여 불교의 입장에서 고대사를 정리하였다. 신이사관(신비롭고 이상한 일이 일어날 수 있다는 역사적 관점)에 바탕을 두었기 때문에, 『삼국사기』에 수록되지 않은 단군 신화와 다양한 설화 등이 담겨 있다.

오답피하기

① 이중환의 『택리지』는 조선 후기의 대표적인 지리서로, 이중환이 전국을 다니며 파악한 내용을 지리, 생리, 인심, 산수 등의 주제로 정리하였다.
③ 허균의 「홍길동전」은 최초의 한글 소설로, 조선 중기에 집필되었다.
④ 김정호의 「대동여지도」는 조선 후기에 제작된 전국 지도로, 매우 정밀한 것이 특징이다.

06 정답 ①

영조와 정조는 18세기에 탕평 정치를 통해 붕당 간 대립을 완화하고 왕권을 안정시키고자 하였다. 정조는 이를 위해 궁궐 내에 규장각을 설치하고 초계문신제를 실시하여 지지 세력을 키웠다.

오답피하기

② 박정희는 1972년 유신 헌법을 제정하여 강력한 대통령제를 실시하였다.
③ 고려 후기의 승려인 지눌은 당시 불교계의 타락을 비판하며 불교 개혁 단체인 수선사를 조직하였다. 이것이 확장되어 순천에 송광사를 건립하였다.
④ 통리기무아문은 고종이 개화 정책을 총괄하기 위해 설립한 행정 기관이다.

07 정답 ①

방납이란 현물 납부가 부담스러운 백성들이 관리나 상인에게 대리 납부를 부탁한 뒤 수수료를 지불하는 방식을 말한다. 16세기에 이르러 방납은 일반적인 방식이 되었다. 하지만 방납에 따른 수수료가 점차 비싸지자 이를 개선해야 한다는 목소리가 높아졌다. 광해군은 기존의 현물 납부를 중단하고, 쌀이나 옷감, 동전 등으로 납부하는 대동법을 제정하여 이 문제를 시정하였다.

오답피하기

② 조선의 신분제는 양인(양반, 중인, 상민 등 자유민)과 천인(노비, 백정 등 비자유민)으로 구분할 수 있는데 이를 양천제라 한다.
③ 전시과는 고려의 토지 제도로, 관리들을 18등급으로 나누어 전지(세금 징수가 가능한 토지)와 시지(땔감을 구할 수 있는 산지)를 지급하였다.
④ 흥선 대원군은 군포 납부를 면제받았던 양반에게도 군포를 징수하였다. 이것이 호포제이다.

08 정답 ②

미국은 제너럴 셔먼호 사건을 계기로 조선에 개항을 요구하며 강화도를 침략하였다. 이를 신미양요라 한다. 하지만 이때는 조선이 강력하게 저항하여 미국은 뜻을 이루지 못했다.
이후 강화도 조약으로 일본에 문호를 개방한 조선은 2차 개방국으로 미국을 선택하였다(조・미 수호 통상 조약).

오답피하기

① 독일은 한국사에서 오페르트 도굴 사건(오페르트는 독일 출신 상인)과 부들러의 중립국 주장 등과 관련 있다.
③ 영국은 1885년에 러시아 견제를 이유로 거문도를 불법 점령하였다.
④ 대한민국은 미국을 지원하기 위해 1965년부터 약 10년간 베트남에 군대를 파병하였다.

09 정답 ④

제시문은 1884년에 일어난 갑신정변에 관한 내용이다. 김옥균, 박영효 등의 급진 개화파는 정변 다음 날 '청 사대 중단, 인민 평등권 보장(신분제 폐지)' 등을 포함한 개혁 정강을 발표하며 근대 국가 건설을 시도하였다.

오답피하기

① 율령이란 고대 국가의 법률 체계로, 고구려는 소수림왕 때, 신라는 법흥왕 때 마련되었다.

② 조선 후기 농민들은 농업 생산력 향상을 위해 적극적으로 모내기법을 도입하였다. 이로써 모내기법이 전국적으로 확산되었다.

③ 정동행성은 원나라가 일본 원정을 위해 고려에 설치한 연락 기관이다.

10 정답 ④

일제는 청·일 전쟁과 러·일 전쟁의 승리로 각각 청나라와 러시아를 한반도에서 몰아낼 수 있었다. 한반도 지배에 대한 걸림돌이 없자, 일제는 1905년 을사늑약을 강요하였고, 1910년에는 국권을 빼앗아갔다.

오답피하기

① 붕당은 조선 사대부 사이에 형성된 일종의 정치적·학문적 파벌로, 선조 시기에 동인, 서인으로 나눈 것에서 시작하였다.

② 예송은 조선 현종 때 자의 대비가 상복을 입는 기간을 둘러싼 예법 논쟁으로, 서인과 남인이 대립하였다.

③ 고려 중기에 무신들은 오랜 정치적 차별에 반발하여 무신 정변을 일으켰다. 이때부터 약 100년간 무신이 집권하는 무신 정권이 유지되었다.

11 정답 ④

신민회는 1907~1911년에 활동한 애국 계몽 운동 단체로, 기존의 단체와 달리 비밀 결사로 운영되었다. 신민회 회원은 학교 설립, 산업체 운영, 대한매일신보 발행 등을 통해 우리 민족의 실력 양성을 도모하였다.

오답피하기

① 별기군은 고종이 개화기 초기에 마련한 신식 군대로, 일본 교관을 초빙하여 훈련을 받았다.

② 비변사는 왜란 이후 조선 최고의 정치 기구로 성장하였고, 흥선 대원군 시기에 혁파되었다.

③ 승정원은 조선의 정치 기구로, 왕의 비서실 역할을 담당하였다.

12 정답 ③

전봉준은 1894년에 고부 군수의 폭정에 저항하여 고부 농민 봉기를 일으켰고, 같은 해에 동학 교도들을 규합하여 동학 농민 운동을 이끌었다.

오답피하기

① 이황은 이이와 더불어 조선의 대표적인 성리학자이다.

② 강감찬은 고려 초기의 관리로, 거란의 3차 침입을 귀주 대첩에서 무찔렀다.

④ 을지문덕은 고구려의 군인으로, 수나라의 침입을 살수 대첩으로 무찔렀다.

13 정답 ①

고종은 제2차 갑오개혁 때 교육입국 조서를 발표하여 근대 교육의 중요성을 강조하였다. 이에 따라 소학교(현재의 초등학교)가 설립되고, 교사 양성을 위해 사범학교가 마련되었다.

오답피하기

② 촌락 문서는 통일 신라 때 작성된 문서로, 촌주가 해당 지역의 토지, 인구, 가축, 과실나무 등을 조사한 내용이 기록되어 있다.

③ 신채호는 의열단의 활동 방향, 목표 등을 담아 조선 혁명 선언을 작성하였다.

④ 박정희 정부는 1972년에 북한과 합의한 통일의 3대 원칙(자주, 평화, 민족 대단결)을 담아 7·4 남북 공동 성명을 발표하였다.

14 정답 ④

일제는 조선 통치를 위해 통감부(1906~1910.8)와 총독부(1910.8~1945)를 운영하였다.

오답피하기

① 삼별초는 무신 최우가 설립한 군사 기구로, 대몽 항쟁 때 가장 마지막까지 저항한 것으로 유명하다.
② 도병마사는 고려의 군사 회의 기구로, 국방 문제가 발생했을 시에 중서문하성과 중추원의 고위 관료들이 모여 회의를 진행하였다.
③ 제가 회의는 고구려 귀족 회의이다.

15 정답 ②

일제 강점기에 활동한 역사학자 중 민족주의 사관을 가진 인물로는 박은식, 신채호, 정인보 등이 있다. 이 중 신채호는 고대사 연구에 집중하며 『조선사연구초』 등을 집필하였다.

오답피하기

① 궁예는 후고구려를 건국하였다.
③ 이성계는 고려 말 왜구를 격퇴하며 명성을 쌓았고, 위화도 회군으로 정치 권력을 획득하였다. 이후 정도전 등 급진파 사대부의 추대를 받아 조선의 초대 왕에 올랐다.
④ 정약용은 조선 후기의 실학자로, 토지 개혁에 관심이 많았으며, 실학을 집대성하였다.

16 정답 ①

제시된 내용은 1919년에 일어난 3·1 운동을 의미한다. 지도부도 없는 상황에서 전국적으로 만세 운동이 수개월에 걸쳐 일어난 것은 우리 민족에게 독립운동에 대한 자신감을 불러 일으켰다. 이에 자극받은 독립운동가들은 그해 9월 중국 상하이에서 대한민국 임시 정부를 수립하였다.

① 강화도 조약은 1876년에 체결되었다.

오답피하기

③ 3·1 운동 소식을 들은 중국 대학생들은 일제 타도를 외치며 같은 해 5월에 5·4 운동을 일으켰다.
④ 일제는 3·1 운동을 계기로 무단 통치가 한계에 달했음을 인식하고, 문화 통치로 변경하였다.

17 정답 ③

일제 강점기에 신문사를 중심으로 문맹 퇴치 운동이 일어났다. 조선일보의 '문자 보급 운동'과 동아일보의 '브나로드 운동'이 대표적이다.

오답피하기

① 북벌은 조선 효종이 병자호란에 대한 앙갚음을 위해 추진한 대외 정책이다.
② 박정희 정부는 1970년부터 농촌 재건 운동인 새마을 운동을 전개하였다.
④ 1997년 외환 위기로 한국 경제가 어려움에 처하자, 시민들은 자발적으로 금 모으기 운동을 전개하였다. 이렇게 모은 금을 팔아 달러를 확보하였다.

18 정답 ①

의열단 단원으로는 김원봉, 김익상, 김상옥, 김지섭, 나석주 등이 있다. 이들은 일제의 식민 통치 기관, 통치자, 친일파 등을 암살하고 파괴하는 활동을 전개하였다.

오답피하기

② 보안회는 일제의 황무지 개간권 요구를 저지하기 위해 1904년에 조직되었다.
③ 황국 협회는 보부상 단체로, 독립 협회와 갈등을 빚었다.
④ 통일 주체 국민 회의는 사실상 대통령을 선출하는 조직으로, 1970년대 유신 체제 때 등장하여 전두환 정권 초기에 폐지되었다.

19 정답 ③

1945년 8월에 광복을 맞이했으나, 정부 수립을 둘러싼 좌익과 우익의 대립이 심화되고, 한반도에 자신들에게 유리한 정부를 수립하려는 미국과 소련의 간섭도 매우 강했다.

이러한 상황에서 북한은 김일성을 앞세워 공산화를 진행하였고, 남한에서는 단독 정부 수립을 요구하는 이승만의 정읍 발언이 나왔다.
여운형, 김규식 등 중도 세력은 남북 분단을 막기 위해 좌우 합작 운동을 1946~1947년에 걸쳐 전개하였다.

오답피하기
① 백정 출신들은 사회적 차별에 저항하여 1920년대에 진주에서 형평 운동을 시작하였다.
② 위정척사 운동은 성리학적 질서를 지키려는 보수적 유생들에 의해 전개되었다.
④ 국채 보상 운동은 1907년에 대구에서 시작되었다.

20 정답 ①

조소앙의 삼균주의는 정치, 경제, 교육에서의 평등을 주장하는 사상으로, 1941년에 발표된 대한민국 임시 정부의 건국 강령에 반영되었다.

오답피하기
② 지눌은 '단번의 깨달음과 꾸준한 수행'을 강조하는 돈오점수를 주장하였다. 이는 한국 선종의 수행 방법 중 하나이다.
③ 고려 초기의 관리 최승로는 성종에게 시무 28조라는 개혁안을 올렸다.
④ 최혜국 대우는 해당 조약의 상대국에서 최고의 권리를 약속한다는 것으로, 우리나라는 조·미 수호 통상 조약에서 최초로 명시하였다.

21 정답 ③

6·25 전쟁은 1950년에 발발하여 1953년에 종료되었다.

오답피하기
① 임오군란은 1882년에 구식 군인들이 개화 정책에 반발하여 일으킨 군사 충돌이다.
② 임진왜란은 조선 선조 때인 1592년에 발발하였다.
④ 청산리 대첩은 봉오동 전투와 더불어 1920년에 일어났다.

22 정답 ④

4·19 혁명 직후에 출범한 장면 정부는 우리나라 최초의 의원 내각제 정부이며, 경제 개발 5개년 계획을 최초로 마련하였다.

오답피하기
① 흥선 대원군은 환곡의 문란이 심각하자, 각 마을에서 곡식 대여를 담당하는 사창제를 실시하였다.
② 진대법은 고구려 고국천왕 때 마련된 빈민 구제 방안이다.
③ 조선 인조는 광해군의 중립 외교를 중단하고, 후금을 배척하는 친명배금 정책을 추진하였다. 이는 정묘호란이 일어나는 빌미가 되었다.

23 정답 ③

전두환과 신군부가 12·12 사태로 권력을 장악하자, 다음 해인 1980년 광주 시민들은 5·18 민주화 운동으로 신군부에 저항하였다. 신군부는 계엄군을 투입해 이를 진압하였고, 이후 전두환은 대통령에 올라 1980년부터 1988년 2월까지 재임하였다. 전두환 정부 마지막 해인 1987년에 대통령 직선제로의 개헌을 요구하는 시민 운동이 전국에서 일어났는데, 이를 6월 민주 항쟁이라 부른다.

오답피하기
① 아관파천은 고종이 경복궁을 나와 러시아 공사관으로 이주한 1896년의 사건이다.
② 우리 민족은 1948년에 최초로 선거를 통해 국회의원을 선출하였다. 이를 5·10 총선거라 한다.
④ 1945년에 열린 모스크바 3국 외상 회의에서 신탁 통치가 결정되었다.

24 정답 ③

김영삼 정부는 금융 거래 시 가명과 차명을 금지시키는 금융 실명제를 실시하였다.

오답피하기

① 이승만 정부는 농지 개혁을 통해 소작농이 자작농으로 성장할 수 있도록 하였다.
② 고려 광종은 호족이 불법적으로 노비로 만든 사람들을 조사하여 원래의 신분을 되찾게 하였다.
④ 일제는 1930년대 후반부터 황국 신민화 정책을 추진하여 한국인의 정체성을 파괴하였다.

25 정답 ④

노태우 정부는 북한과의 오랜 협상 끝에 1991년 남북 기본 합의서를 작성하였다. 여기에는 '상호 체제 인정, 상호 불가침(무력 사용 금지)' 등이 명시되어 있다.

오답피하기

① 과전법은 고려 말인 1391년에 제정되어 조선 초기까지 유지된 토지 제도이다. 전현직 관리에게 경기도의 수조권을 보장하는 것이 특징이다.
② 전주 화약은 1894년 동학 농민군과 정부 사이에 체결된 합의안이다.
③ 일제는 중·일 전쟁이 발발하자 전쟁에 필요한 인력과 물자를 동원하기 위해 1938년에 국가 총동원법을 제정하였다.

2025

고졸 검정고시 한국사

정답 및 해설

EBS 교육방송교재

고졸 검정고시

- 최신기출 완벽분석
- 시험에 꼭 나오는 핵심 이론 정리
- 적중률 높은 문제 구성

EBS 교육방송교재

2025
고졸 검정고시
한국사

검정고시 합격을 위한 최적의 교재!

인터넷강의 검스타트 www.gumstart.co.kr

EBS 고졸 검정고시 한국사

발행일 2025년 1월 5일 | 편저 이금수 | 발행인 최현동 | 발행처 신지원
전화 (02)2013-8080 | 팩스 (02)2013-8090 | 등록 제16-1242호
주소 07532 서울특별시 강서구 양천로 551-17, 813호(가양동, 한화비즈메트로 1차)

14370
9 791166 334238
ISBN 979-11-6633-423-8
ISBN 979-11-6633-444-3(SET)
정가 20,000원